중국외교 150년사
글로벌 중국으로의 도정

이 도서의 국립중앙도서관 출판시도서목록(CIP)은 e-CIP홈페이지(http://www.nl.go.kr/ecip)와 국가자료 공동목록시스템(http://www.nl.go.kr/kolisnet)에서 이용하실 수 있습니다. (CIP제어번호: 2012005868)

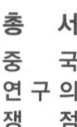

총서 중국의 쟁점 연구 3

중국외교 150년사
글로벌 중국으로의 도정

가와시마 신·모리 가즈코 지음
이용빈 옮김

한울
아카데미

Series CHUGOKU TEKI MONDAIGUN, 12 vols.
Vol. 12, GLOBAL CHUGOKU E NO DOTEI: GAIKO 150 NEN
by Shin Kawashima and Kazuko Mori

© Shin Kawashima and Kazuko Mori, 2009

First published 2009 by Iwanami Shoten, Publishers, Tokyo.
This Korean language edition published 2012 by Hanul Publishing Group, Seoul
by arrangement with the proprietor c/o Iwanami Shoten, Publishers, Tokyo.

이 책의 한국어판 출판권은 Iwanami Shoten, Publishers와의 독점계약으로
도서출판 한울에 있습니다.
저작권법에 의하여 한국 내에서 보호를 받는 저작물이므로
무단전재와 무단복제를 금합니다.

추천의 글

"중국이 거대화되고 다원화되면 될수록 현대 중국에 대해 객관적으로 인식하게 되는 것은 어려워진다." 이 책의 저자들이 내리고 있는 결론이다. 미래의 중국은 한국은 물론 동아시아, 더 나아가 세계의 운명에 막대한 영향을 미치게 될 거대한 존재이다. 문제는 중국의 진짜 모습을 알 길이 없다는 점이다. 긴 역사와 광대한 영토, 중층적으로 짜인 정치·사회·문화 구조 등의 측면에서, 저자들의 고백처럼 "경험적인 법칙을 지속적으로 벗어나고 있기 때문에 사회과학적 법칙을 그대로 적용"할 수 없는 예외적 대상이 중국이다.

이 책의 주제는 근대 세계에 편입된 중국이 글로벌 중국으로 변모해 가는 과정을 추적하는 것이다. 복잡다단했던 과거 150년의 역사에서 어떠한 주체들이 어떠한 중국을 목표로 하여 어떠한 외교전략을 추구해왔는가? 중국은 19세기 중반 서양에 의해 강제로 개방된 이래 자신의 역사를 계속 새로운 관점에서 써왔다. 때로는 서양 및 일본 제국주의에 대한 민중의 저항사로, 때로는 정부를 포함한 중국 전체의 민족주의 발전사로 중국의 근대, 현대사를 인식했다. 그러나 저자들은 현재와 미래의 중국을 염두에 두고 글로벌 중국이 펼쳐지는 역사로서 지난 150년을 되돌

아보고 있다. 중국의 영향력이 글로벌하게 퍼져나가기도 하지만, 중국 스스로의 자기인식과 성격이 글로벌 기준에 영향을 받아 변화하고 있다는 점을 강조한다.

중국이 전통시대 천자(天子)의 나라에서 근대 제국주의의 희생물로, 다시 혁명의 시기를 거쳐 오늘날 글로벌 강대국으로 진화하는 과정은 순탄치 않았다. 중국은 과거의 지역질서에 대한 인식을 내재한 채, 근대 세계 피해자로서의 자기의식을 떨칠 수 없었다. 동시에 약소국으로서의 현실과 강대국이라는 이념적 목표를 함께 가지고 공산주의 중국을 이루어왔다. 저자들은 현대의 중국이 정상적인 국민국가로 자리잡아가는 길에 접어들어 있다고 보지만 제국으로서 중국의 가능성을 언급함으로써 여느 국가와는 다름을 강조하기도 한다.

이 책은 19세기 중반부터 현재까지 중국의 외교사를 다루고 있지만 역사적 사실을 연대기적으로 기술하고 있는 전형적인 외교사 책은 아니다. 전반부는 1949년 이전까지 중국의 외교가 어떠한 원칙과 목표 속에서 전개되어 왔는지를 설명하고 있지만, 골자는 중국인들이 가졌던 자기인식과 외교목표가 시대에 따라 어떻게 변화되어 왔는지를 추적하는 것이다. 흥미로운 점은 전통시대 책봉·조공질서가 근대 중국외교의 전거로서 지속적으로 재인식의 과정에 어떠한 영향을 미치는지를 함께 추적하고 있다는 점이다. 그런 점에서 이 책은 현대 중국을 설명하는 데 비단 근대 편입과정뿐 아니라 전통 시대의 유의미성을 염두에 두고 있다.

후반부는 전반부의 역사적 기술과는 확연히 차이를 보인다. 1949년 이후의 중국외교를 사회과학적 개념틀로 설명하고 있어 전반부의 역사적 접근과의 흥미로운 대조를 보이고 있다. '마오쩌둥 시기' 외교를 6개의 핵심어, 즉 대소(對蘇) 일변도, 평화공존 5원칙, 중간지대론, 대일(對日) 이분론, 일조선(一條線) 전략, 3개 세계론으로 설명하고, 덩샤오핑 이후의 시기를 10개의 핵심어, 즉 격국(格局), 독립자주, 평화와 발전의 시대, 평화적 전복, 도광양회(韜光養晦), 남순강화, 국가이익, 파트너십, 책임 있는 강대국, 평화적 부상으로 일목요연하게 설명하고 있다. 특히 2000년대 중국 국제정치학계 주요 논자들의 견해를 소개하고 중국 내부의 다양한 전략적 담론들을 소개하는 대목은 흥미롭다.

마지막으로 이 책은 일본의 '중국외교사 연구'의 높은 수준을 보여준다. 이와나미쇼텐(岩波書店)에서 발간되고 있는 시리즈 '총서 중국적 문제군(中國的問題群)'의 문제의식을 담아 현대 중국을 이해하기 위해 시간적 지평을 넓히고, 역사적 접근과 사회과학적 접근을 접목시키려 시도한 것이 장점이다. 독자들은 지난 150년간 숨 가쁘게 진행되어온 중국외교사의 사실뿐 아니라 일본이 고민하고 있는 중국외교사의 본질에 대한 질문도 함께 느낄 수 있을 것이다.

2012년 12월
서울대학교 정치외교학부 교수
전재성

추천의 글

최근 '중국의 부상(浮上)'에 대해 감탄과 우려가 교차한다. 감탄하는 이들은 중국이 과거의 화려했던 자리를 되찾아가고 있다고 생각한다. 이에 반해 우려의 시선은 중국이 또 다른 제국으로 발전하지 않을까 걱정한다. 분명한 것은 중국이 아시아의 대국에서 '세계의 대국'으로 변모해가고 있다는 사실이다.

이런 점에서 볼 때, 한반도는 중국의 인접국이기 때문에 그들의 변화에 대해 늘 예의주시할 필요가 있다. 그러나 우리는 현실적으로 중국의 부상에 대해 그렇게 민감해하지는 않는 것 같다. 왜 그럴까? 무역흑자 478억 달러(2011년)가 주는 달콤함 때문일까, 아니면 중국 발전의 한계를 예측하고 있기 때문일까?

이 시점에서 누군가 이야기했듯이 '전 세계에서 중국을 우습게 보는 유일한 국가는 한국'이라는 말을 다시 한 번 되새겨본다. 한국인들의 이러한 자신감은 과연 어디에서 나오는 것일까?

먼저 생각해볼 것은 우리가 중국을 대수롭지 않게 알았던 근원이다. 그것은 이른바 '천조체제(*Pax Sinica*)'에 근거하여 중국에게 조공했던 과거의 수치에 대한 '역(逆)콤플렉스' 때문일 것이다. 그리고 1840년 아편

전쟁 이후 서구 열강에 의해 몰락해가는 중국의 '슬픈 환영(幻影)'에 의한 것이 아니라면, 냉전체제 이후 한반도 전쟁에 참가한 중공군에 대한 매우 부정적인 이미지, 또는 최근의 '중국 붐'으로 중국을 다녀온 많은 한국인들의 '더럽고 가짜천국'이라는 중국에 대한 표피적인 '관찰' 때문은 아닐까?

그래서 의문이 든다. 한국에서 중국의 중요성이 그렇게 강조되고, 한국 유학생이 중국에 가장 많고, 전 세계에서 한어수평고사(HSK) 시험 참가율이 한국이 가장 높아 전체 70%가 넘고, 1주일 항공편이 900회에 가까워 미국의 3배에 달하며, 해외여행객의 절반이 중국을 향하는 일은 이제 일상적인 일인데도 왜 우리는 중국을 잘 이해하지 못하는 것일까?

우리가 중국을 대수롭지 않게 여기기에는 중국이 너무 거대해지고 있고, 국제사회에서의 영향력 또한 더욱 강력해지고 있다. 현재 표면적으로 나타나는 중국의 상황은 그리 중요하지 않다. 더욱 중요한 것은 '역사란 재연된다'라는 점이다. 또다시 중국의 '천조체제' 질서 속에 매몰되지 말라는 법은 없다. 따라서 걱정되고 우려된다면 미리미리 대비하고 준비해야만 한다. 다시 말해서 우리는 더욱 깊이 있게 중국을 연구해야만 한다. 그 이유는 중국의 상황이 우리의 미래 생존과도 직접적으로 관계가 있기 때문이다.

그럼에도 우리 사회의 중국연구는 깊이가 부족하다. 특히 '중국외교사(中國外交史)' 연구는 너무도 초라하다. 아니 초라한 것이 아니라 거의 없다고 봐도 틀림이 없다. 지금까지 한국에서 '중국외교사'라는 제목으로 출판된 책도 거의 없다. 중국의 많은 외교관을 배출하고 있는 중국외교부 산하 중국외교대학(中國外交學院)에서 오랫동안 교재로 사용된, 전체 3,800쪽에 달하는 『중국외교사』 네 권*이 번역·출판된 것이 유일하다시피 한다. 과문(寡聞)하지만 이 책을 제외하고는 국내에 '중국외교사'와 관련된 단행본 저서가 없다. 아마 그런 연고로 이와 같이 「추천의 글」을 쓰게 된 것이리라!

'외교사(外交史)'란 국제관계 연구의 기본 바탕이다. 모든 학문의 바탕은 역사이다. 그 역사는 어떠한 관점에서 정리했는가가 중요하다. 프랑스의 외교학도 외교사가 중심이다. 그런데 우리는 외교관 선발시험에서조차 '외교사' 과목이 없다. 물론 '외교사'는 동서양을 불문하고 천덕꾸러기이다. 그렇지만 말할 필요도 없이 상대 국가를 좀 더 깊이 이해하기 위해서는 그들 생각의 근원인 그 분야의 역사를 심층적으로 이해해야만 한다.

최근에 미국은 중국인의 마음을 이해하기 위해 『사기(史記)』를 새로 번역하고, 최고의 미국인 한학자가 『두시언해(杜詩諺解)』를 새롭게 번역한다는 소식이 들려온다. 국가적인 차원에서 진행되고 있는 것으로 보인다. 아울러, 미국의 힐러리 클린턴(H. Clinton) 국무장관이나 가이트너(T. Geithner) 재무장관 등이 결정적인 시기에 중국의 고사성어를 적

---

* 왕사오팡(王紹坊), 『중국외교사, 1840~1911』 제1권, 한인희 옮김(서울: 지영사, 1996); 우둥즈(吳東之) 엮음, 『중국외교사, 1911~1949』 제2권, 한인희 옮김(서울: 지영사, 2010); 셰이셴(謝益顯) 엮음, 『중국외교사, 1949~1979』 제3권, 한인희 옮김(서울: 지영사, 2007); 셰이셴 엮음, 『중국외교사, 1979~1994』 제4권, 한인희 옮김(서울: 지영사, 2000).

절하게 사용하고 있는 것도 이와 무관하지 않다. 이러한 움직임은 모두 중국인의 마음을 제대로 읽어내고 중국을 제대로 파악하기 위함이다.

한편, 한·중·일 '삼국의 국제관계'에서 일본은 특히 뛰어난 '복원력'을 강조한다. 다시 말해서 한국과 중국이 어떠한 길을 가더라도 일본은 자국의 균형자적 역할이 가장 중요하다고 생각하고 있다. 몇 해 전에 만난, 이러한 '복원력'을 자신 있게 강조하던 선양(瀋陽) 주재 일본 총영사의 말이 지금도 나의 귓가에 생생하다. 일본의 장점은 모든 일에 치밀한 준비성과 협력적인 연구전통에 있다.

여기에 소개하는 『중국외교 150년사: 글로벌 중국으로의 도정(道程)』은 일본의 근대 중국외교사 연구의 제1인자인 도쿄대학 가와시마 신(川島眞) 교수와 현대 중국연구의 태두인 와세다대학 모리 가즈코(毛利和子) 명예교수가 역사학적인 방법을 바탕으로 외교문서에 근거하는 근대 외교사 연구와 사회과학으로서 정치학 연구와 국제관계론 등을 배경으로 하는 현대 외교 연구 사이의 '단층'을 메우고자 공동으로 집필한 것이다. 이와 같이 학술적으로 의미 있는 책을 중국정치 연구에 열심히 천착하고 있는 소장파 연구자인 옮긴이가 한국어로 번역하여 국내에 처음으로 소개하는 것이다.

이 책은 일본 국내의 중국연구자와 후학은 물론 젊은이들을 위해 공저자가 뛰어난 재능을 함께 모아 출간한 것이다. 일반적으로 공저가 갖는 일관성 부족이라는 한계를 뛰어 넘어 전체적인 흐름도 유기적으로 유지되고 있으며 문헌의 안내도 매우 충실하다. 중국의 근현대 150년의 '중국외교사'를 이렇게 압축해서 설명하다니! 다시 말해서, 일본인들은 국제사회에서 영향력을 가진 '글로벌 강대국' 중국에 대한 일거수일투족을 관찰하고 장래의 동향이나 그것이 자국과 지역 세계에 미치는 영향 등에 대한 분석을 위해 노력하고 있음을 실감한다. 무엇보다 이 점이 새삼 부럽게 느껴진다.

이 책의 장점은 기본적으로 우리 사회에 비록 중국에 관한 정보는 넘쳐나고 있지만 '문제는 방향성이고 가이드가 필요하다'는 점을 강조하고 있는 것이다. 그리고 현대 중국의 외교는 그 방향성이 바로 역사 속에 있다는 점을 다시 한 번 인식하게 해준다.

저자들의 인식은 '현대 중국의 변화를 풀어가는 데는 적어도 19세기 후반에 시작한 근대 중국 이래 150년의 중국을 시야와 염두에 두지 않으면 안 된다'는 것에 바탕을 두고 있다. 이 책은 전체 10장으로 구성되어 있다. 19세기 후반에서 1949년까지를 다루는 전반부 제1장에서 제6장까지를 가와시마 신 교수가, 그 이후부터 현재까지를 다루는 후반부 제7장에서 제10장까지를 모리 가즈코 교수가 각각 집필했다.

그렇다면 향후 중국은 어디를 향해 나아갈 것인가? 이 책의 공저자는 중국의 '글로벌 강대국화' 현상이 '제국화(帝國化)'로 이어지지는 않을 것으로 다소 신중하게 보았다. 그러나 그것은 어디까지나 기대일 뿐이다. 중국이 그동안 겉으로 내걸어왔던 여러 가지 외교정책과 관련한 키워드들은 10년을 주기로 변화하는 특징을 보여 왔다. '중국을 지배해보았던' 일본 학자들의 관점과 중국의 지배를 당해본 우리의 시각은 관점에서 분명하게 다르다고 생각한다.

그런 점에서 우리는 중국에 대한 더 깊은 연구를 해야 한다는 점을 강조하고 싶다. 그렇다면 우리의 다음 세대들에게 어떠한 가르침을 주는 '중국외교사'를 집필할 수 있을까? 이 책은 국제정치와 중국정치 연구에서 '세계외교사'와 '중국외교사'에 대한 이해가 왜 중요한지를 알려주는 좋은 책이다. 따라서 중국외교는 물론 국제정치에 관심이 있고 중국의 미래 방향에 대해 궁금해하는 전문가 및 연구자들과 특히 우리의 젊은이들에게 이 책의 필독을 권한다.

2012년 12월
대진대학교 중국학과 교수
한인희

한국어판 서문

지금 이때를 맞이하여 『중국외교 150년사: 글로벌 중국으로의 도정』이 한국어로 번역·출간되는 것을 무척 기쁘게 생각한다. "대두(擡頭)하는 중국에 어떻게 대처할 것인가?"라는 주제는 세계적으로 주목을 끌고 있다. 중국의 대외정책도 세계적 관심사가 되었다. 한국과 일본은 모두 중국의 이웃나라이며, 중국의 영향을 강하게 받고 있다. 이것만 보아도 중국의 대외정책과 외교를 이해하는 것은 중요한 과제라고 할 수 있다.

그런데 중국의 외교정책, 특히 그것의 역사인 외교사에 관해서는 실제로 연구가 아직 성숙되어 있는 상태가 아니다. 중국의 외교문서는 중국과 타이완(台灣)에 분산되어 있는 상황인데, 현재 충분히 소화되고 있지 못한 상태이다. 실제로 기존의 중국외교사는 때마다 정권이 자기를 정당화하는 논리와 깊게 결부되어왔다. 국민당(國民黨)과 공산당(共産黨) 정권은 각자 자신에게 유리한 다양한 '외교 이야기'를 만들어왔다. 그것을 어떻게 학술적으로 만들고, 학문의 대상으로 할 것인가 하는 것이 큰 과제였다.

필자는 『중국 근대외교의 형성(中國近代外交の形成)』(名古屋大學出版會, 2004)에서 이제까지 외교사적으로 '평가'가 가장 낮았던 중화민국(中

華民國) '베이징(北京) 정부' 시기를 다루었다. 이제까지 '혁명'이 중시되어온 중국 근현대사에서는 외교사의 영역에서도 국민당의 '혁명 외교(革命外交)'가 높은 평가를 받고, 중화민국 '베이징 정부'의 외교는 '매국 외교(賣國外交)' 등으로 간주되어왔다. 그렇지만 실제로 '혁명 외교'는 베이징 정부의 '조약개정 외교[修約外交]'를 계승한 것이며, '베이징 정부' 시기에도 다양한 외교 활동이 이루어졌다.

이와 같은 작업은 무엇보다 '베이징 정부'를 재평가하고자 하기 위한 시도만은 아니었다. 이제까지 정치적인 색채가 강했던 외교의 서술을 외교사료에 입각하여 학문화하고자 한 시도였다. 여기에서 '시도'라고 표현한 것처럼, 외교문서에 입각하거나 여러 외국의 1차 사료를 대조하여 기록된 중국외교사의 서술은 아직 형성되어가는 도중에 있다. 이 책의 전반부는 이와 같이 형성되어가는 가운데에 있는 외교사 연구의 성과를 축약판으로 보여주는 것이다.

한편 1949년을 전후하여 분절되지 않게 중국외교의 150년을 하나로 정리하여 묘사하는 작업은 대단히 도전적인 것이다. 그것은 주로 두 가지 점에서 그렇다. 한 가지는 중국외교 그 자체의 단절을 어떻게 고려할 것인가 하는 점이다. 근대 시기 이래 150년의 중국외교를 볼 경우 청조(淸朝)에서 중화민국 시기의 100년 동안은 청조에서 중화민국, '베이징 정부'에서 '난징(南京) 국민정부'로 국가와 정치주체는 변용되었지만 조약도 기본적으로 계승되고 인적으로도 대다수가 계승되어왔다. 그것만으로 하나의 연속성을 통해 묘사해낼 수 있다.

그러나 1949년에 성립된 중화인민공화국은 원칙적으로 중화민국으로부터 외교를 계승하지 않았다. 이것은 중화민국이 타이완으로 이주한 것을 고려해보면 당연한 조치일 수도 있지만 '혁명 정권'으로서 이데올로기를 강조한 측면도 있다. 이러한 단절성을 의식하면서 어떻게 하면 150년의 외교사를 통사(通史)로 묘사해낼 수 있을까, 이것이 첫 번째 커다란 도전이다.

또 하나의 논점은 방법론이다. 중국의 외교문서는 전쟁이 발발하기 이전 시기에 대해서는 대폭으로 공개되고 있는데, 중화인민공화국에 대해서는 1960년대까지 그것도 일부밖에 공개되지 않고 있으며, 공산당 내부의 문서는 비공개되고 있다. 설령 다른 외국의 공개문서를 사용한다고 해도 1960년대까지만 '외교사'로서 다루기는 어려운 것이다. 그 이후의 시기는 오히려 이론적인 연구가 주된 방법론이 된다. 이 방법론적인 차이점은 서술의 방법 등에서 단적으로 나타나게 된다. 이 문제를 어떻게 보완할 것인가 하는 것도 하나의 도전이라고 할 수 있다.

이 밖에도 다양한 과제가 있지만 이 책에서는 이러한 문제에 대해서 한 가지 시도로서 답변을 제공하고자 했다. 첫 번째 과제에 대해서는 1949년 전후를 통해서 계승되고 있는 중국외교의 특징을 발견해내고자 했다. 또한 두 번째 과제에 대해서는 정책을 밑받침했던 이념과 세계인식을 핵심어 형태로 정리하여 보여줌으로써 서술의 들쑥날쑥함을 방지하고자 했다.

중국외교에 대한 연구, 특히 외교사 연구는 아직 많은 과제들이 남아 있다. 이 책은 정치담론의 일부라고 말해지기도 하는 중국외교(사)의 서술을 객관화하고 학문화하려는 하나의 시도이다. 그렇지만 이와 같은 탈(脫)정치담론화를 위한 노력은 아직 시도의 단계에 불과하다. 한국의 독자 여러분들과 이러한 과제를 공유하고 대화를 진행함으로써 학술연구가 더욱 심화되기를 바라마지 않는다.

2012년 11월
타이베이(台北)의 숙소에서
가와시마 신(川島眞)

머리말

'글로벌 중국으로의 도정'과 근대 중국외교사 및 현대 중국외교 연구

이 책의 전반부에서는 19세기 말부터 20세기 중반까지의 중국 대외 관계를 정부가 행한 외교를 중심으로, 특히 세계와의 관계에 주목하여 서술했다. '글로벌 중국'이라는 주제는 세계적인 존재가 된 중국이라는 함의도 있지만, 동시에 점차 일체화가 (그리고 이에 대한 반발이 함께) 진행되는 세계와 관계를 맺게 되는 중국이라는 측면도 있다. 근대 시기의 부분은 실제로 후자에 해당한다.

이와나미쇼텐(岩波書店) '중국적 문제군(中國的問題群)' 시리즈의 기본적인 특징을 논하자면, 현대 중국연구자와 근대사 연구자가 협력하여 하나의 주제에 대해 통사적(通史的)으로 서술한다는 점이다. 이것은 어떤 의미에서 현재의 문제에 대한 관심을 과거로부터 비추어 보고 역사로부터 조응하여 작금의 문제를 되짚어보는 작업인 것이다. 그러한 의미에서 역사와 현재는 관련성이 있다. 또한 이 가운데 연속성이 있다는 것은 이 시리즈의 전제이기도 하다. 이러한 전제는 어떤 분야에서 당연시되기도 하지만 외교나 국제관계의 경우에는 논의가 좀 더 필요하다. 물론 현대 중국외교에 대한 연구에서도 역사나 전통이 중국외교를 규정하는 요인이 되기도 한다.

그러나 1949년 이후 중국외교를 수행한 당사자가 역사를 의식하고 그 역사적 요인을 활용하여 외교정책을 입안하고 실시했는가의 여부, 혹은 1949년을 전후한 중국외교에서 연속성과 어떤 영향을 객관적으로 살펴볼 수 있는가에 대해서는 지금까지 충분히 논의되지 않은 것으로 보인다(岡部, 1983: 3~6). 따라서 현대 중국외교를 수행한 주요 인물들의 역사에 대한 의식은 이 책의 후반부에 맡기고, 전반부에서는 역사적 연속성을 함께 시야에 넣으려는 시도를 했다.

쉽게 주목되는 바와 같이, 이 책 전반부의 역사 부분과 후반부의 현대 부분에서 서술의 스타일과 논의의 틀이 다르다. 전반부는 주로 외교사, 국제정치사, 국제관계사 분야에서 취급되는 시대를 다루고 있다. 이 시기의 중국외교에 대해서는 중국과 타이완에서 수많은 외교문서가 공개되었고, 또한 외국의 다른 문서들도 추가로 더해져 역사연구의 대상이 되고 있다.

이에 반해, 현대 중국외교에 대한 연구는 다소 다른 감이 있다. 중화인민공화국과 관련하여 현재까지 1960년대 중엽까지의 외교문서가 공개되어 있다. 그런데 이것은 여전히 제한적인 것이기 때문에 외교사 분야에서의 사실보다도 중국외교를 파악하는 이론과 방법론적인 분석을 많이 찾아볼 수 있다. 이와 같은 현상은 역사와 현대 연구를 주제로 하여 공동으로 집필할 경우 자주 나타나는 현상이다(川島 外, 2009).

그렇지만 중국외교 및 중국외교사에 대한 연구의 경우 단순히 사료공개의 여부만이 역사와 현대를 나누는 기준이 되는 것은 아니다. 이와 관련하여 특히 중요한 것은 중화인민공화국이라는 국가가 이제까지 중화민국과의 외교적인 연속성을 부정해왔다는 점일 것이다. 근현대 중국에는 신해혁명, 국민혁명 등으로 불리는 '혁명'이 있었는데, 신해혁명을 통해 성립되었던 중화민국 '난징 정부', '베이징 정부', 그리고 국민혁명을 거쳐서 수립되었던 중화민국 '국민정부'는 기본적으로 이전 정권이 체결했던 조약을 계승했고 또한 외교관 등의 인원도 상당수 계승했다.

그러나 1949년의 중화인민공화국 성립, 혹은 그 이전에 공산당 지배지역에서 행해진 외국과의 교섭에서는 이전 정권과의 단절성을 강조했기 때문에 근현대를 일관하는 주제를 설정하는 것 자체에 무리가 있을지도 모른다. 그렇지만 언급한 바와 같이 1949년을 전후한 시기의 연속성을 시야에 넣고 함께 논의할 수 있을 것이라고 필자는 생각한다. 경제사 연구나 사회사 연구 혹은 지역사 연구가 1949년을 넘어서면서 연속성의 시점을 채택하고 있는 가운데, 외교사와 국제정치사의 분야에서도 적극적으로 1949년을 '월경(越境)'하고자 시도하는 연구자도 출현하고 있다(久保 編, 2006).

근대 중국외교와 그 비중

그렇다면 이와 같은 연속성이 존재할 가능성을 의식하는 전제 위에서 19세기 말부터 50년에 걸친 중국외교를 회상해보았을 때 이를 어떻게 파악할 수 있을까? "약소국에는 외교가 없다"라는 말처럼, 당시의 중국에는 외교라고 부를 만한 것이 없었다. 이것만으로도 교섭에 의해 얻어진 것은 거의 없었다는 비판적인 시선도 있다. 또한 무쓰 무네미쓰[1]가

청일전쟁 이후에 해리 팍스[2]의 말을 빌려 중국외교를 평하며 "원래 청나라 정부와 협의하여 일을 정하는 것은 …… 밑 빠진 바가지로 우물물을 긷는 것처럼 항상 그 효과가 없다"라고 말한 바와 같이, 파악할 여지가 없는 것으로 간주되었다(陸奥, 1896).

그러나 현재 진행되고 있는 연구를 통해 중국외교사의 일단이 조금씩 해명되고 있는 것도 확실하다. 필자가 근대 중국외교의 개념에 대한 정의를 내린다면, 그것은 중국을 중국답게 하기 위한 대외적인 행위[所 爲]였다고 본다.[3] 이것은 근대적인 의미의 외교가 중국에 도입된 시기와는 별도로, 중국이 외교를 통해 자기형성을 하거나 자국을 수호하고 유지하며 이상적인 형태에 근접하게 하는 수단으로서, 혹은 이러한 것들을 행하는 장으로서 외교가 이루어져 왔다는 것을 의미한다(劉, 1999: 136~139). 이것은 현재의 중국외교에도 적용될 수 있을지 모른다. 그런

---

1 무쓰 무네미쓰(陸奥宗光, 1844~1897), 일본 막부(幕府) 말기부터 메이지(明治) 시대에 활약했던 무사(武士), 정치가 및 외교관이다. 1892년부터 1896년까지 제2차 이토 히로부미(伊藤博文) 내각에서 외무대신을 역임했으며, 1895년 「시모노세키 조약(下關條約)」의 체결에 큰 역할을 했다. 주요 저서로 청일전쟁에 대해 자세히 기록한 『건건록(蹇々錄)』(1929)이 있다. _ 옮긴이 주
2 해리 팍스(Sir Harry S. Parkes, 1828~1885), 영국의 외교관으로 1864년에 영국의 상하이(上海) 영사가 되었으며, 일본의 막부 말기부터 메이지 초기까지 18년간 주일 영국공사로 재직했다. 1883년 일본을 떠나 청국(淸國) 공사가 되었고 1884년에는 주한(駐韓) 공사의 직무를 겸임했다. _ 옮긴이 주
3 중국의 근대 시기에 대한 구분에도 다양한 논의가 있으며 현재는 아편전쟁을 분기점으로 삼는 논의는 거의 보이지 않고 있다. 여기에서는 편의상 19세기 중엽으로 간주한다. 또한, 근대 중국외교라는 용어에도 다양한 함의가 있다(岡本·川島, 2009: 後記).

데 이것은 다른 근대국가들에도 당연한 것으로서 특기할 만한 중국의 특징으로 간주하여 논의할 필요가 없을 수도 있지만 이에 대해 첨언을 하고자 한다.

"중국을 중국답게 한다"라고 할 때 여기에서 '중국'에 대해 정의를 내리는 문제가 떠오르는데, 이것도 역사적으로 형성된 것이다. 첫째, 국경선을 획정하고 중국인에 대한 개념을 규정하는 등 '중국'이라는 주권국가가 점차 상정되고 확정되었다. 19세기 말 이후 중국에서는 이와 같이 '중국'에 대해 확정하는 것이 하나의 과제였는데, 그것은 대외관계를 통해 이루어진 측면이 있다. 둘째, 이러한 '중국'이라는 것에 본래 깃들여져 있다고 생각되는 제도와 국가의 존재양태를 상정하고 이것을 '있을 법한 모습'으로 설정하는 것이다. 여기에는 국토와 국민 혹은 권익(주권)을 의식적으로 승화시켜 중첩시킨다. 그리고 이를 빼앗기지 않도록 지키며 이를 빼앗길 경우 다시 탈환하는 것이 외교의 목적이 되었다. 한편 '빼앗기지 않는다'라든가 '다시 탈환한다'라는 것뿐만 아니라 이러한 '중국'에 담겨 있는 가치와 국가의 이미지를 구현하는 것도 '중국적'인 외교의 목표로서 간주된다.

근대 중국외교가 중요해지고 "중국은 중국이다"라는 사실과 깊은 관련이 있는 것은, 중국 스스로가 여러 열강들로부터의 위협에 처해 있었던 점이나 열강과의 전쟁으로 세월을 보냈던 것에 의해서만 기인하는 것은 아닐 것이다. 그것은 '외교'가 단순히 베이징과 난징 등의 수도에서 전개되는 대외적인 활동에 국한되지 않았기 때문이다. 내륙 지역을 여행할 수 있는 권리가 인정되고, 또한 개항장에 공장 등을 설립할 수 있었던 외국인들이 중국 영토에 깊숙이 들어오면서 중국 사람들의 도시생활에 영향을 주었다. 또한 선교사들의 유입으로 인해 농촌을 포함한 지역 중국인들의 일상생활에 밀접한 영향을 미치게 되었다. 이 때문에 외교문제는 국내문제이기도 했다. 오히려 이것이 큰 문제가 되었던 배경은 불평등조약이 속지주의(屬地主義)적으로나 속인주의(屬人主義)적으로나 모두 관련되어 있었던 점이다.[4]

그런데 불평등조약 체제 등으로 표현되기도 하지만, 19세기 말부터 시작되는 격동의 50년 동안 '중국'이 처해 있던 국내외의 상황은 결코 정적이지 않았다. 그 가운데에서 외교의 비중도 변화하게 된 것이다. 이러한 점을 감안하여 이 책의 전반부에서도 '글로벌 중국으로의 도정'이라는 주제에 맞추어 시기 구분을 하고 각 시기의 상황에 대한 설명을 해보도록 하겠다.

---

4 예를 들면, 속인주의적인 측면에서 특권을 갖고 있는 외국인은 일정한 절차를 거치면 기본적으로 어디에서나 치외법권을 누릴 수 있었다. 또한 속인주의적인 측면에서 특권을 갖고 있지 않는 중국인이라고 해도 상하이 등의 조계(租界)에서 재산을 보유하고 그곳에서 활동한다면 중국의 관헌이나 법률제도로부터 벗어날 수 있었다.

차례

추천의 글_ 5
한국어판 서문_ 14
머리말_ 18

제1장 근대 중국외교사 50년의 이해방법과 시기 구분   29

근대 중국외교사에 대한 몇 가지 접근법 ······································ 29
근대 중국외교사의 시기 구분 ·· 40
근대 중국외교에 대한 세 가지 질문 ·· 44

제2장 '중국'과 주권중시 외교: 19세기 후반~1915년 전후   51

책봉·조공체제에 대한 논의 ·· 52
1880년대 책봉과 조공의 변용 ·· 55
'열국병립지세'와 '분할의 위기' ·· 57
'중국·중국인 의식'의 형성과 제도적 근대 외교의 전개 ················· 61

제3장 전승국의 결실과 통치능력의 한계: 1915~1925년　73

제1차 세계대전 전승국과 국제연맹 가맹국: 국제적 지위의 향상 ·········· 75
워싱턴 체제와 중국 ··· 79
지방 '군벌'·광둥 정부와 외교: 내정 분열과 통합의 한계 ·················· 86
외교에서의 역사와 '전통'의 형성 ·· 91

제4장 혁명과 국민외교: 1926~1937년　95

북벌과 혁명외교: 관세자주권 회복 ··· 96
중·일관계의 긴장: 일본의 산둥 출병과 만주사변 ··························· 101
국제연맹과 중국 ·· 108
중·일 평화 모색과 국제정치 ·· 111

제5장 '4대 강대국'으로 향하는 길: 중일전쟁에서 반(反)파시즘 세계대전으로, 1936~1943년　117

중일전쟁의 발발과 제2차 세계대전 ·· 119
불평등조약의 개정과 인도 문제 ·· 124
'4대 강대국'으로의 진입과 카이로 선언 ······································ 128
선전 투쟁과 자기 이미지의 형성 ··· 130

제6장 전후 구상과 중화민국의 타이완 이주: 1943~1949년 135

유엔의 성립과 안보리 상임이사국 ·· 137
전쟁의 승리와 새로운 위협 ·· 142
만주 문제와 대미(對美)·대소(對蘇) 관계 ···································· 147
중화민국 정부의 타이완 이주와 중국외교 ·································· 150
근대 외교에서 '중국'이란 무엇인가: 세 가지의 회답 ···················· 153

제7장 현대 중국외교 60년의 시기 구분 161

'글로벌 강대국' 중국이란? ·· 162
중국외교 60년: 시기 구분의 시도 ·· 165
현대 중국외교: 세 가지의 질문 ·· 169

제8장 마오쩌둥 시기의 외교: 핵심어를 통한 독해 173

1950년대 ··· 174
1960년대 ··· 184
1970년대 ··· 196

제9장 개혁·개방 시기의 외교: 핵심어를 통한 독해 211

1980년대 ··· 211
1990년대 ··· 219
2000년대 ··· 235

제10장 세계화와 '글로벌 강대국' 중국 243

변수로서의 중국 ·· 243
세계화를 어떻게 수용할 것인가? ··· 245
새로운 대외전략: 지역주의로의 전환 ·· 248
세계 속의 중국: '제국론'의 관점에서 ·· 256

결론 모두 중국을 제대로 파악하지 못하고 있다_ 263

참고문헌_ 271
기본서 안내_ 282
지은이 후기_ 301
옮긴이 후기_ 303

제1장

근대 중국외교사 50년의 이해방법과 시기 구분

근대 중국외교사에 대한 몇 가지 접근법

근대 중국외교사 연구의 전개

중국은 '수수께끼'로 비유되는 것처럼 관찰대상으로서 접근하기 어렵다고 여겨져 왔는데, 관찰의 과정과 결과에 오해가 존재하는가 하면 그렇게 생각하고자 하는 희망이 들어가기도 한다. 오리엔탈리즘(orientalism)과 같은 것은 그러한 선입견의 전형적인 예이다(東田, 1998).[1] 역사적으로 보아도 세계 최대 규모의 인구를 과시하고 있는 중국을 거대한 시장

---

1 일본의 중국연구는 에도(江戶) 시대 이후 한자의 영향을 받기도 하여 세계적으로 유수한 발전의 모습을 보였으나, 동시에 역사적으로 밀접한 관계를 맺고 있는 인접국이라는 측면도 있었기 때문에 모토오리 노리나가(本居宣長)가 언급하는 '발원지'와 같은 독특한 심정을 만들어내기도 했다. 이것만 보아도 일본의 중국에 대한 관점은 다양한 것이었다(岸本, 2006).

으로 보는 관점이 19세기부터 존재했다. 그것은 줄곧 이상적인 것에 불과했지만 최근 들어 점차 현실화되고 있다고 할 수 있다.

또한 19세기에 중국과의 접촉이 긴밀해진 구미(歐美) 국가들은 유럽 절대군주의 관점에서 중국을 보는 경향이 있었고, 중국의 정치체제를 강력한 황제 권력 아래의 전제주의(despotism)로 인식했다. 그렇기 때문에 구미 국가들은 황제가 있는 베이징에 공관을 열고 상주 사절인 공사를 파견하는 것에 집착했던 것으로 보인다. 그리고 그들에게는 중국으로 하여금 어떻게 조약을 지키도록 할 것인가 하는 더욱 실질적인 최종 목표가 있었으며, 이를 위해 황제에게 가깝게 접근하고자 했던 측면도 있다(坂野, 1973: 17~18).[2]

일본에서는 중국을 중앙집권적인 혹은 한 명의 군주가 만민을 통치하는 국가로 보는 경향과 함께, 실제로는 지방의 대관(大官)이 막강한 권력을 지니고 있는 분권적인 곳으로서 중앙의 권한은 제한적이라고 보는 견해도 있다(織田 編, 1905~1915: 48~50). 이와 같은 관점은 구미에서도 살펴볼 수 있다. 구미의 외교문서에는 누구와 교섭하면 좋은지를 알지 못하는 우여곡절로 가득한 긴 교섭에 고통스러워하는 모습이 자주 묘사되어 있다. 이처럼 다양한 견해가 존재하는 것은 중국이 구미 국가들이나 일본에게는 관찰하고 이해해야 할 대상이었다는 점을 잘 보여준다.

중국의 화이사상(華夷思想), 무역관리의 방법, 황제 권력, 중앙-지방

---

2   청나라는 인구 비율로 볼 때 소수의 만주족이 지배하던 왕조였고 한인(漢人)의 국가가 아니었던 점도 구미인(歐美人)의 중국에 대한 인식에 영향을 준 것으로 보인다.

관계, 그리고 재정정책은 모두 연구대상이 되었다. 연구의 효시는 선교사 등 관계자나 장기간 근무했던 중국의 세관직원이었다(Morse, 1910~1918). 20세기에 들어 중국에서도 점차 자국의 외교사에 대한 관심이 높아져 사료 편찬이나 연구서의 출간이 시작되었다. 아마도 류옌[3]이 개창자라고 할 수 있으며, 장팅푸[4]가 그것을 한 분야로서 확립시킨 것으로 볼 수 있다(川島, 2009a).

1949년 이후 중국외교사에 대한 연구는 우여곡절을 겪게 된다. 미국에서는 페어뱅크(John K. Fairbank) 교수가 '중화주의적 세계질서(Chinese World Order)'라는 하나의 분석틀을 제시했다(Fairbank, 1968). 또한 타이완에서는 앞에서 언급한 장팅푸의 연구 흐름을 궈팅이[5]가 계승하여

---

[3] 류옌(劉彦, 1880~1938), 후난성(湖南省) 출신으로 일본 와세다대학에서 공부했다. 신해혁명 이후 지속적으로 참의원 의원으로 활약했고 교육계에서도 저명했다. 중국외교사 및 대외관계사와 관련된 저작들을 많이 출간했다.

[4] 장팅푸(蔣廷黻, 1895~1965), 후난성 출신으로 미국 콜롬비아대학 박사, 난카이대학(南開大學) 교수를 거쳐 1929년에 칭화대학(淸華大學) 역사학과 교수 및 주임으로 활동했으며, 중국외교사 연구를 수행했다. 1936년 주소련 대사가 되면서 외교계에서 활약하기 시작했다.

[5] 궈팅이(郭廷以, 1904~1975), 중국 허난성(河南省) 우양현(舞陽縣)에서 출생했으며 중국근대사 연구 및 중국 구술사학(口述史學)의 개척자이다. 1926년 국립둥난대학(國立東南大學, 이후 국립중앙대학(國立中央大學) 및 난징대학(南京大學)으로 개칭됨) 역사학과를 졸업하고 칭화대학 및 허난대학(河南大學) 등에서 교편을 잡았다. 1949년에 타이완으로 이주하여 중앙연구원 근대사연구소의 건립을 담당했고 1965년에 초대 소장이 되었다. 주요 저서로『근대중국사(近代中國史)』,『태평천국 사사일지(太平天國史事日誌)』,『중화민국 사사일지(中華民國史事日誌)』,『근대 중국 사사일지(近代中國史事日誌)』등이 있다. ─ 옮긴이 주

'타이완 학파'로 일컬어지는 실증주의 학파가 형성되었고 외교문서의 출간과 그것에 기초한 연구를 추진했다. 중국 대륙에서는 마르크스주의 역사학이나 동서(東西) '양대 진영'의 관점에 기초한 대외관계사가 새롭게 편찬되었다. 일본에서는 제2차 세계대전 이전부터 야노 진이치[6]와 우에다 도시오[7] 등에 의해 중국외교사 연구가 수행되었다. 전후에는 조약의 해석과 국제법 관련의 학문 분야에 조예가 깊은 우에다 도시오의 학문적 계통으로부터 반노 마사타카[8]의 정치사에 기반을 둔 실증연구가 전개되었다. 그러나 사회경제사를 중심으로 하는 중국근대사 연구의 가운데에서 외교사는 여전히 주도적인 위치를 차지하지 못했다. 그런데 최근 수

---

6 야노 진이치(矢野仁一, 1872~1970), 야마가타 현(山形縣) 출신의 동양사 연구자로서, 도쿄대학을 졸업하고 베이징의 법정학당(法政學堂) 근무 등을 거쳐 교토제국대학(京都帝國大學)에서 재직했다. 아편전쟁 및 애로우 전쟁에 관련된 외교사 연구자로 알려져 있으며 전시(戰時)에는 만주의 독자적인 역사성을 강조했다.

7 우에다 도시오(植田捷雄, 1904~1975), 도쿄대학 법학부를 졸업하고 오사카 마이니치신문(每日新聞), 동아동문서원(東亞同文書院) 등을 거쳐 도쿄대학 동양문화연구소 교수로 재직했다.

8 반노 마사타카(坂野正高, 1916~1985), 미국 뉴욕 시에서 출생한 일본의 역사학자로서 중국 정치외교사가 연구 분야였다. 도쿄제국대학(東京帝國大學) 법학부를 졸업하고 도쿄제국대학 동양문화연구소 조수(助手), 도쿄 도립대학(東京都立大學) 강사, 조교수, 교수, 도쿄대학 법학부 교수 및 국제기독교대학(國際基督敎大學) 교수를 역임했다. 주요 저서로 China and the West, 1858~1861: The Origins of the Tsungli Yamen (Harvard University Press, 1964), 『근대 중국외교사 연구(近代中國外交史研究)』(岩波書店, 1970), 『근대 중국 정치외교사: 바스코 다 가마에서 5·4운동까지(近代中國政治外交史: ヴァスコ・ダ・ガマから五四運動まで)』(東京大學出版會, 1973) 등이 있다. ― 옮긴이 주

십 년 동안 중국과 국제사회의 관계가 점차 밀접해지고 중요성이 증가되는 가운데 중국외교사에 대한 연구가 대단히 성행하게 되었다.

이상과 같은 과정을 거쳐 현재 19세기 말부터 20세기 초반에 이르는 근대 중국외교는 다양한 형태로 논구되고 있다. 물론 실증적인 사례연구도 적지 않지만 그 가운데에는 현대 중국외교와의 관련성을 의식한 저작도 보이기 시작하고 있다(Perdue, 2005). 이 책에서는 이러한 연구 상황에 입각하여 서술하려고 한다. 우선 현대 외교와의 관련성에 대해 간단하게 정리해보도록 하겠다.

근현대 중국외교(사)의 몇 가지 파악 방법(1): 침략과 저항

여기에서 근현대 중국외교(사)에 대한 전형적인 몇 가지 파악 방법을 소개하고, 이를 통해 근대 중국외교사와 현대 중국외교사의 '연속과 단절'에 대해 소개해보도록 하겠다. 가장 먼저 소개하는 것은 침략과 저항에 기초한 관점이다.

이는 1840년의 아편전쟁 이후 중국이 일관되게 침략을 지속적으로 받아 반(半)식민지 상태에 빠졌으며, 이에 저항하여 중국이 최후에 승리를 거두었다는 사고방식이다. 이는 청조(清朝) 시대부터 발견되는 관점으로서 글을 집필하는 사람에 따라 저항의 주체는 각기 다르다. 현재 중국의 역사교과서에서는 청조와 중화민국은 모두 기본적으로 침략에 대해 별로 저항하지 않았고, '민중'과 '인민'의 저항이 이 과정에서 유효했으며 최종적으로 이러한 '인민'의 힘이 중국공산당의 승리로 귀결되었다는 사고방식이 묘사되고 있다. 중국공산당의 서술에는 단순한 피해자로서 대외관계의 역사를 바라보는 시각과 마르크스주의 역사학에 기반을 둔 인민역사관의 두 흐름이 투영되어 있다. 다음에 살펴보는 중화인민공화국의 헌법 전문(前文)에는 이와 같은 사고가 반영되어 있다.

중국은 세계에서도 대단히 유구한 역사를 지니고 있는 국가들 가운데 하나이다. 중국의 각 민족 인민은 휘황찬란한 문화를 근간으로 하는 창조적이며 영광스러운 혁명적 전통을 지니고 있다. 1840년 이후 봉건중국은 점차로 반(半)식민지, 반(半)봉건국가로 변했다. 중국 인민은 국가의 독립, 민족의 해방, 그리고 민주자유를 위해 죽음을 두려워하지 않고 용맹스러운 분투를 했다. 20세기 중국에는 천지를 뒤집을 정도의 역사의 변혁이 발생했다. 1911년 쑨중산(孫中山) 선생이 신해혁명을 영도하여 봉건적인 황제제도를 폐지하고 중화민국을 수립했다. 그러나 중국인민의 반(反)제국주의, 반(反)봉건주의의 역사적인 임무는 완성되지 않았다. 1949년 마오쩌둥(毛澤東) 주석을 지도자로 하는 중국공산당이 중국의 각 민족 인민을 영도하여 장기간에 걸친 어렵고 곡절 있던 무장투쟁과 비(非)무장투쟁을 추진한 결과 마침내 제국주의, 봉건주의, 관료자본주의의 통치를 전복시키고 신(新)민주주의혁명의 위대한 승리를 획득하여 중화인민공화국을 수립했다.

전후 중국공산당 통치의 정당성을 지지하는 논리의 하나로서 제국주의에 대한 '저항'을 영도하여 신민주주의 혁명을 달성했다는 위상이 정립되었다. 즉, 역사가 현 시기 통치의 정당성을 설명해주는 요인이 되고 있는 것이다. 그러한 점에서 1949년 이전과 이후는 관련성이 있다. 그러나 1949년 이전과 이후의 외교 자체에 연속성이 있다는 설명은 부여되지 않고 있다.[9]

그런데 오늘날 중국공산당 자신이 '혁명'보다는 민족주의나 풍요로움을 정당성의 근원으로 삼게 되면서, 이와 같은 침략과 저항의 논리는 과거보다 저조해지게 되었다. 또한 역사연구에서 '혁명사'가 시들해진 점도 명백하다(Wang, 2009). 현재의 경우 중국에서 공적인 역사담론 가운데 과거에 주요 의제였던 '침략과 저항'의 담론은 이제 주선율 가운데 하나에 불과하게 되었다고 할 수 있다. 또한 중국의 국력이 증강되는 가운데 전쟁에서 계속 패배하고 침략을 받았다는 피해자로서의 시각이 점차 상대화되고 감소될 가능성도 나타나고 있다.

근현대 중국외교(사)의 몇 가지 파악 방법(2): 주권수호와 민족주의

다음으로 중국의 국가로서의 존속과 유지, 주권의 수호, 그리고 국권상실에 대한 강력한 분개와 그 회복에 대한 강력한 의사를 배경으로 하여 묘사되는 외교사를 살펴보도록 하겠다. 여기에서는 주로 국권상실의 과정과 그 복권 과정이 묘사된다. 이것은 '침략과 저항'이라는 논리와도 일견 상통하지만 (1)의 침략과 저항에 기반을 둔 접근법의 경우에 저항

---

9   연속성이 있다면 지금도 중국의 역사교과서에는 아편전쟁 당시 영국인에 대해 저항했던 평영단(平英團) 등 제국주의에 대한 '인민'의 투쟁이 외국의 '침략'에 대한 '민중'의 (폭력을 포함하는) '저항'이라는 정의로운 행동으로 묘사되어 있으며, 현재의 시위를 연상시키는 점일 것이다(川島, 2007a: 13~15).

하는 주인공이 관료 등이 아니라 인민이었다는 계급투쟁에 역점이 두어졌다. 이에 반해, (2)의 관점에서는 관료 등이 함께 포함된 국민에 의한 민족주의를 상정하고 침략을 받아 빼앗긴 것을 '주권'이라는 이름 아래 명확히 하고 이론화하는 경향이 있다. 또한 국가와 주권을 강조하는 점에서 아래에 소개하는 (3)의 시각과 친화성을 갖고 있기도 하지만 국제사회와의 관계를 대부분 대립적으로 묘사한다는 점에서 (3)의 접근법과 차이점이 있다.

예를 들면, (1)의 관점에서 보면 리훙장[10]과 위안스카이,[11] 그리고 20세기 초반에 활약했던 구웨이쥔[12] 등의 외교관들은 '21개조 요구'를 수락하는 등 국권을 외국에 넘기거나 혹은 국권의 회수에 성공하지 못했다. 또한 이들은 동시대 인민으로부터 지지를 얻지 못했던 부정적인 존재로서 묘사된다. 그런데 (2)의 시각에 따르면 이들은 군사력이 약하고 국내의 통치가 여의치 않은 상황에서 중국의 국토를 보호하고 지켜내는 것에 진력을 다했다. 또한 중국(왕조로서의 청조도 포함)의 존엄을 유지

---

10 리훙장(李鴻章, 1823~1901), 안후이성(安徽省) 출신의 청나라 고위관료로서 양무운동의 추진자이기도 했으며 점차 대외관계의 중심적 존재가 된다. 「시모노세키(下關) 조약」의 체결 등에서도 전권대표를 맡았다.
11 위안스카이(袁世凱, 1859~1916), 허난성(河南省) 출신의 청나라 고위관료로서, 중화민국의 초대 대총통이 되었다. 제도적으로 권한이 강력한 의회와의 대립을 심화시켰고 황제제도의 부활을 노렸지만 1916년에 사망했다.
12 구웨이쥔(顧維鈞, 1888~1985), 장쑤성(江蘇省) 출신의 근대 중국을 대표하는 외교관이다. 미국 콜롬비아대학 박사, 1915년에 주미 공사, 이후 파리 강화회의 및 워싱턴 회의의 전권대표 등을 맡았고, 제2차 세계대전 시기에는 유엔(UN)의 성립에 공헌했다.

하고자 했던 존재로서 긍정적으로 묘사될 수도 있다. 즉, 여기에는 '인민'을 무시하는 것은 아니지만 인민과 관료, 인민과 정치가 및 군인 간에 계급적 대립이 있다는 발상이 약해져 모두 동일한 중국인으로서 '애국심'을 갖고 중국의 주권과 영토의 수호에 노력했다는 점이 중시된다.

일례로, 1919년의 파리 강화회의에서 구웨이쥔 등이 일본에게 '빼앗긴' 독일의 산둥성(山東省) 이권을 회수할 수 없었던 것에 대해 살펴보도록 하겠다. 이것은 (1)의 시각에 의하면 부정되는 것이지만, (2)의 관점에서는 「베르사유 강화조약」에 조인하지 않았다는 점을 평가하여 국권 수호를 위해 세계에 대해 '아니오'라고 이의제기를 했다는 점이 부각되어 칭송받게 된다.[13] 이와 같은 관점은 국민당을 포함해 기존에 비판적으로 받아들여졌던 여러 정권들의 대외관계에 대한 재평가와도 연결되는 측면이 있다. 그러나 여기에서도 최종적으로 공산당이 제국주의를 완전히 타도했다는 위상은 변화하지 않으며, 청조와 중화민국 정부 모두 주권을 옹호하고 국가로서의 존재 유지에 노력을 했지만 여전히 불충분했다는 관점이 성립된다.

이러한 (2)의 관점에 기초한 연구는 민족주의나 주권의 중시라는 점에서 1949년 이후의 중국외교와도 친화성을 갖는다. 또한 외교사의 서술이 현재에서도 국민통합을 위해 동원될 수 있는 가능성을 중국의 외교사 연구 가운데에서 다분히 느낄 수 있다.

---

13 이와 같은 평가는 1990년대 중반부터 후반에 걸쳐 황젠중(黃建中) 감독, 천다오밍(陳道明) 주연으로 회의 과정에서 분투한 구웨이쥔을 묘사한 영화 〈나의 1919(我的一九一九)〉(1999년) 등에 의해 생생하게 묘사되어 있다.

근현대 중국외교(사)의 몇 가지 파악 방법(3): 근대화 및 국제표준의 수용

19세기 후반부터 20세기 초반의 동아시아에도 주권국가 시스템과 국제법에 기초한 국가 간의 관계가 확대되었다. 이는 한편으로 독립국가로서 존속될 것인가 아니면 식민지화될 것인가의 선택을 동아시아 국가들에게 강요하면서, 다른 한편으로는 독립국가로서의 존속이나 식민지화에 상관없이(식민지근대화론에 대한 논의는 우선 차치하더라도), 근대적 가치관이 점차 도시부를 중심으로 공유되어가는 기회였다고도 할 수 있다. 금융·위생 등의 국제공공재가 주로 영국에 의해 담당되었던 이 시기를 제1기(혹은 제2기) '세계화 시기'로 볼 수도 있을 것이다(Caprio, ed., 2006).

19세기 중반 이후의 중국외교를 이와 같은 조류에 대한 대응으로 파악하고 '국제사회와의 대화, 국제표준의 수용'이라는 관점에서 파악하는 것이 (3)의 관점이다. 여기에는 국제법의 수용, 외교담당 기관의 설립, 재외사절의 파견, 그리고 중국과 국제기구 및 국제연맹과의 관계 등이 주요 지표로서 부각된다(唐, 1998; 張, 1999). 그리고 청조나 중화민국 시기의 복잡한 중앙-지방관계나 정권을 차지하기 위한 투쟁의 부분을 제외하더라도, 근대 사회에서 중국이 국제사회 가운데에서 자국의 위상을 발견해가는 모습을 보여준다.

이러한 관점에 따르면, 국제사회는 '적'이 아니라 국권회수의 추진이나 국제적 지위의 향상을 위한 하나의 장이 된다. 이 때문에 국제사회에 대한 관여는 목표가 아니라 수단이라는 측면도 존재하고, 내재화되어 있는 전통적이라고 할 수도 있는 논리가 '국제표준'을 표면적으로 내세우면서도 계속하여 존속하는 계기를 얻게 되었다고도 할 수 있다.

이와 같은 (3)의 관점은 1980년대 이후 민국사(民國史) 연구에 압도적으로 나타나는 특징들 중 하나이기도 하다. 한편으로 현재 중국과 세계의 교류가 이전보다 긴밀해짐에 따라 실제로 '글로벌 중국'이 되어가고 있는 가운데, 이러한 관점이 특히 구미 지역에서 연구의 한 조류가 되어가는 측면이 있다. 여기에는 중국이 역사적인 맥락을 유지하면서도 점차 국제사회의 일원으로서 행동해왔으며, 중국이 국제적인 지위의 향상을 추구해왔다는 흐름이 묘사되고 있다(Zhang, 1991; Xu, 2005).

확실히 이와 같은 관점에 입각하여 1949년 이후 시기에 적용하여 현대 시기에 접어든 이후 중국이 일관되게 국제사회와의 대화와 교류를 추진하고 국제사회의 일원으로서의 외교를 전개해온 것으로 볼 수도 있을 것이다. 특히 개혁·개방 이후 중국의 외교, 그중에서도 21세기 이후 중국과 세계의 관계를 고려할 때, 중국과 국제사회 간의 대화와 중국의 국제규범에 대한 수용이라는 관점에서 파악한 역사적 이미지는 매력적으로 보일 것이다.

그렇지만 현재 중국과 국제사회 간의 관계, 국제표준과의 친화성 혹은 독자성의 유무 등에 대해 아직 정론이 없는 것처럼, 이러한 (3)의 관점을 중국외교의 일관성으로 삼는 것은 (일견 매력적일 수도 있겠지만) 타당성이 명확하지 않다. 예를 들면, 이 관점에 입각할 경우 외교에 익숙하지 않아 혁명외교가 전면에 대두되었던 1940년대 말부터 1950년대 초반의 시기나, 대외적으로 고립되었던 1960년대 후반의 문화대혁명 시기를 다루는 것이 어려워지게 되기 때문이다.

이상의 세 가지 관점은 근대 중국외교사를 서술하는 측면에서 모두 중요한 핵심이 된다.[14] 이 책에서는 현대 중국외교, 특히 개혁·개방 이후의 중국외교와 관련되어 있기도 하는 (2)와 (3)의 관점에 주로 입각하고 (1)의 관점을 동시에 수용하면서 살펴보도록 하겠다.

근대 중국외교사의 시기 구분

다음으로 이 책의 서술과 관련하여 시기 구분을 하고자 한다. 과거에 중국의 근대화는 아편전쟁에서 발원되며, 현대는 5·4운동에서 시작하는 것으로 시기 구분이 되었던 적이 있다. 이것은 마오쩌둥의 '신민주주의 사관'에 입각한 것으로서 아편전쟁은 반(半)식민·반(半)봉건 시대의 시작이며, 1919년의 5·4운동은 말하자면 공산당의 지도 아래 집결한 대중운동의 효시로서, 1921년 중국공산당의 결성에 초석이 된 것으로 간주한다. 그렇지만 외교사뿐만 아니라 중국근대사를 이와 같은 시대구분에 따라 논의하는 것은 현재 거의 찾아볼 수 없다.

---

14 외교사 연구에는 현대와의 연속과 단절이라는 거시적인 관점보다도 각 사안의 구체적인 사항을 중시하고 동시대적인 맥락을 중시하는 관점도 강하게 존재한다. 그렇지만 통사적으로 기재하는 경우에는 여기에서 제시한 것과 같은 틀을 선택하는 사례가 많다.

기점은 언제인가?

이 책의 전반부에서 다루어지는 시한(時限)은 1949년을 전후로 하여 결정했다. 그런데 기점은 정해져 있지 않은데 우선 이에 대해 설정하고자 한다. 결론을 미리 말하자면, 여기에서는 기점을 청일전쟁부터 의화단에 이르는 시기로 삼고자 한다(坂野, 1973: 481). 물론 18세기 말부터 19세기 초에 중국을 방문했던 영국의 매카트니[15]와 애머스트[16] 혹은 1689년 러시아와의 사이에서 체결된「네르친스크 조약」을 중시할 수도 있다. 그리고 일반적으로 다른 서적들에서도 그러한 것처럼 19세기 후반까지 소급될 수도 있다.

그렇지만 이 책에 부여된 '글로벌 중국'이라는 주제에 맞추어 고려해 보면 중국이 내재적으로는 수많은 자기 내부논리를 배태하면서도, 외교의 측면에서 기본적으로 근대국가로서 행동하기 시작한 시기를 기점으로 삼는 것이 타당할 것이다. 이것은 캉유웨이[17]의 말을 빌리자면 '일통

---

15 조지 매카트니(George Macartney, 1737~1806), 영국의 정치가 및 외교관. 1792년에 영국 외교사절단을 이끌고 베이징을 방문하여 청나라 건륭제(乾隆帝)와 외교 교섭을 시도한 바 있다. _ 옮긴이 주

16 윌리엄 애머스트(William Pitt Amherst, 1773~1857), 영국의 정치가 및 외교관. 1816년에 영국 외교사절단을 이끌고 베이징을 방문하여 청나라 가경제(嘉慶帝)와 외교 교섭을 시도한 바 있다. 또한 1823~1828년에 걸쳐 인도(印度) 총독을 역임했다. _ 옮긴이 주

17 캉유웨이(康有爲, 1858~1927), 광동성(廣東省) 출신의 관료, 사상가. 청일전쟁 이후 일본이나 러시아를 모델로 한 입헌군주제 국가수립을 상주(上奏)했다. 그의 제안이 무술변법을 통해 일시적으로 정책에 반영되기도 했지만 결국 실각했다. 이후 청 왕조의 재건을 위해 정책제안을 하는 것도 용납되지 않았다. 신해혁

수상지세(一統垂裳之勢)'에서 '열강병립지세(列强並立之勢)'로 변용되는 시기에 해당하는 것이다. 또한 오카모토 다카시(岡本隆司)의 논의를 따르자면, 중국의 대외관계가 '이무(夷務)'에서 '양무(洋務)'를 거쳐 점차로 '외무(外務)'에 이르게 되는 과정이라고 할 수도 있다(岡本, 2007a: 265~266; 岡本·川島, 2009: 序章; 茂木, 1997: 81). 그 이전 시기의 중국에서도 국제사회에 대등하게 대응해야 한다는 논의가 있었으며 조약 개정을 해야 한다는 의견도 있었다. 그러한 의미에서 1880년대 무렵부터 중국 내부에서 큰 변화가 발생했다고 볼 수 있다.

그러나 1880년대는 책봉이나 조공 등의 의례에 기초한 대외관계가 변용되어 가면서도 계속 유지되었다. 또한 '열강병립지세'로 곧 전환되는 과정에서 이를 가로막는 보수적인 요소들이 다수 존재했기 때문에 실제상의 변화는 매우 미약했다.

시기 구분

앞에서 언급한 바와 같이 전통적인 구분에 따라 1919년에 발발한 5·4운동을 중시하는 경향도 있는데, 이는 외교의 측면에서 볼 때 적절하지 않다. 또한 신해혁명과 국민혁명 등의 '혁명'을 통해 구분하는 것도 외교의 측면에 입각해서 볼 때 역시 무조건적으로 타당한 것도 아니다. 혁명을 전후하여 대외 조약, 외정(外政)을 담당하는 관료, 그리고 정책이 기본적으로 계속 유지되었기 때문이다. 또한 시기 구분의 종점이 중화인

명 이후 공교회(孔敎會)를 조직했고 복벽운동에도 관여했다.

민공화국의 성립이기 때문에 1912년 중화민국의 수립을 중시해야 한다는 의견도 이해되는 바이지만, 외교사의 측면에서 볼 때 1949년을 전후하여 대외관계가 단절되었던 것에 비해 신해혁명을 전후한 시기는 기본적으로 지속되었기 때문에 양자 사이의 의미에는 차이점이 존재한다.

그렇다면 19세기 말부터 50년을 조감해 볼 때, 그 분기점을 어디에서 찾을 수 있을까? 그 대답은 아마도 1915년의 중국에 대한 '21개조 요구'나 1925년을 전후한 혁명외교 속에서 찾을 수 있을 것이다. 전자는 중국이 국권을 상실해가는 과정 가운데 최후의 상징이며,[18] 후자는 거꾸로 국권 회수에 탄력이 붙었던 시기로 볼 수 있기 때문이다. 그런데 1917년의 제1차 세계대전 참전이나 그 이후 진행된 '조약개정 외교'[19]가 국제사회에서 중국이 보여주었던 외교로서 중요하다는 견해도 있을 수 있다. 또한 1910년대 말 이후에 전개된 외교가 1920년대 중반부터 전개된 이른바 혁명외교를 뒷받침해준 측면도 있다. 이러한 점을 감안할 때, 1915년의 '21개조 요구'에서부터 1917년경 제1차 세계대전 참전에 이르는 시기를 분기점으로 삼는 것이 적절할 것이다(川島, 2004: 347~350).

이 밖의 시기 구분 기점으로 1931년의 만주사변, 장제스(蔣介石)가 행정원장에 취임하여 외교권을 장악한 시기부터 1937년 중일전쟁에 이르는 과정, 그리고 1943년을 전후한 시기도 중요할 것이다. 이 가운데

---

18 만주사변 이후 영토상의 국권상실은 19세기 이후의 상실과는 그 성격에서 다른 것이다.
19 '도기수약(到期修約)', 즉 조약을 갱신해야 되는 기한에 이르면 조약을 개정한다는 사고방식이다.

만주사변에 대해서는 국제사회와의 관련성으로부터 참작해 볼 때, 이 사건을 전후하여 제시된 외교방침에 연속성이 현저하게 나타나기 때문에 이보다는 뒤의 양자를 중시하고자 한다. 전자는 부언을 할 필요가 없고, 후자에 대해서는 카이로 회담을 전후하여 중국이 '4대 강대국'의 일원으로 발돋움하게 되는 조약개정의 측면에서도 일정한 성과를 올리면서도, 이와 동시에 국공내전(國共內戰) 등에 의해 그 지위를 점차 잃게 되기 시작했다는 점에도 유의해야 할 것이다.

실증연구가 충분하지 않은 점이 많기 때문에 이러한 구분이 타당하지 않을 수도 있지만, 1895~1900년 동안의 시기로부터 약 50년을 대상으로 하여 1915년(혹은 1925년)을 큰 분기점으로 설정하고 1915년, 1925년, 1937년, 1943년을 각각 구분 기점으로 삼아 전체를 다섯 개의 시기로 나누어 설명하겠다.

근대 중국외교에 대한 세 가지 질문

근대 중국외교에서의 국가이익관

이러한 시기 구분은 중국 스스로의 정책을 반영하고 있기도 하지만 동시에 국제환경의 변화에 따른 것이기도 하다. 그럼 이 시기 전체를 통틀어 이른바 일관된 질문을 어떻게 설정할 수 있을까? 그리고 현대 중국외교에서도 관련된 질문을 어떻게 설정할 수 있을까?

근대 시기의 경우 국가이익은 어떤 의미에서 명확한 것이었다. 국가의 주권을 유지하는 것 그 자체, 그리고 국가주권의 침탈에 대처하는 것이 50년 동안 일관된 중국외교의 목표였다. 이것은 틀림없는 것이다. 따라서 일관된 정책이 무엇이었는가 하는 질문에 대해서는 비교적 명확하게 답변할 수 있다.

한편 정책과 관련하여 1949년 이후와 같이 이상주의(idealism)인가 아니면 현실주의(realism)인가에 대한 논의만이 있는가 하면 꼭 그렇지도 않다. 물론 19세기 후반의 예를 들면 영토의 할양이나 이권의 양도보다도 외국인의 중국 황제에 대한 예(禮)의 존재양태를 중시하는 것과 같은 '천조(天朝)의 정해진 제도'를 중시하는 자세가 이상주의에 기초한 외교에 반영된 점도 있을 수 있다. 그러나 이것은 판단의 기준에 의거하는 것이다. 청조의 현실주의가 구미의 입장에서 볼 때 이상주의로 비추어지는 일이 있기 때문이다(茅, 1995).

다른 한편 근대에는 중국 스스로의 정책적 의도나 정책이 국제정치의 장에서 독립변수가 되는 기회를 얻는 경우가 결코 많지 않았으며, 국제환경으로부터의 영향을 항상 강력하게 받았다. 오랑캐로 오랑캐를 제압한다는 '이이제이(以夷制夷)'[20]라는 말이 자주 사용되었지만, 이것은 스스로 정책을 실현하는 것이 어려운 측면과 어떤 '이(夷)'의 동력을 이용하지 않으면 다른 '이(夷)'를 움직이게 할 수 없다는 것도 보여주었다. 외교가 종속변수로서 행해진다면 그 근저에 이상주의가 있다고 해도 수

---

20 이(夷)는 원래 동방 군자국의 백성을 의미했는데, 때로는 사방의 먼 나라, 즉 동이(東夷)·서융(西戎)·북적(北狄)·남만(南蠻)의 사람들을 총칭하는 의미로 사용되기도 했다. 화이(華夷)가 그 한 예이다.

단의 측면에서는 현실주의가 되는 것도 충분히 상정된다. 또한 국내정세가 불안정했기 때문에 국내정치에 의해 그 성격이 강력하게 규정되었다. 그러한 의미에서 외교정책의 큰 방침은 변함이 없었다고 해도, 항상 국내외 정치의 영향을 받아 단기적인 목표나 전술이 항상 재설정되었다고 말할 수도 있다.

이 책 전반부의 세 가지 질문

여기에서는 위와 같은 점에 입각하여 세 가지의 질문을 중점적으로 살펴보도록 하겠다. 이 질문들은 모두 상기의 50년을 관통하는 근대 중국외교의 목표와 밀접하게 관련되어 있다. 첫 번째 질문은 국제협조를 행하지 않으면서 열강으로부터의 양보를 유도한 국제주의와 국가이익을 전면에 내세우는 민족주의라는 일견 모순되는 것처럼 보이면서도 모순되지 않는 두 가지 논리가 근대 중국외교에서 어떻게 서로 연계되어 있었는가 하는 것이다(唐, 1998; Wang, 2005).

이에 대한 잠정적인 대답은 국제사회에서 발언하고 활동하는 규칙이나 문법을 배웠던 것, 국가이익을 중시하는 국권회수 외교가 전개될 수 있었다는 측면, 그리고 국내에서 반(反)국제주의적인 민족주의가 과열되는 양상이 나타나기도 했지만 이를 국제사회에서 방패로 삼자는 논리의 변환을 이루었던 것 자체가 정책을 수행할 수 있도록 한 것으로 여겨진다. 이것은 선전과 동원을 특징으로 하는 국민당 정권에서 더욱 현저했던 것으로 짐작된다.

두 번째 질문은 첫 번째 질문과도 관련되는데 중국의 자기인식이나 국제사회에서 자국의 역할 및 마땅히 부여받아야 할 위신에 대한 인식이 어떠했는가에 대한 것이다. 이것은 '중국의 주권'이라고 할 때, 중국이란 도대체 어떤 존재인가 하는 측면과 관련된다. 구체적으로 말하자면, 각 시기에서 중국의 국제적 지위에 대한 자체 인식의 문제이다. 이러한 인식에 기초하여 국제적 지위의 향상에 관한 구체적인 목표가 설정되는 것으로 여겨진다. 이러한 논점은 이른바 강대국화와 연결된 문제로서 카이로 회담[21]에서 장제스가 '4대 강대국'의 일원이 된 것을 실감하여 '쾌재'를 불렀던 것과도 관련된다.

이 질문에 대한 잠정적인 대답은 19세기 말에 '열강병립지세'를 의식하여 국제사회의 일원으로서 자기인식이 형성되면서부터 '1등 국가'가 되는 것을 추구해온 것으로 보는 것이다. 이는 국권회수 정책과 함께 '강대국 의식'의 형성 및 환기, 혹은 '아시아의 대표'로서의 입장 형성과도 결부된다. 그러나 예를 들면 아시아의 대표라는 의식이 그러한 것처럼, 이와 같이 상정된 지위나 역할은 목표라기보다 무언가를 얻어내기 위한 수단이었을 가능성도 충분히 있다는 점에 유의할 필요가 있다(川島, 2007b).[22]

---

21 카이로 회담은 1943년 11월 말에 카이로에서 행해진 루스벨트, 처칠, 장제스 사이의 3자 회담이다. 일본과의 전쟁을 어떻게 진행할 것인가와 함께 일본의 식민지 포기 등 전후 처리와 관련된 사항을 정했다. 「카이로 선언」은 이후 「포츠담 선언」이나 「샌프란시스코 강화조약」에 인용되었다. 또한 스탈린은 「일·소 중립조약」을 배려하여 이 회담에 참가하지 않았고 카이로 회담 직후에 열린 테헤란 회담에 참석했다.
22 국제사회의 관점에서 볼 때, 예를 들어 수단으로서의 협조라고 해도 국제사회의

세 번째 질문은 이른바 '중국적 전통'이라고 일컬어지는 것처럼 역사적으로 형성된 중국 고유의 대외관이나 사상, 정책 집행의 양태를 관찰할 수 있는가 하는 점이다. 이 문제는 두 가지로 나누어 생각할 필요가 있다. 그것은 관찰하는 측에서 볼 때, '중국적인가의 여부'라는 측면과 당시의 외교 당국자에 의해 인식되고 자각되었던 '중국적 외교'라는 측면이다. 전자와 관련하여 중국에는 19세기 이전에도 주변 국가들과의 사이에서 화이사상에 입각한 여러 관계들이 존재했고, 19세기 말에는 그것이, 이를테면 국제화하는 가운데 조정되고 변용된 구미적(歐美的)인 국제관계와 대치되거나 관련을 맺게 된 경험이 있다(岡本, 2004).

아울러 그것과 관련되는 공간의식이나 대외관도 '중국 대외관'의 특징으로서 자주 논의되는 바이다. 그리고 현재의 연구가 규명하고 있는 바와 같이, 화교(華僑)에 대한 정책이 중국의 대외정책에 준 영향은 지대하며 이것이 근대 중국의 대외관계를 고려하는 데에서 핵심적 요인이 될 수도 있다(岡本·川島, 2009: 第6章).[23]

또한 후자에 대해서는 춘추전국(春秋戰國) 시대에서 중국외교의 기원을 찾고 바로 '이이제이(以夷制夷)'라는 중국 고래(古來)의 용어로 (구미의

한 구성원으로서 중국과 같은 존재를 맞이하는 것은 국제사회에서 하나의 도전이기도 했다(Xu, 2005).

23 그렇지만 이와 같은 것들에 대해서는 상당히 신중한 개념설정과 비교연구가 필요하며, 이러한 요소가 근대 이후 어떤 형태로 통주저음(通奏低音)이 되었을지의 여부 혹은 변용의 유무에 대해서는 실증적인 연구가 축적되어야 한다. 적어도 지금 단계에서 말할 수 있는 것은, 안이한 '연속론'이나 전통에서 근대로의 안이한 '전환론'의 입장 모두 신중하게 다루어져야 한다는 것이다.

개념으로도 설명 가능한) 근대 중국외교 정책이 설명되었다. 또한 19세기의 화이사상에 대해서도 각 시기의 상황에 비추어 역사로서 정리가 되었다.

이 질문에 대한 잠정적인 대답으로는 근대 중국외교는 스스로의 '전통'을 창출하면서 중국적인 외교 스타일을 의도적으로 몸에 걸치고, 그것을 국내외에 대한 설명에 이용한 측면이 있다는 점이다. 즉, 외교나 대외관을 둘러싸고 고전(古典) 등에 내재하는 용어나 설명을 때로는 원어의 의미를 환골탈태하면서 외교에 이용하고 국내외를 향한 설명에 활용했다는 점이라고 할 수 있다(川島, 2004: 577~578).

제2장

'중국'과 주권중시 외교:
19세기 후반~1915년 전후

    청조 말기의 중국외교를 뒷받침해오던 리훙장(李鴻章)이 1901년에 타계하고, 이후 그를 계승한 위안스카이(袁世凱)가 1916년에 사망했다. 이 장(章)에서 다루고자 하는 것은 바로 리훙장의 만년 시절부터 위안스카이가 중앙정계에서 활약하던 시기이다. 앞에서 언급한 바와 같이, 1915년의 시기 구분은 '21개조 요구'를 지표로 삼았는데 위안스카이의 사망을 기점으로 하여 1916년으로 해도 좋을 것이다.

    이 시기는 기존의 책봉·조공 등 예의에 기초한 관계들, 그리고 서양 및 일본과의 조약에 기초한 관계라는 '이중 기준(double standard)'이 제도적으로 후자에 의해 일원화되어갔다. 또한 국가 존망의 위기 속에서 국가와 주권에 대한 의식이 명확하게 형성되고 국권회수 운동 등이 시작된 시기이기도 했다.

    이 장의 핵심어는 '책봉·조공', '열국병립지세', '분할의 위기', '제도적 근대 외교와 이권 회수', 그리고 '중국·중국인 의식'이다.

책봉·조공체제에 대한 논의

대다수 독자들이 책봉·조공체제, '조공(무역) 시스템론'이라는 말을 들어본 적이 있을지도 모르겠다. 이 책이 19세기 말 시기부터 서술하고 있는 만큼 모두(冒頭)에서 이 문제를 짚고 넘어가야 할 것이다. 중국외교의 전통이라든지, 중국적인 외교 스타일의 유형을 고려할 경우 이는 더욱 그러하다.

책봉·조공체제론이라는 것은 일반적으로 황제의 덕(德)이 중심에 설정되어 있는 화(華)로부터 동심원 형태로 주변부, 즉 이(夷)를 향해 폭넓게 파급되는 세계관[화이사상(華夷思想)]을 기초로 하고 있다. 중국의 역대 왕조는 이를 주로 대외관계의 영역에서 제도화한 것으로 여겨진다.[1]

책봉은 주변부의 이(夷)가 신하의 예의를 다함으로써 국왕 등의 칭호를 부여받고 달력과 인수(印綬) 등을 제공받는 것을 지칭한다. 일반적으로 국왕의 교체시기에 행해지며 류큐(琉球) 등지에는 책봉 사절이 파견되기도 했다. 한편 조공은 왕조나 시기에 따라 차이가 있지만, 결정된 시기 그리고 결정된 장소에 방문 사절이 방문하여 도착한 항구로부터 자국 국왕이 진상한 공물(貢物)을 도읍지로 운반하여 황제에게 헌상하

---

[1] 그렇지만 예를 들어 청나라의 대외관계가 모두 '화이(華夷)'에 입각한 상하관계에 의해 규정되었던 것은 아니며, 특히 북방이나 서북쪽의 육상으로 연결되어 있는 국가들과는 형제국가나 여국(與國: 우방국을 지칭하며, 러시아와의 관계 등에 사용되었다) 등을 통해 비교적 대등한 관계를 맺고 있었다. 이 점은 대단히 일찍부터 지적되었다(Fairbank, ed., 1968: 221~222).

고 황제로부터 회사(回賜)라고 일컬어지는 답례(返禮)를 받는 것을 말한다. 방문 사절이 항구로부터 도읍지를 왕래하는 동안 도착한 선박과 동행한 상인들이 그 항구나 도읍지, 혹은 기타 지역에서 교역을 하기도 했다. 또한 정기적으로 왕래하는 선박 이외에 표류한 선박도 은전(恩典)을 부여받고 무역을 하는 것이 인정되기도 했다.

그러나 책봉과 조공관계에 대해서 이것이 하나의 시스템이나 체제라기보다는 여러 관계들을 묶은 것이라고 할 수 있을 정도로, 상대에 따라 서로 다른 관계라는 것은 일찍부터 반노 마사타카(坂野正高)에 의해 지적된 바가 있다(坂野, 1973: 76).

하마시타 다케시(濱下武志)는 이와 같은 조공이라는 행위에 대해서 그것이 지니고 있는 다원적인 형태, 상대국의 입장과 청조의 시각 차이, 그리고 청나라와 주변국들 사이를 매개하고 있는 화상(華商)들의 존재를 지적했다. 그는 기본적으로 이것이 은(銀)을 기축통화로 삼아온 동아시아 내부의 경제적 권역에 중첩되는 행위로서 성립된 것일 수도 있다는 문제제기를 하면서 이를 '조공무역 체제'라고 명명했다(濱下, 1990: 25~28). 즉, 주변국들이 중국과, 혹은 중국 자신이 주변 국가들과 경제무역 관계를 택하여 맺는 경우에 이와 같은 조공관계가 추구되었던 것으로 간주하고, 넓은 의미의 조공 시스템이 다원적으로 동아시아에서 전개되었으며 무역 네트워크와 긴밀히 연계되었던 것으로 본 것이다(濱下, 1990: 37).

그러나 청나라의 대외관계에 대해서는 실증연구가 대단히 부족하며, 책봉이나 조공과 같은 의례를 수반하지 않는 호시[2]에 대한 검증도 요구되었다(岡本, 2007b). 그리고 하마시타 자신도 시암(태국)의 사례를 제시하면서 언급했던 것처럼, 중국에 대해 책봉을 받고 조공을 했던 당사자의 인식도 커다란 문제로 남아 있다. 중국에 의해 이(夷)로 규정되었다고는 하지만 상대국이 스스로를 이(夷)로 간주했을 것으로 단정할 수 없기 때문이다. 이러한 논점을 각 시기, 그리고 각 상대국에 대해 육로·해로의 양쪽에서 검증하는 작업이 진행되고 있는 것이 현재 연구의 흐름이다.[3]

또한 이와 같은 '실태'와 다른 차원에 있는 것이지만, 민국(民國) 시기 이후 외교 당국자의 책봉이나 조공에 대한 인식 문제이다. 중국이 경험한 책봉과 조공이 이후 외교에 미친 영향을 논할 경우, 실태 연구와는 달리 이것들이 어떻게 근대 시기에 인식되었고 중국외교의 담론체계 속에 편입되었는가에 대한 연구가 요구되고 있다(川島, 2008; Kawashima, 2009).

---

[2] 호시(互市)란 한 국가와 다른 나라가 상호 간에 시(市, 거래)와 교역을 하는 것을 말한다. 청나라 시기에 조공 등의 예의를 수반하지 않고 일정한 규범과 징세의 조건 아래에서 행해진 무역을 지칭한다.

[3] 책봉과 조공을 일단 상대화할 경우 아편전쟁의 원인으로 여겨지는 광둥 시스템(Canton System)에 대해서도 재검토가 필요하다(唐, 2009). 중국에 대한 영국의 무역에는 무역으로서의 호시(互市)적인 부분과 상납을 위해 베이징에 보내지는 조공적인 요소가 있었다고 여겨지는데, 전자 쪽이 수적으로 많았고 아편전쟁의 원인도 후자가 아니라 전자였을 가능성도 있다.

1880년대 책봉과 조공의 변용

19세기 중엽 이후 동아시아의 국제정치를 서구적인 조약외교 시스템과 중국을 중심으로 한 전통적인 국제질서(Chinese World Order) 간의 충돌로 묘사하는 저서들도 적지 않다. 이러한 설명은 큰 틀로서는 여전히 설득력을 갖고 있지만 실제 상황은 대단히 복잡하다(川島·服部, 2007: 第1章).

예를 들면, 아편전쟁이나 애로우 전쟁[4]에서 승리를 거둔 영국, 프랑스, 미국, 러시아 4개국과 중국이 불평등조약을 체결했지만 이것이 곧바로 주변국들과의 책봉과 조공을 매개로 유지되어온 관계에 직접적인 영향을 주지는 않았다. 문제가 되었던 것은 오히려 이러한 승전국 사절들과 중국 황제 사이의 알현 의례, 그리고 주변국들의 사절과 중국 황제 사이의 알현 의례상의 같고 다름이었고, 문서 형식 등을 둘러싸고도 문제가 발생했다.

책봉·조공에 결정적 타격을 주었던 것은 구미 국가들이 중국 주변국들을 식민지화한 데 따른 중국에 대한 조공국가들 수의 감소였다. 특히

---

4 1856년부터 1860년까지 청나라와 영국 및 프랑스 사이에 발생했던 전쟁이다. 영국이 자국의 선박이라고 주장했던 애로우호에 대한 청나라의 검사를 둘러싼 마찰이 계기가 되었고, 이에 더하여 선교사 살해사건이 일어났던 프랑스가 가담하여 발생했다. 러시아나 미국도 가담하여 체결된 「톈진 조약(天津條約)」 등은 중국에서 열강의 권익을 정한 '권리장전(마그나 카르타)'이라고도 할 수 있다. 지분과 관련하여 분쟁이 발생하여 전쟁은 계속되었고 「톈진 조약」 이외에도 1860년에 「베이징 조약」이 체결되었다.

후발국가인 일본은 류큐를 자국령으로 편입시키고 류큐와 청나라 사이의 형식적·의례적인 책봉관계를 부정했다. 마찬가지로 1871년에 체결된 「강화도조약(조일수호조약(朝日修好條約))」에서도 조선을 독립국으로 인식하고 조선과 청나라 사이의 의례적인 관계도 부정하고자 했다.

그렇지만 어쨌든 청조의 대외관계는 영국, 미국, 프랑스, 러시아 4개국과의 관계를 모델로 하는 불평등조약에 기초한 관계를 맺고 있는 국가(체약통상국)[5]들, 그리고 기존의 책봉·조공 등의 의례에 토대를 둔 관계를 유지하고 있는 국가들로 나누어졌다. 이러한 양자의 접점에는 세칙(細則)과 전례(前例)를 만들어 대응했다. 전자는 호시(互市)가 발전된 형태로 볼 수 있는데 조약을 체결하지 않고 중국과 통상하는 국가도 일반적으로 조약체결국과 마찬가지로, 혹은 적어도 조공과는 다른 형태로 통상을 했다. 중국은 이러한 국가들과의 관계를 이(夷)와의 관계, 즉 '이무(夷務)'에서는 금기시해야 하지만 취해야 할 것은 취하는 '양무(洋務)'로 다소 의식전환을 하여 처리했다(岡本, 2008: 109).

1880년대에 접어들어 책봉·조공국가는 실질적으로 조선 한 나라만 남게 되었고, 러시아가 조선의 보호국이 될 가능성마저 출현했다.[6] 서울

---

5 화인(華人) 노동자의 이동을 상정하고 있던 중남미 지역 국가들과의 관계에 대한 검토는 향후의 연구과제이다.
6 당시 조선은 청나라의 책봉을 받고 있던 속국이었지만, 이와 동시에 외국의 여러 국가들과 조약을 체결할 수 있는 자주적인 관계에 있다고 청나라는 간주했다. 조선은 청나라와의 관계는 의례적인 것에 불과하다고 여겼고, '자주'에 더 무게를 두고 이를 받아들이고 있었다.

에 주재하고 있던 위안스카이는 자신을 영국의 인도주재관에 견주며 레지던트[Resident, 총리조선통상교섭사의(總理朝鮮通商交涉事宜)]라고 칭했다. 또한 조선을 '조공국(tribute state)'이 아닌 '보호국(vassal state)'으로 삼고자 했다. 이것은 조선을 보호국으로 간주하고자 했던 청조의 의향을 보여주고 있는 것으로 생각된다(岡本, 2008: 115). 책봉·조공관계가 구미 국가들과의 관계에 결부되어 그 내용이 변용되었던 것이다. 청일전쟁은 조선에 대한 관여를 강화하고 있던 청조, 그리고 조선이 청나라의 조공국이 되는 것마저도 거부했던 일본 사이에서 발생했다.

'열국병립지세'와 '분할의 위기'

청일전쟁에서 일본이 승리를 거두고 조선을 '완전무결한 독립국'으로 인정했지만 중국은 조선과 조약에 기초한 대등한 관계를 맺지는 않았다. 그런데 1897년에 조선이 대한제국(大韓帝國)이 되면서 조선의 국왕이 자신을 황제로 칭하게 되었는데, 이 무렵 중국에도 무술정변(戊戌政變)[7]이 일어나자 기존의 방침이 바뀌게 되었다. 중국과 조선은 1899년에 조약을 체결했고, 이를 통해 기존의 의례에 기초한 관계가 부정되었다. 중국의 대외관계 영역에 존속되고 있었던 '이중 기준(double stan-

---

7 무술(戊戌)년인 1898년에 약 3개월에 걸쳐 이루어진 러시아와 일본을 모델로 한 입헌군주 정치체제로의 모색 시도로서, 백일유신(百日維新)이라고도 부른다.

dard)'은 만국공법(萬國公法)에 기초한 조약관계로 사실상 일원화되었다. 그러나 19세기 말 중국정치의 변용과정은 결코 단순하지 않았으며 우여곡절로 가득했다(茅, 2005).

1895년의「시모노세키 조약」교섭 중에 캉유웨이(康有爲)라는 인물이 과거 시험을 치루기 위해 베이징으로 올라온 응시생들과 함께 청조 조정에 대해 항의문을 제출했다[공차상서(公車上書)]. 캉유웨이 등은 국가체제의 변혁을 지향하는 변법을 주장하고 대외관계에서는 천하(天下) 중심의 국가관을 토대로 하는 '일통수상지세(一統垂裳之勢)'[8]에서 근대적인 국제관계를 내포하는 '열국병립지세(列國竝立之勢)'로 전환할 것을 제기했다. 이와 같은 개혁론은 당시 이미 일반적인 것이었다.

그러나 청일전쟁의 패배, 열강에 의한 조차지 할양, 그리고 세력범위의 설정 등을 배경으로 하는 '분할의 위기'[9] 속에서 구국의식이 고양되었다. 또한 약육강식을 취지로 하는 사회진화론이 지식인들 사이에 확산됨에 따라 캉유웨이 등의 주장은 영향력을 갖게 된다. 지식인들 사이에서는 국제사회의 한 구성원이라는 자각이 배양되었고 주로 '메이지 국가(明治國家)'를 모델로 삼아 근대국가가 갖추어야 할 여러 제도를 정비

---

8 일통(一統)은 천하를 의미한다. 수상(垂裳)은 의복의 제도를 정해 귀천을 바르게 하고 천하에 예를 보인 것을 말한다. 여기에서는 외국과의 관계를 화이(華夷) 등의 예에 기초하여 이해하고 있음을 보여준다.

9 일본의 역사교과서 가운데에도 항상 게재되는 '중국분할도(中國分割圖)'의 근거가 되는 '세력범위'는 중국과의 할양 협정이나 열강 간의 이권에 대한 상호승인에 의해 성립되었는데, 이것이 과연 어느 정도로 실질적인 의미를 갖고 있었는가에 대해서는 재검토가 필요하다(川島, 2009c).

해야 한다는 주장이 확대되었다. 이러한 풍조는 1898년의 무술변법을 통해 정책으로서 실현되었다.

그렇지만 국내정치의 상황은 여전히 유동적이었다. 우선 첫째, 청일전쟁 이후 리훙장이 채택한 외교정책은 일본을 '가상 적국'으로 삼고 러시아와 동맹을 추진하는 것이었다(佐々木, 1977, 1979). 둘째, 국제환경도 변화했다. 청일전쟁 이후 일본이 열강으로서 중국을 둘러싼 국제정치에 참여하게 되었을 뿐만 아니라 독일과 미국이 '중국 이슈'와 관련된 국제정치 무대에 가담했다(工藤·田嶋, 2008: 8~10). 결국 무술변법은 겨우 3개월가량 유지되는 데에 머물고 마침내 좌절되었다. 서태후(西太后)나 위안스카이 개인에 의한 정치적 야심도 있었지만, 국내 정치적으로 충분한 지지 기반을 확보하지 못한 개혁이었다는 점이 실패의 주된 원인으로 보인다.

그 이후 청나라는 다소 보수화되고 의화단 사건을 통해 더욱 전환되는 것으로 반노 마사타카는 보고 있다(坂野, 1973: 463~464).[10] 의화단 사건은 촌락공동체에 대한 기독교의 침투에 맞서 싸운 '질서회복 운동'이라고 할 수도 있으며 산둥(山東)에서 시작되어 베이징에 이르렀다. 대외관계의 측면에서 볼 때, 청조가 열강과의 전쟁을 1900년 6월 19일에 결의하고 열강의 주화(駐華) 공사들에게 통고했던 점, 그리고 총리아문(總

---

10 반노 마사타카(坂野正高)는 지구가 둥글더라도 중국이 세계의 중심이며, 남녀평등을 인정하는 것은 오륜오상(五倫五常)의 가치관을 뒤흔든다는 등의 내용을 논했던 예더후이(葉德輝)의 논의를 예로 들면서 1898년의 변법에 대한 대항 과정에서 중국의 보수사상이 그 정점에 이르게 되었다고 분석한다.

理衙門)에 항의하러 가던 독일 공사 케텔러[11]를 도중에 사살하고 공사관 구역을 공격했던 점이 중요하다. 이와 같은 선전포고는 실제로 합리적인 판단이라고 보기는 어렵다. 전쟁이 끝난 이후 1901년에 체결된 「신축화약(辛丑和約, 베이징 의정서)」에 의해 중국은 4억 5,000만 냥의 배상금을 지불하라는 명을 받게 되었다.

그렇다면 왜 이 정도로 비합리적으로까지 여겨지는 싸움을 도발했을까? 사토 기미히코(佐藤公彦)는 청조의 관점에서 볼 때 이 결단은 다구(大沽) 포대[12]에 대한 열강의 공격에 대한 보복행위이며, 또한 선전포고의 상유(上諭)를 보면 '민족적인 자존심'을 지니고 있는 자가 '학살을 당할' 때에 드러나는 분노가 내재되어 있었다고 한다(佐藤, 1999: 737~744). 일견 비합리적으로 여겨질 수 있는 선전포고의 행동은 동남호보(東南互保)[13]에서 살펴볼 수 있는 것처럼 이 시기에 국내의 지지를 획득하지 못했는데, 사토 기미히코는 청나라를 지배하던 만주족이 '종족적 국가주의'에 기초하여 내린 결단이었을 것으로 추정하고 있다. 그렇지만 그 패

---

11 클레멘스 폰 케텔러(Clemens von Ketteler, 1853~1900), 당시 독일 공사로서 베이징 주재 11개국 공사들의 안전을 위해 24시간 이내에 톈진(天津)으로 이동하라는 요구에 항의하기 위해 총리아문으로 가던 중 1900년 6월 20일경 숭문문(崇文門) 앞의 대로에서 청나라군과 의화단에 의해 살해되었다. ― 옮긴이 주
12 다구(大沽)는 중국의 허베이성(河北省) 동쪽 하이허(海河) 하구의 남안(南岸)에 위치해 있으며 청군(淸軍)의 포대가 설치되어 있었다.
13 의화단 사건이 일어나자 베이징의 청나라 정부가 열강에 대해 선전포고를 했는데, 동남쪽의 각 성(省)을 담당하고 있던 지방의 고위관리들이 이에 따르지 않고 개항장의 외국인 재산을 보호하고 군사적인 충돌을 회피했던 것을 말한다.

배의 상처는 컸다. 패배한 청조도 지배자인 만주족도 점차 형성되어가고 있던 '중국'이라는 국가의 대표성을 얻지 못하게 되었던 것이다.[14]

'중국·중국인 의식'의 형성과 제도적 근대 외교의 전개

의화단 사건이라는 분기점과 '중국'의 형성

중국은 의화단 사건을 경계로 하여 새로운 시대에 접어들게 된 부분이 많다. 실제로 이를 계기로 중국의 분할은 일단락되었고, 변법에 반대하는 분위기가 적어도 표면적으로는 감소했으며, 무술변법 시기에 제기되었던 근대국가 건설을 위한 제안들이 이후 적어도 제도적인 차원에서 실현되었다. 또한 '만주족 배척(排滿)' 사상과 혁명운동이 활발해지고 근대적인 민족주의가 중국의 내부로부터 분출되었다(坂野, 1973: 481). 이러한 것들은 모두 외교와 깊게 관련된다.

이 가운데 특히 중요한 것으로 보이는 점은 근대 민족주의이다. 이는 1910년에 의화단 사건이 종결된 이후에도 만주에 대한 점령을 지속하고 있던 러시아에 반발하는 저항운동, 미국의 중국인 이민제한에 반대하는

---

14 세기가 바뀌던 시기에 수많은 우수한 관료들을 잃었던 것도 청나라에게는 치명상이었다. 무술변법으로 인해 젊은 한족 출신 관료들을 잃었고, 의화단 사건으로 만주족 관료들을 상실했다. 나아가 리훙장(李鴻章)과 류쿤이(劉坤一) 등 한족 고위관료들이 사망함에 따라 정국을 운영하기 위한 비용이 더욱 증가하면서도 사회에 대한 침투력이 없는 개혁이 이루어지게 된 것이다.

반미운동, 그리고 '다쓰마루 사건'[15]과 관련된 일본에 대한 배척운동과 같은 일련의 움직임들만을 지칭하는 것은 아니다. 즉, 이 시기에는 명확하게 '중국' 혹은 '중국인'이라는 의식이 표출되었다는 것이 또한 포함된다. 아울러 그것은 새로운 학제(學制) 아래의 '학교'에서 국어나 자국의 역사를 하나의 과목으로서 학습하게 되는 것을 의미했다. 소학교에서 사용되었던 '자국 역사' 교과서 가운데 근대 이래의 부분에서 명확하게 열강에 의한 침략과 이에 대한 저항이라는 문맥이 묘사되었다(川島, 2007a: 14~15). 이때 저항의 주체는 청나라이고 청조에 의해 인솔되고 있는 국민이었다.

그렇지만 청나라 왕조와 민족주의의 견지에서 본 민족(nation)이 상호 겹쳐지는가의 문제에 대해 미묘한 요소가 남아 있었다. 아래의 사료(史料)는 자국의 역사를 서술하고자 했던 량치차오[16]가 제목을 어떻게 정할 것인가를 놓고 고민하던 가운데 '중국사'로 붙이게 된 이유를 논한

---

15 다쓰마루 사건(辰丸事件), 중국에서 배일(排日) 운동의 선구가 된 유명한 사건으로서, 1908년 2월 5일에 청나라 해군 함정이 밀수 혐의로 아모이(澳門) 앞바다를 출발한 일본 선박 '다이니 다쓰마루(第二辰丸)'호를 나포하여 일장기를 제거하고 선박을 광저우(廣州)로 회항시킨 사건을 지칭한다. 청나라 조정이 4월 19일 '다이니 다쓰마루'호를 석방시키는 것을 계기로 하여 광동성은 물론 화남(華南) 지역에서 일본 상품 불매운동 등이 광범위하게 일어났다. _옮긴이 주
16 량치차오(梁啓超, 1831~1929), 광동성 출신의 사상가이자 관료이다. 캉유웨이로부터 사사 받고 무술변법에 참가했지만 좌절한 이후에 일본으로 망명했다. 일본에서 보황회(保皇會)를 조직하고 ≪청의보(淸議報)≫ 등을 간행하여 혁명파와 논쟁을 벌였다. 신해혁명 이후에는 중화민국의 각료가 되었고, 또한 언론계에서 활약을 하기도 했다. 1920년대에 접어들어 주로 학술연구를 했다.

것이다.

내가 가장 부끄러워서 참을 수 없는 것은 우리나라에 '국명(國名)'이 없다는 점이다. 일반적인 호칭으로 제하(諸夏)·한인(漢人)·당인(唐人) 등이 있긴 한데 모두 왕조의 명칭이다. 또한 일반적인 호칭으로 진단(震旦), 지나(支那) 등이 있긴 한데 모두 우리 스스로가 명명한 것이 아니다. 하(夏), 한(漢), 당(唐) 등으로 우리 역사를 명기하는 것은 국민을 존중한다는 방침에 반하는 것이다. 진단, 지나 등으로 우리 역사를 부르는 것은 이름은 주인이 스스로 지어야 한다는 공리에 반하는 것이다. 중국·중화라는 명칭은 스스로 황홀감에 도취될 여지가 있기 때문에 비판을 받을지도 모르겠다. 그러나 한 집안의 소유물에 불과할 뿐인 왕조의 명칭으로 우리 국민을 더럽힐 수는 없으며, 외국인이 부여한 임시적인 명칭을 우리 국민에게 강제할 수도 없다. 이와 같이 세 가지 모두 결점이 있는 가운데 어쩔 수 없이 내가 일상적으로 사용하고 있는 용어를 선택하여 중국사(中國史)라고 부르고자 한다. 이것이 다소 교만한 표현일 수도 있겠지만 민족이 각각 자국을 존경하는 것은 현재 세계에서 통용되는 바이다. 우리 동포가 명분과 실리의 관계를 깊게 통찰하게 된다면 정신을 진작시켜 정립할 수 있는 하나의 길이 될 것이다(梁啓超, 1901; 번역문은 岸本·浜口, 2003: 16~17).

여기에서 중국을 국가 명칭으로서 의식하는 것과 함께 국가는 국민이 담당하는 것이며 국민의 대표는 왕조가 아니라고 보고 있다. 또한 현재 사용되고 있는 의미에서의 '중국'이 20세기 초에 실제로 출현하게 되었다는 것과 그것이 정신을 진작시켜 정립할 수 있는 단위가 되었다는 점에 주목해야 할 것이다. 그리고 '중국'이라는 국가 자체가 청조를 대체하여 국민의 귀속 대상으로 인식되기 시작한 것으로 보인다(吉澤, 2003: 87~118).

이와 같은 '중국' 이미지는 20세기 초반을 통해서, 혹은 20세기의 후반에도 계승되어 대외정책의 근간이 되기도 했다.[17] 또한 이와 함께 '중국'이 본래 갖추고 있어야 할 것이지만 불평등조약 등에 의해 빼앗긴 국권(國權)은 점차로 회수해야 할 과제가 되었고, 이러한 국권을 외국에 양도하는 행위가 민족의 '수치'로서 여겨지게 되었다(劉, 1911).

광서신정(光緒新政)과 외무부 시기의 중국외교

이러한 움직임은 앞에서 언급한 바와 같이, 특히 무술변법의 내용은 의화단 사건 이후에 구체화되어간다. 1901년 1월 29일에 청조 제11대 황제로 서태후의 조카 광서제(光緖帝)가 「신정의 상유(上諭)」를 발표하여 '서양이 부강하게 된 근원'을 파악해내려 하는 등 근대적인 국가의 건설을 향해 매진하고자 했다. 이것은 무술변법을 계승하여 만주족을 중심으로 한 입헌군주제를 지향한 것으로서 메이지 유신을 모델로 한 국가건설 계획으로 볼 수도 있다.[18]

---

17 물론, 이와 같은 중국과 중국인에 대한 의식은 당시 인구 4억 명에 고르게 퍼져 있던 것은 아니었고, 대도시 지역을 중심으로 확대된 것으로 보인다(吉澤, 2003: 84~86).

이러한 흐름은 외교제도의 측면에도 영향을 미쳤다. 우선, 의화단 사건 이후, 열강 외교사절단과 교섭을 하는 과정에서 총리아문을 대신해 외무부를 창설할 것이 결정되어 1901년 말에 정식으로 발족되었다. 이것은 일반적으로 중국의 근대적 외교기관의 성립으로 간주되고 있다(川島, 2009d). 청조의 외정(外政)을 담당하는 관료들은 이미 1899년 제1차 헤이그 평화회의[19]에 참가한 바가 있고, 러일전쟁 시기에는 「육전조약(陸戰條約)」[20]에 가입하는 등 국제적인 틀에 참가하려는 의욕을 보였다. 이와 함께 1907년의 제2차 헤이그 평화회의[21]에도 참석하여 세계 각국 가운데 자국의 위치를 인식하고 더욱 큰 위기감을 갖게 되었다(川島, 2004: 10~13).

또한 이 시기에는 이미 영국, 미국, 포르투갈, 일본 등과의 조약을 통해 명확하게 법제의 정비가 이루어지면 치외법권의 철폐에 응한다는 내용이 명기되었다(川島, 2004: 228). 이제까지 중국의 외교정책에서 조약 개정이 과제가 되었던 적은 없었다고 할 수 있는데, 이 시기에 이것이

---

18 1990년대 이래, 광서신정은 근대화론의 관점에서 대단히 높게 평가되었다. 그러나 이 개혁을 실행에 옮긴 관료집단, 정책에 대한 사회적인 지지, 정책의 실시 정도 등의 관점에서 볼 때 이에 대한 평가는 상당히 신중하게 진행되어야 한다고 생각한다.
19 1899년에 개최되어 일본과 청나라 등 26개국이 참가했고, 「육전(陸戰)의 법규 관례에 관한 조약」 등이 체결되었다.
20 1899년의 제1회 헤이그 회의에서 채택된 「육전의 법규 관례에 관한 조약」 및 동 부속서를 말한다.
21 1907년에 개최되어 일본과 청나라를 포함한 44개국이 참가했고, 국제분쟁 평화처리 조약 등 13개의 조약이 체결되었다.

명확한 과제로서 부각되기 시작했다.[22]

한편, 의화단 사건 이후에 열강에 의한 중국 분할은 상대적으로 감소했다. 열강의 입장에서는 체결한 조약을 이행할 수 있는 능력이 있고 열강이 중국에서 갖고 있던 권익을 유지시켜줄 수 있는 중앙정부를 원했다. 물론 늦게 등장한 일본 등의 국가들은 자국 권익의 확대를 추구하기도 했지만, 전체적으로 열강들은 서로 협조했고 또한 중국의 중앙정부와도 협조하여 자국의 권익을 유지하고 조정하는 것에 노력하고자 했다. 그렇지만 중국의 견지에서 보면, 1901년의 「신축화약(辛丑和約)」이나 러일전쟁 이후 만주를 둘러싼 일본과의 조약, 그리고 열강 사이의 협상관계 등 중국의 국권은 여전히 침탈되거나 중국에 대한 열강의 권익이 상호협정을 통해 가일층 강화되어가는 국면에 있었다(千葉, 2008).

이와 같은 상황에서 중국이 채택한 정책에는 두 가지의 방향성이 있었다. 한 가지는 열강 사이의 대립에 중국이 개입하여 중국에 대한 열강의 침략을 사전에 방지하고 다시 분할되는 것을 막는다는 발상이다. 러일전쟁 시기에 중국이 중립을 견지했던 것처럼 중국은 기본적으로 열강 간의 전쟁 그 자체에는 직접 관여하려고 하지 않았다. 그렇지만 「시모노세키 조약」을 체결하는 시기에 리훙장이 독일 등에 의한 '3국 간섭'이 일어날 가능성을 인지한 토대 위에 랴오둥 반도(遼東半島)의 할양에 응했다.

---

22 조약 내용이나 본문을 기록하는 언어를 둘러싼 유리함과 불리함에 대한 사항은 1860~1870년대에 명확하게 인식되었고, 또한 황준셴(黃遵憲)의 『일본국지(日本國志)』 등에서도 불평등조약에 대한 인식이 나타나 있다.

1902년의 영일동맹 시기에 중국은 러시아와의 관계라는 측면에서 이를 호의적으로 받아들였고, 청·일본·영국 '3국 동맹'이 중국 내부로부터 제창되기도 했다(蔣, 1954). 그리고 러일전쟁 이후의 평화정착에 적극적으로 관여하려는 정책도 시행되었다(鈴本, 2007: 第7章). 또한 러일전쟁 이후 각국 간의 협상관계가 복잡하게 형성되자 1907년에 빌헬름 2세가 중국·독일·미국 '3국 연합'의 형성을 호소했던 적도 있다(工藤·田嶋, 2008: 15).

다른 한 가지의 방향성은 주로 1890년대 후반에 열강이 획득한 철도부설권이나 광산이권에 대한 회수운동이다. 이것은 정부보다는 지방의 고위관료나 민간의 주도로 이루어졌다. 웨한선이나 후항융 철로[23]에 대한 회수운동이 일어났고, 또한 카이핑 탄광[24] 등을 제외한 광산이권의 과반수가 회수되었다(李, 1963; 堀川, 1962). 이는 정부 주도의 조약개정과는 다른 형태로 진행된 국권회수의 효시로서 주목할 만하다. 그렇지만 재정난에 고뇌하던 청조 정부가 철도국유화를 추진하는 과정에서 결국

---

23 웨한선(粤漢線)은 한커우(漢口)와 광저우를 잇는 철도이다. 그 철도부설권은 1904년에 미국으로부터 벨기에 신디케이트에 매각되었고, 후광(湖廣) 총독 장즈둥(張之洞)이나 향신(鄕紳)들에 의해 1905년에 다시 매입되었으며 1936년에 개통되었다. 후항융(滬杭甬) 철로는 상하이, 항저우(杭州), 닝보(寧波)를 연결하는 철로이다. 철도망의 조기 형성을 추구한 청은 영국의 차관을 도입하여 독일과 경쟁하면서 부설을 급히 서둘렀다. 이에 대해서 저장(浙江) 등의 향신 등으로부터 강력한 반발운동이 발생했다.
24 카이핑(開平) 광산은 1878년에 개산(開山)한 탕산(唐山)의 탄광이다. 양무운동의 상징이었으나 1890년대 말에 경영난으로 런던에서 외채를 발행했고, 의화단 사건 후에는 영국이 경영권을 장악했다.

외국으로부터의 차관에 의지하고자 한 것이 신해혁명의 한 원인이 된 것처럼, 이러한 지방이나 민간 주도의 국권회수 움직임과 중앙정부의 중앙집권 정책이 상호 연계된 것이라고는 말하기 어려운 상황이었다.

신해혁명에서 21개조 요구로

신해혁명은 조약을 개정할 수 있는 하나의 기회였다. 실제로 쑨원(孫文)은 불평등조약을 전면적으로 파기하고 평등조약으로 다시 체결하려는 혁명외교를 의식했을 것이다. 그러나 열강으로부터의 재정지원에 의존할 수밖에 없었던 중화민국 정부는 결국 청조 이래의 조약을 계승했다. 또한 난징(南京)에 성립된 중화민국 정부도 최종적으로 베이징 정부와 합쳐지게 됨으로써 베이징 정부의 외교 관료 대다수가 민국 시기에도 계속 근무하게 되었다. 이로 인해 일반적으로 신해혁명을 전후한 시기의 외교에는 지속성이 존재하는 것으로 판단된다(川島, 2004: 88~99).

또한 신해혁명은 말하자면 중앙에 의한 외채(外債) 주도의 중앙집권화에 거부의사를 표명한 지방의 각 성(省)과, 만주족이 주도하는 '중국' 건설에 반대의사를 제창한 한족 중심의 공화정을 모델로 하는 국가건설의 흐름을 구현한 것이었다. 이를 통해 성립된 중화민국은 '5족 공화(五族共和)'를 제시하며 티베트와 몽골을 포함한 청조의 국경을 기본적으로 계승했다.[25]

---

25 광서신정 이후의 정치는 이제까지의 느슨한 청 왕조의 통치가 점차 '중국적'으로 일원화되고 집권화되는 과정이기도 했다(平野, 2004: 263). 중국의 소수민족이 겪게 되는 수난도 이와 같은 '중국'의 형성과 함께 시작되었다고 볼 수 있을 것이다.

1912년에 중화민국이 성립되면서 외교제도의 측면에서 변화가 일어났다. 루정샹[26]의 주도 아래 제도개혁이 추진되어, 외무부는 외교부로 바뀌었고 외교부와 재외공관 사이의 관계, 중앙과 지방의 대외관계 업무를 취급하는 기관 사이의 관계와 관련된 제도도 이전보다 명확해졌다. 또한 같은 해 3월 11일에 공포된 「임시약법(臨時約法)」은 대총통(大總統)이 선전포고 및 강화(講和), 조약체결, 그리고 대사 및 공사 임명권을 독점하는 것을 부정하고 모두 의회에 해당하는 참의원(參議院)의 동의를 얻도록 규정했다. 위안스카이 대총통은 이와 같이 의회에 맞서야 할 필요가 있었지만, 열강으로부터 2,500만 파운드의 선후차관(善後借款)을 확보하는 것에 성공을 거두고 총통부 주도의 외교를 전개했다.[27]

1913년 가을에 열강으로부터 점차적으로 정부로 승인을 얻게 된 중화민국 정부는 이듬해 제1차 세계대전의 발발로 국제정치의 새로운 변동에 직면하게 된다. 이는 중국에 대한 열강의 관심을 저하시켜 중국이 국권회수를 추진하기에 좋은 기회가 되었다. 그러나 일본이 영일동맹을 이유로 내세우며 산둥성을 공격하여 점령했고, 이듬해 1월에는 5개항 21개조로 구성된 요구사항을 중국 측에 내밀었다. 이것은 주권 의식이

---

26 루정샹(陸徵祥, 1871~1949), 상하이 출신으로 상하이광방언어관(上海廣方言語館), 경사동문관(京師同文館)에서 수학을 한 중국의 외교관이다. 프랑스어가 전문 분야였다. 네덜란드 공사, 제2차 헤이그 평화회의 대표, 러시아 공사 등을 역임했다. 중화민국의 초대 외교총장으로서 외교제도 개혁에 진력했으며, 파리 강화회의에서는 중국의 전권대표로서 참석했다.
27 위안스카이 시기에 국권회수를 위한 운동을 살펴 볼 수 없는 것은 아니지만, 전면적으로 전개되지는 않았다.

고양되고 또한 국권회수에 착수하고 있던 중국에게는 아마도 과거에 경험하지 못했던 가장 굴욕적인 국권상실의 상황이었을 것이다. 이것은 국가건설을 이미 시작하고 있던 국민의식 가운데 국치(國恥)로서 각인되었고 일본을 대표적인 침략자로 인식하게 하는 경향을 만들어냈다.[28]

마지막으로 이 시기에 나타난 전통적 혹은 중국적이라고 할 수 있는 외교에 대해 살펴보도록 하겠다. 1895년의 「시모노세키 조약」으로 중국과 조선 사이의 의례에 기초한 관계는 소멸되었다. 그렇다고 해서 쌍방이 바로 만국공법에 기반을 둔 대등한 관계를 구축했던 것은 아니다. 조약의 측면에서 대등한 관계를 원했던 조선에 대해 청조는 시종일관 응하지 않았던 것이다. 그 이후 앞에서 언급한 바와 같이 무술변법에 의한 영향 등으로 인해 쌍방은 1899년에 조약을 체결하게 된다. 이로 인해 중국의 대외관계에서 '이중 기준'은 사실상 더 이상 찾아볼 수 없게 되었다.[29]

그렇지만 중화민국 내부에서도 베이징 정부와 몽골 혹은 티베트의 왕후나 종교지도자 사이의 관계는 책봉이라는 용어로 표현되었고, 책봉의 행위는 주권이 미치는 것으로 여겨졌다(張, 1995). 티베트에 대해서는 「심라 조약」[30] 교섭에서 중국의 '종주권(suzerainty)'에 대한 몰이해가

---

28 물론, 제1차 세계대전 이후에 중국이 동유럽 국가들이나 스위스 등과 체결했던 조약이 불평등조약이었던 것처럼, 그 이후에도 불평등조약의 체결은 계속되었다. 불평등조약 체결이라는 관점에서 볼 때, 역전현상이 일어난 것은 1921년에 독일과 맺은 「중독(中獨) 조약」일 것이다. 이것은 평등조약이었다.
29 신해혁명이 일어날 무렵까지 구르카(Gurkha) 등의 일부 국가들과 책봉 및 조공 관계를 유지하고 있었던 것으로 알려져 있는데, 이는 대외관계의 기준이 될 정도의 중요성을 지니지 않는 예의적 수준에 머물렀던 것으로 보인다.

문제가 되는 등 '조공권(tribute)'을 종주권으로 바꾸어 읽었던 1880년대와 관련된 상황이 민국 초기에도 나타났다.

또 한 가지 중요하게 생각되는 것은 이 시기에 묘사되기 시작한 국권 상실의 과정을 기술한 중국의 외교사나 역사 속에, 과거에 책봉을 받았던 국가들이 열강의 식민지가 되거나 다른 나라의 영토가 됨에 따라 책봉 등의 상태가 멈추게 되는 과정을 편입시킨 점이다. 자국의 영역으로서 주장되지 않았던 공간을 자국 역사의 한가운데 넣고 상실되는 과정을 서술하는 것은, 국민국가 건설에서 요구되는 국민이 공동의 환상을 품는 토대인 '국사(國史)'라는 측면에서는 대단히 특징적인 것으로 여겨진다(Kawashima, 2009).[31]

---

30 「심라 조약(Simla Accord)」은 1914년 7월에 영국과 티베트 사이에 조인된 조약이다. 티베트의 독립을 인정한 것이었는데, 중국은 이에 대한 서명을 거부했다.
31 이 점과 관련하여, 페르시아 등과 같이 과거에 제국이라고 일컬어지면서도 열강의 일정한 압력 아래에서 '국가 역사(國家歷史)'를 창출해낸 국가들과 상호 비교하는 연구가 요구된다.

제3장

전승국의 결실과 통치능력의 한계: 1915~1925년

이 장에서 다루는 시기는 1915년의 21개조 요구에 대한 반대운동과 국권회수 운동이 한층 더 고조되는 것과 함께 일본이 침략자의 대표로서 자리매김하게 되는 시기이다. 위안스카이는 황제에 의한 통치제도를 부활[1]시키는 것에 실패하고 1916년에 사망했다. 그를 대신하여 수반이 된 돤치루이[2]나 그 이후의 대총통 중에는 위안스카이와 비견될 만한 국내를 통치할 군사력이나 정치력을 갖춘 인물이 나타나지 않았다. 의회도 분열되었고, 중국은 두 개의 중앙정부가 대립하는 시대로 진입했다. 이른바 군벌(軍閥)이 서로 혼전을 벌이던 시대이다.

그러나 이 시기에 중국은 제1차 세계대전에 참전하여 전승국이 되었

---

1 대총통이 보유한 권한의 한계를 타파하기 위해 위안스카이가 황제제도를 부활시키고 스스로 제위에 오르고자 했던 운동이다. 각 방면의 반대로 인해 결국 단념하게 된다.
2 돤치루이(段祺瑞, 1865~1936), 안후이성 출신의 군인이자 정치가로서 안후이파(安徽派)의 수장이다. 1926년에 하야한 이후 상하이에서 은거하며 지냈다.

고, 파리 강화회의³나 워싱턴 회의에서 불평등조약 개정을 위한 원칙을 제시하고 조약개정을 위한 외교를 전개하여 일정한 성과를 거두었다. 한편 국제연맹의 창립 회원국으로서 비상임이사국이 되는 등 국제적 지위의 향상을 위해 노력했다. 그렇지만 내정과 관련하여 중앙정부가 보여 준 통치능력의 한계는 외교에도 영향을 미쳤다. 조약의 이행 능력에 대해 의구심이 일어나면서 국제적인 신용이 실추되어버린 것이다.

한편, 1922년의 「9개국 조약」에 조인한 '베이징 정부'는 이른바 워싱턴 체제⁴에 포섭되었다. 그러나 곧 북벌에 성공을 거두게 되는 '광둥 정부',⁵ 1921년에 '베이징 정부'와 평등조약을 체결한 독일, 그리고 불평등조약의 폐기 등을 슬로건으로 내세운 소련 등은 그 체제의 외부에 있었다. '광둥 정부'는 독일이나 소련과의 새로운 관계를 모색하게 된다.

이 시기의 핵심어로는 '전승국과 국제연맹', '워싱턴 체제', '국권회수원칙과 조약개정 외교', '중국·독일·소련 연합론', '내정분열과 통치의 한

---

3   1919년에 개최된 독일에 대한 강화회의이다.
4   1921년부터 1922년까지 개최된 워싱턴 회의에서 체결된 「9개국 조약」 등에 기초한 국제질서 체제를 말한다. 제1차 세계대전 시기 열강이 중국에서 보유하고 있던 권익의 유지를 원칙으로 하여, 미국, 영국, 일본의 협조 속에 중국에서 보유하고 있는 권익의 안정을 도모하고 해군력 군축 등에 기반을 두었으며, 어느 정도 군사적 측면에서의 협력이 시도되었다.
5   제1차 세계대전에 대한 참전 문제 등에 반대하여, 1917년에 베이징의 일부 국회의원들, 해군, 그리고 쑨원 등에 의해 광둥에서 결성된 망명 정부이다. 일관되게 자신이 중앙정부라는 것을 계속 주장했다. 1920년대에 들어서 점차 재정기반과 군사력을 확대했고, 1924년에 국민당 아래에서 결속력이 강화되어 북벌을 행했으며, '난징 국민정부'를 조직하는 모체가 된다.

계' 등을 들 수 있다.

제1차 세계대전 전승국과 국제연맹 가맹국:
국제적 지위의 향상

위안스카이가 사망한 이후 국무총리가 되어 실권을 장악한 돤치루이는 21개조 요구사항을 제기한 일본의 지원을 받으면서 정권의 기반을 강화했다. 1917년에는 제1차 세계대전에 참전했고, 시베리아에 대한 출병도 행했다(笠原, 1999). 선전포고를 했던 사람은 대총통 펑궈장[6]이었다. 선전포고를 하게 된 이유는 "독일이 개시한 잠수함 정책은 국제공법에 어긋나며, 엄연히 중립국가 국민의 생명과 재산을 위기에 빠뜨렸다"(번역문, 外務省條約局, 1924: 678~689)는 까닭이었다. 일본도 중국의 참전을 원했지만, 중국은 주로 미국의 유도에 응하여 참전했다. 제1차 세계대전 말기의 참전이었는데, 이를 통해 중국은 제1차 세계대전의 전승국이 되었다.

이것은 근대 역사상 중국이 처음으로 경험한 열강에 대한 '전승'이었다. 국민을 총동원한 전쟁에 대한 승리가 아니라 '서류상의 승리'였을 수도 있지만 이제까지 중국외교가 걸어온 경위를 고려해 볼 때 이는 커다

---

6 펑궈장(馮國璋, 1859~1919), 허베이성 출신의 군인이자 정치가로서, 위안스카이 소속의 부대에서 두각을 나타냈다. 위안스카이가 사망한 이후에 부총통, 대리 대총통이 되었다. 즈리파(直隷派)의 수장으로서 알려져 있다.

란 성과였다. 또한 일본에 의해 점령되었던 산동 반도나 21개조 요구와 관련된 문제가 해결될 것으로 예견되었다. 이와 함께 전승국으로서 국제회의에서 주장할 수 있는 기회, 패전국으로부터의 배상금 획득이나 조약개정, 그리고 전승국으로서 국제연맹의 창립 회원국이 될 수 있는 기회를 얻게 된 것은 외교부의 입장에서 볼 때 모두 커다란 성과였다(Pollard, 1933).

전승국으로서 1915년의 파리 강화회의에 참가한 중국은 미국과의 연대하에 중국의 주권 및 행정권에 대한 존중 등 조약개정의 기초가 되는 여러 가지 사항들을 제시했다. 또한 산동 조항을 내세워 독일과의 강화조약인 「베르사유 조약」에 대한 조인을 거부했다.[7] 그 결과, 중국은 오스트리아와의 강화조약인 「생제르맹 조약」을 통해 국제연맹 창립 회원국이 될 수 있는 자격을 취득한다.[8] 「베르사유 조약」과 마찬가지로 이 조약의 제1조에도 국제연맹에 대한 가맹조항이 규정되어 있었기 때문이다. 산동 문제와 21개조 문제 해결에 실패했다는 측면만 놓고 볼 때 참전의 성과는 적은 것으로 여겨지지만, 독일 및 오스트리아와의 불평등조약을 철폐하기 위한 길을 열었으며 중국에서 해당국의 조계를 모두

---

7 강화회의에서 「베르사유 조약」에 대한 조인을 거부하는 과정에 이르는 정책결정의 과정과 5·4운동의 관련성은 미국의 중국에 대한 프로파간다를 포함하여 함께 논의할 필요가 있다.
8 「생제르맹 조약」은 제1차 세계대전 이후 오스트리아에 대한 강화조약이다. 또한, 터키에 대한 「세브르 조약」과 관련해서 그 내용이 불평등조약의 성격을 갖고 있다고 하여 중국은 이에 조인하는 것을 거부했다.

그림 3-1 베이징의 전승기념 패방(牌坊)

회수하고 공적인 재산을 몰수하는 등 성공을 거두었다.

물론 '승리의 환희에 들끓어 있는 시민들'이라든지 '외교적인 성과에 대한 환호' 등은 거의 살펴 볼 수 없지만, 예를 들어 의화단 사건이 일어난 직후에 둥단(東單)에 설립된 7층의 '케텔러 패방[克林德牌坊]'[9]을 베이징 정부가 중앙공원[中央公園, 현재의 중산공원(中山公園)]으로 옮기고 규모를 축소시켜 3층의 '공리전승 패방(公理戰勝牌坊)'으로 조성했다(〈그림 3-1〉 참조). 의화단 사건은 중국에서 볼 때 열강의 침략에 대한 저항이었기 때문에 독일에 대한 전승은 바로 설욕을 의미했다.[10] 중국과 독일은

---

9 의화단 사건으로 희생된 독일 공사 케텔러(Baron von Ketteler)를 기념하기 위한 패방으로서 라틴어, 독일어, 중국어로 독일에 대한 사죄의 뜻 등이 기록되었다. 이후 이 패방은 1953년에 '보위화평방(保衛和平坊)'으로 명명되었다.

제3장 전승국의 결실과 통치능력의 한계: 1915~1925년   77

1921년 5월 20일에 평등조약을 체결하고, 오스트리아와도 수년 후에 평등조약을 체결했다.

또한 국제연맹의 창립 회원국이 된 것 역시도 중요하다. 중국은 인구 비율 등을 기준으로 계산하여, 일본 등 상임이사국에 필적하는 거액의 회비를 납부하고 자신의 존재감을 보여주고자 했다. 이는 인구를 국력의 척도로 보는 관점이 반영된 것으로도 생각된다. 중국은 또한 이사회의 비상임이사국이 되고자 비상임이사국 선거에서 폴란드, 스페인, 브라질, 네덜란드 등과의 치열한 득표전을 피하고자 했다. 이를 위해 페르시아 및 시암(태국) 등과 조정해 '아시아 지분'을 설정하고 아시아의 대표로서 이사회에 참가하고자 시도했다. 이와 같은 지역 지분을 제도화하는 것에는 실패했으나 선거 시기에 제안한 지역 지분의 설정을 잠정적으로 인정받았고, 국제연맹의 창설 초기에 비상임이사국으로 연이어 선출되었다(唐, 1998: 第3章).

그렇지만 이와 같은 전승으로 얻은 성과가 국민의 공감을 불러일으켰던 것만은 아니다. 산동 지역의 이권 및 21개조 요구사항이 중시되었기 때문이다. 또한 국제연맹에 대해 공리공도(公理公道)를 실현하고 세상의 부조리를 바로잡을 것이라는 기대감이 지나치게 높아진 상태에서, 이러한 문제들이 국제연맹에서 해결되지 않고 있는 것에 대한 불만이 높아졌기 때문이다. 실제로 믿고 의존했던 미국이 참가하지 않고 있던

---

10 공리(公理)란 말하자면 당연히 그렇게 되어야 하는 이치, 즉 중국인 고유의 감각에 기초한 정의(正義)를 표현하는 말이다(吉澤, 2009; 川島, 2004: 547).

국제연맹에서 현안을 해결하는 것은 매우 어려운 일이었다(川島, 2004: 259~262).

또한 제1차 세계대전 이후 동유럽 등에 다수의 독립국들이 출현하게 된 것은 중국외교에 새로운 시련을 가져왔다. 기존에 중국의 대외관계는 중국과 통상관계를 희망하는 열강이나 화교의 이주지였던 중남미 지역의 국가들이 주된 상대였다.[11] 그런데 국제연맹에 가입하자 세계 각국과 왕래를 해야 한다는 국교 수립에 일종의 보편주의적 경향의 압력이 높아졌다. 전후에는 동유럽 등에 수많은 독립국들이 생겨났기 때문에 이들 국가들과의 국교체결이 이루어질 것으로 전망되었다. 그런데 1919년 칠레와의 교섭에서는 이른바 평등조약의 체결에 성공을 했던 중국이지만(唐, 1998b), 유럽 국가들이 중국과의 평등조약 체결을 거부하고 단지 타국이 조약개정에 응할 경우 이에 따른다는 단서조항을 두는 것에 머물렀다(川島, 2004: 139~329).

워싱턴 체제와 중국

파리 강화회의에서 워싱턴 회의에 이르는 시기는 미국에서 학위를 취득한 중국의 젊은 외교관들이 활약한 시대로서 중국외교사의 화제꺼

---

11 여기에 주변 국가들을 더해야 할 수도 있는데, 그 대부분이 식민지화되었고 시암(태국)은 국교의 수립을 기본적으로 기피했기 때문에 이에 포함되지 않는다.

리로도 주목을 받아왔다. 이와 관련하여 구웨이쥔(顧維鈞), 스자오지,[12] 옌후이칭,[13] 왕정팅[14] 등이 좋은 사례일 것이다. 확실히 위안스카이가 사망한 이후 외교정책의 결정과정에서 외교부나 외교관의 위상이 제고되었다. 1920년대 후반에 국민당이 집권당으로 등장하면서 대외정책에 대한 당의 영향력이 증가한 점과 장제스의 의향이 중시되었던 것을 고려하면, 1920년을 전후한 시기는 외교관이 활약할 수 있었던 예외적인 시기였다고 할 수도 있다.

그렇지만 이 시기의 외교를 민국 시기 전체로까지 확대하는 것에는 신중해야 한다. 또한 이 시기의 중국은 무엇보다 국제정치의 독립변수가 아니었고 어디까지나 종속변수였으며 수동적인 행위자였다(川島·服部, 2007: 114). 그런데 예를 들어 영향력이 작기는 했지만 영국은 영일동맹을 갱신하는 데에 주저했다. 그 가운데, 파리 강화회의에서 해결되지 못한 채 남겨진 극동지역의 질서형성을 위한 국제회의의 개최를 영국, 미국, 일본이 모색하기 시작하자, 이에 대한 참가를 요구하는 정도

---

12 스자오지(施肇基, 1876~1958), 저장성(浙江省) 출신의 외교관으로 미국 코넬대학에서 박사학위를 취득했다. 주영국대사, 파리 강화회의 전권대표, 국제연맹 대표 등을 역임했다.
13 옌후이칭(顏惠慶, 1877~1950), 상하이 출신의 외교관으로 미국 버지니아대학을 졸업했다. 주덴마크공사, 외교총장, 국무총리, 국제연맹 대표, 주소련대사 등을 역임했다.
14 왕정팅(王正廷), 저장성 출신으로 미국 예일대학 박사이며, 남방 세력 및 광둥정부와 친밀했던 정치가였다. 1920년대에 혁명외교를 제창했고 국민정부 시기에 외교부장이 된다. 이후 주미대사 등을 역임했다.

의 일은 있었다.

이 회의는 1921년 가을에 개최된 워싱턴 회의였다. 이 회의에서 세 가지의 조약이 체결되었는데, 중국이 참가한 것은 「9개국 조약」[15]에 한정되었다. 이 조약을 교섭하는 과정의 초기에 중국은 스자오지가 '10개 원칙'[16]을 제시하고 조약개정을 향한 돌파구를 개척하고자 했다(Wiloughby, 1922; 川島, 2004: 266~318). 조약개정의 시기에 단지 원칙만을 제시했던 데에는 이유가 있었다. 열강과의 조약에는 일방적인 최혜국 우대조항이 포함되며, 단독교섭을 통해 개정에 성공한다고 해도 다른 나라의 조약이 원용될 가능성이 상존했기 때문이다. 그렇기 때문에 우선은 열강에게 원칙을 확인시키고, 주요국들이 일치하여 특권을 포기하는 길을 만들어내야 했다.

또한 파리 강화회의와 워싱턴 회의에서 중국의 전권대표가 일관되게 "열강은 중화민국의 영토보존 및 정치적 그리고 행정적인 독립을 존중하고 준수할 것"과 "중국은 그 어떤 나라에 대해서도 자국 영토나 연안의 그 어떤 부분도 할양하거나 조차할 수 없다는 것을 약속해야 한다"(번역문, 外務省歐米局第三課, 1976: 48)라는 국가의 수호 및 주권의 존중

---

15 중국의 보전을 전제로 하면서, 중국에서의 이권을 제1차 세계대전 이전으로 회복할 것을 원칙으로 삼은 조약이다. 1930년대에는 일본의 침략을 비판하는 하나의 근거가 되기도 했다.
16 워싱턴 회의에서 열린 극동문제에 대한 회의의 모두 발언에서 스자오지에 의해 중국의 보전, 행정의 통일, 그리고 조약개정의 로드맵 등이 제시되었는데 이는 중국이 희망했던 원칙이다.

을 강조하는 내용을 전면에 내세웠다는 점도 중요하다. 이것은 19세기 말부터 배양된 중국의 외교적 자세로 보인다.[17] 또한 행정권의 통일은 조약에 명기되지 않는 여러 가지 규정들의 측면에서 볼 때 열강에게 부여되고 있는 다양한 특권을 회수한다는 점에서 중요해졌다. 조약개정의 시기에는 사법권의 회수를 단행할 경우와 행정권의 회수를 우선적으로 하는 경우가 있을 수 있다(川島·服部, 2007: 第2章).

워싱턴 회의에서는 산둥 문제, 21개조 요구사항, 그리고 관세자주권의 회복에 대해서 구체적인 성과를 올렸다. 중국은 일본에 의해 점령되어 통치를 받고 있었고 「베르사유 조약」을 통해 일본에게 계승되었던, 기존 독일의 자오저우 만(膠州灣) 조차지를 되찾았다. 자오저우에서 지난(濟南)에 이르는 철도, 즉 자오지선(膠濟線) 및 그 부속 광산 등도 외채를 통한 상환이나 공동경영 등의 방법으로 되찾을 수 있었다. 1923년에는 중국 측에서 「21개조 조약」의 파기를 선언했는데, 이것은 중국과 일본 쌍방 간의 합의가 아니라, 동 조약에 따라 관둥저우[關東州: 뤼순(旅順)·다롄(大連)]의 조차 기한을 25년간에서 99년간으로 연장한 것은 유효하다는 것이 일본의 해석이기 때문이었다. 관세는 자주권 회복에까지 이르지는 못했지만 국내 통행세의 철폐를 조건으로 중국이 관세를 인상하는 것은 원칙적으로 승인되었다.

---

17 19세기 말엽 이래 중국에는 중국의 속인주의적인 치외법권뿐만 아니라 속지주의적으로도 중국의 사법권이 미치지 못하는 공간인 조차지와 조계가 있었다. 현지의 중국인은 조계 내의 토지를 구입하여 자금조달의 종자돈으로 삼을 수 있었고, 또한 정치적으로도 중국정부에 의한 체포를 피할 수가 있었다.

소련과는 1924년 5월 31일에 「중화민국과 소련 사이의 여러 문제들을 해결하기 위한 대강(大綱)에 관한 협정」을 체결했고 기본적으로 국교를 회복했다.[18] 이 단계에서 소련이 불평등조약을 포기했다고 볼 수도 있지만, 철도이권 등의 문제도 있었기 때문에 이 조약의 성격에 대해서는 유보적인 접근이 필요하다(唐, 2006, 2007). 또한 열강이 최혜국 우대 조항을 이유로 하여 상호 간에 중국 내의 이권을 옹호했다. 이른바 균점주의(均霑主義)에 고뇌했던 중국도 1920년대 중반이 되자, 갱신 시기에 도달한 조약에 대해 내용을 재검토한다는 "기한이 이르면 조약을 개정한다[到期修約]"라는 조약개정 외교를 전개했다. 일례로 벨기에와의 '조약 갱신'[19]을 위한 교섭 과정에서 조약을 철폐해버렸다.

이와 같이, '베이징 정부'는 중국의 불평등조약 개정사(改正史)라는 관점에서 볼 때 조계와 조차지의 회수, 평등조약의 체결, 그리고 조약개정 외교의 전개와 같은 성과를 거두었다. 그렇지만 당시 대다수 언론매체의 논조를 포함해서 '국민'의 지지와 평가를 얻었다고는 말할 수 없다(應, 2001). 청나라의 마지막 10년간 국민과 '청조 정부'가 서로 멀어지고

---

18 이 조약에는 국경선 획정에 대한 조항도 포함되었으며, 1926년에 교섭이 행해졌지만 타결에는 이르지 못했고, 이후 국경문제는 중·소 양국 간의 현안 문제로 남았다. '난징 국민정부'도 이 문제를 다루지 못했고, 논의가 재개되었던 것은 중·소 대립 속의 1960년대 초반의 시기였다.

19 중국과 벨기에 사이의 통상조약은 1865년 10월에 체결되어 이후 10년마다 갱신되었는데, 1926년 10월의 갱신 시기에 중국이 폐기를 통고했다. 중국은 조약의 갱신 시기에 조약개정을 요구하는 '도기수약(到期修約, 조약개정) 외교'를 요구했는데, 벨기에가 이에 응하지 않았기 때문에 파기를 통고하기에 이르렀다.

있었던 것처럼, 중화민국의 베이징 정부도 국민으로부터의 지지를 상실하기 시작했다. 국민은 독자적으로 국민회의를 조직하여 자신들의 대표를 워싱턴 회의에 사실상의 감시자로 파견했고, 또한 뤼순·다롄 회수운동(관동저우 조차지의 기한 내 회수운동)을 전개하기도 했다. 베이징 정부가 파견하는 외교관도 국민의 지지를 필요로 했고, 파리 강화회의 시기의 전권대표단이 '상하이 총상회(上海總商會)'에 타진하여 지지운동을 촉진하도록 요청하기도 했다.

그러나 전체적으로 볼 때, 베이징 정부는 '선전과 동원'을 적극적으로 활용하지는 않았다. 이 점은 국민당이나 공산당과 같이 정당을 기반으로 전개된 정치 및 외교와 많이 다른 것이다. 이와 같은 국권회수를 지향하는 사회운동은 중국에서 '국민외교(國民外交) 운동' 등으로 일컬어진다(笠原, 1979). 또한 이러한 운동은 '중국 민족주의'로 표현되기도 한다. 그러나 같은 시대의 일본에서는 이 운동이 국산품 구매운동을 포함하기도 했으며, '외국 배척운동' 및 '일본제품 배척운동' 등으로 일컬어졌고 경제계 등은 이를 대단히 심각하게 받아들였다(Gerth, 2003). 1923년 8월 12일의 ≪오사카 마이니치신문(大阪每日新聞)≫에는 가타다 이쿠(堅田生)의 「일본 배척과 내 방적(紡績)의 각오(1)」가 게재되었는데, 여기에는 일본의 상인이 지니고 있던 폐쇄감이 잘 드러나 있다.

최근 중국[支那]에서 일본제품에 대한 배척이 창궐하고 있으며 이것이 일본 상공업을 얼마나 위협하고 있는가에 대해서는 지금 새삼 경고할 필요가 없을 것이다. 그 가운데에서도 방직업계가 입고 있는 타격은 더욱 심각하다. 일본 면제품의 최대 수요지인 창장(長江) 일대에는 이미 일본 면제품의 그림자도 보이지 않고 있으며, 비교적 평온한 상하이에서도 일본 상점 이외에는 일본 상품을 진열하고 있는 점포를 찾아볼 수 없다. 수출 면제품의 80%가 중국에서 판로를 찾고 있는 일본 면업자(綿業者)가 받고 있는 타격이 가볍지 않다는 것을 알 수 있다.

베이징 정부가 이와 같은 국민적 운동을 지렛대로 삼는 것에 성공했다고는 말할 수 없다. 또한 워싱턴 체제가「9개국 조약」에 조인한 베이징 정부를 지지했던 것도 아니었다.「9개국 조약」은 중국에서 갖고 있던 열강의 이권이 안정화되는 것을 추구했으며, 다른 한편으로 중국의 영토보전 등을 원칙으로 삼았다. 중국의 입장에서 볼 때, 이는 중국에서의 권익을 둘러싼 열강 간의 협조체제였다. 이 체제는 이와 함께 추가적으로 열강의 단독행동을 억제했다. 또한 중국은 가능하다면 열강 전체와의 조약개정이 이루어지기를 기대했다.

그렇지만 이 체제가 베이징 정부를 뒷받침하는 강력한 제도적 장치가 되지는 못했다. 예를 들면 '금프랑(Gold franc) 제안'[20]이 있었다. 중국이 프랑스의 요청에 따르지 않았기 때문에 프랑스가 관세회의의 개최에

---

20 제1차 세계대전 이후 프랑스에서 통화팽창에 의해 프랑화의 가치가 떨어졌기 때문에 중국의 입장에서는 의화단 사건에 대한 배상금을 변제하는 것이 용이해졌을 무렵, 프랑스가 중불실업은행(中佛實業銀行)을 부활시키는 교환조건으로 금프랑(Gold franc)이라는 통화를 설정하여 이에 의거하여 지불하자고 요구했던 제안이다.

응하지 않게 되었고 회의의 개최는 미루어졌다. 그동안 관세를 주된 재원의 하나로 삼고 세율 인상을 통해 재정을 재건하는 계기로 만들고자 계획 중이었던 베이징 정부는 국제연맹의 분담금마저도 지불할 수 없을 정도의 파산상태에 처하게 되었다.[21]

한편, 「9개국 조약」의 바깥쪽에 위치해 있던 '광둥 정부', 소련, 독일 등의 외교는 어떤 의미에서 새로운 국제정치의 구상을 동아시아에 부여했다. 예를 들면, 중국·독일·소련 관계 가운데에서 때로는 일본도 포함되어 영국·미국관계를 축으로 했던 워싱턴 체제와는 다른 구상을 부여했던 것이다(工藤·田嶋, 2008). 이와 같은 다양한 투쟁 속에서 1924년 1월에 국민당 제1차 전국대표대회가 광저우에서 개최되었고, 외교와 관련하여 불평등조약의 철폐가 강조되었다. 불평등조약의 철폐문제와 관련하여 소련이나 독일과 같이 중국에 대해 비교우위에 서 있던 국가와의 상호연대를 시야에 넣으면서, 국민당은 혁명외교를 모색하게 된다.

지방 '군벌'·광둥 정부와 외교: 내정 분열과 통합의 한계

위안스카이가 사망한 이후의 중국은 흔히 군벌혼전(軍閥混戰)으로 일

---

21 국제연맹의 미납금은 결국 난징 국민정부가 대신 떠맡게 되었다. 이때 해당 경비에 대해 국제연맹이 중국에서의 근대화 사업에 사용한다는 조건을 붙였기 때문에 장제스가 이를 수락했던 것이다. 이는 라이히만(Ludwig Reichman) 등의 중국 방문으로 연계된다.

컬어진다. 중국에서는 19세기부터 지방의 고위관리에게 '대외 교섭권'이 있었는데, 이것이 제도적으로 부정된 1901년부터의 외무부 시대에도 여전히 지방의 교섭권은 존속되었다. 민국 시기에는 지방이 독단적으로 일을 행하고, 성(省) 내부의 광산자원 등을 담보로 하여 외국의 차관을 획득하기 위한 교섭 등이 전개되어 문제점으로 부각되었다. 「임시약법」에 규정되어 있는 외교권의 통일은 현실과는 동떨어져 있는 것이었다.

군벌은 군사적 자원을 지니고 있는 지도자를 수반으로 하는 지역 세력 혹은 이동하는 세력을 지칭한다. 중국에서는 19세기 태평천국(太平天國)의 난[22]이 진압된 이래 진행된 사회의 군사화 속에서 형성된 존재로 간주된다(Kuhn, 1970). 이들 스스로가 군벌이라고 자칭했던 것은 아니며, 성장(省長) 혹은 독군(督軍) 등의 관직을 통해 각 성(省)을 경영하기도 했다. 중앙 주도의 근대국가 건설과는 일정한 거리를 유지하면서, 국세의 압류 등을 통해 재원을 확보하고 적극적으로 성 내부의 건설을 행하기도 했다. 산시성의 옌시산[23]이 보여준 근대적인 '성 건설'은 그 좋은 예이다. 또한 성장들 사이나 성 의회 간의 횡적인 연락도 존재했다. 그 전형적인 예는 통전[24]으로서 그 내용의 대부분은 신문에 게재되었다.

---

22 1851년부터 1864년까지 화남 및 화중 지역에 존재했던 국가이다. 광시성(廣西省)의 객가(客家) 촌락에서 발생한 운동의 결과로 만들어진 국가로서, 기독교를 신봉했고 상하이와 난징 등을 점령했지만 열강은 이를 승인하지 않았다.
23 옌시산(閻錫山, 1883~1960), 산시성 출신의 군인이자 정치가로서 일본 육군사관학교에서 유학했다. 1911년부터 1938년까지 산시(山西) 지역을 통치했지만, 공산당군에 패배하여 타이베이로 이주했다.
24 통전(通電)이란 관련 각 부문에 대해 동시에 발신하는 전보를 말한다. 의회가 충

따라서 각 성이 자립하여 중앙정부의 통치능력에 한계가 노정되었다고는 해도 이로 인해 각 성이 국가로서 독립했던 것은 아니었으며, 각 성이 고립되어 있던 것도 아니었다. 또한 각 성이 중앙정부로부터 자립(autonomy)하는 정도에도 편차가 있었다. 중앙의 결정을 순순히 따르고자 하는 입장에서부터 시작하여, 못 들은 체하며 취사선택하는 행위 주체, 그리고 연락망만 유지하고 내용은 무시하는 형태, 나아가서 중앙으로부터 하달된 교신전보의 암호부(暗號簿)에 대한 수령 그 자체를 거부하는 경우 등과 같이 다양했다. 또한 1917년에 베이징에서 국회의원 등이 돤치루이에게 반발하여 광둥으로 도주함으로써 이른바 '광둥 정부'가 성립되었다. 그 이후 베이징과 광둥의 한쪽, 혹은 쌍방 모두와 관계를 유지하는 경우도 있었고 유지하지 않는 경우도 있었다.

외교와 관련해서 말하자면, 근대 주권국가는 원칙적으로 외교권이 중앙정부에 의해 일원화된 상태를 상정하고 있기 때문에 '군벌'은 부정적으로 파악되었다. 또한 '통일'을 소중히 여기는 민족주의적 관점이나 중국사에서는 더욱 그러했다. 그렇지만 '군벌'이 민족주의나 국가와 관계가 없지 않다는 것은 비교적 일찍부터 지적되었다(Sheridan, 1966; Hsieh, 1962).

실제로 중국의 외교문서에는 지방 장관에 해당하는 이들과 중앙 외교부 사이에서 오고간 문서가 다수 포함되어 있다. 지방 장관은 산둥 문

분히 기능하지 못했던 민국 초기에 통전은 자신의 의견을 사회에 표명할 수 있는 통로였고, 또한 이를 게재하는 신문들은 각 세력 간의 의도를 표출하는 하나의 장이 되었다.

제나 21개조 요구사항에 대해 일본과의 냉철한 교섭을 요구했고, 또한 '국가 체면'의 유지를 주장했다. 군벌이라 간주되는 지방 장관의 입장에서 볼 때 그가 관할하는 지역의 이해관계가 중요하다는 점은 말할 필요도 없겠지만, 자신에게 직접적인 이해관계가 없었음에도 산둥 문제 등의 외교적 사안에 대해 적극적으로 발언하고자 했다. '중국(인)'으로서의 공분(公憤) 등은 '군벌'이라고 일컬어지는 사람들에게도 공유되었던 것으로 볼 수 있다. 또한 국제회의에 외교관을 파견할 경우에 소요되는 경비를 그들이 부담하는 경우도 있었다.

한편 근대 중국의 외교적 교섭에서, 지방의 교섭이 중요했던 것도 지방 장관인 군벌을 외교와 결부시키게 만드는 한 가지 원인이었다. 차관계약 등의 경우에는 성장이나 독군이 직접 교섭을 담당하기도 했는데, 치외법권이나 민사소송과 관련된 문제일 경우에는 교섭원이 대응했다.[25] 교섭원이 영사와 교섭할 경우에는 영사가 베이징에 주재하는 공사와 왕래하여 교섭하기 때문에 교섭원도 공사와 교섭하는 베이징의 외교부와 연락을 취해야 할 필요가 있었다.

베이징 정부는 외국의 공사들과 교섭할 수 있다는 점을 하나의 자원으로 삼아 때로는 차관 등의 실리와 관련된 문제를 처리함과 동시에, 지방 교섭에 관해서도 중앙정부와 연락할 필요성을 해당 교섭원이나 지방 정부에게 느끼게 할 수 있었다. 그리고 지방 교섭에서 베이징 정부의 외

---

25 교섭원(交涉員)은 중앙의 외교부와 성(省) 정부에 함께 속했으며, 외국인의 보호 및 영사와의 일상적 왕래를 담당하던 지방의 주재관이었다.

교부와 교섭원 사이의 연락은 해당지역 지방 장관과 베이징 정부 간의 관계를 뛰어 넘어설 가능성도 있었다. 즉, 지방 장관과 중앙정부 사이의 왕래가 단절되어 있었다고 해도 외교에 관해서만은 베이징과 연락할 가능성이 존재했던 것이다. 그렇지만 이 외교권과 같은 중앙정부의 자원은 역으로 지역 사회에서 베이징 정부에 대한 실망감을 조장할 가능성도 있었다. 중앙의 교섭으로 인해 지방이 희생을 감수해야 되는 부분도 있었기 때문이다.

1917년에 성립된 '광둥 정부'는 당초 '베이징 정부'가 임명한 교섭원을 거듭하여 승인했지만, 세력권이 확대됨에 따라 점차 단독으로 임명하게 되었고 이들이 베이징 정부와 왕래하는 것을 금지했다. 당시 열강은 광둥 정부를 '사실상(de facto)의 정권'[26]으로조차 인식하지 않았다. 그렇지만 당초부터 인도차이나 총독의 관할 아래에 있던 윈난(雲南)의 프랑스 영사나 광저우만(廣州灣) 조차지는 광둥 정부와 반공식(半公式)적인 관계를 유지하는 등, 다수 식민지 정청(政廳)의 통치공간에 의해 점령되어 있던 남중국해에 위치해 있는 광둥 정부의 외교에는 지역적으로 다원성이 존재했다. 1925년에서 1926년에 이르는 시기에 열강은 광둥 정부를 사실상의 정권으로서 실질적으로 승인하게 되었고, 광둥 해관의 관세 잉여금을 광둥 정부에게 위임했다.[27] 이것은 광둥 정부가 북

---

26 국제법적으로 사실상의 승인을 받은 정부를 말한다.
27 19세기 이래 중국의 관세는 주로 영국인을 중심으로 한 외국인들에 의해 관리되었고, 관세 수입 가운데 차관 등의 담보가 되는 부분이 해관에 의해 열강 각국의 구좌로 들어갔다. 남은 관세수입[關余]은 염세(鹽稅) 중 남은 부분인 '염여(鹽余)'

벌을 추진하는 재정적 원천이 되었다.

1920년대 중반이 되자, 베이징 정부는 점차 사회로부터 유리되어갔고 재정문제와 함께 조약이행 능력에 대해 여러 외국으로부터 더욱 의심의 눈초리를 받게 되었다. 국제연맹과의 관계에서도 아편 취급 등의 분야와 관련하여 조약을 이행하는 능력과 관련하여 이의가 제기되었다(唐, 1998: 317~320). 워싱턴 회의에서 프랑스의 브리앙[28] 총리로부터 "중국은 무엇인가?"라는 문제가 제기되었던 것처럼, 통치능력의 한계로 인해 베이징 정부가 주권을 확보하고 행정권을 통일하는 것 등이 어려워졌다.

외교에서의 역사와 '전통'의 형성

청조 말기의 학교 교과서에서도 이미 '침략과 (청조에 의한) 저항'을 내용으로 하는 외교사에 대한 기술이 나타나고 있다는 것은 앞에서 논한 바와 같다. 1902년부터 중국에서도 일본의 ≪외교시보(外交時報)≫보다 약간 늦게 ≪외교보(外交報)≫가 간행되어 ≪동방잡지(東方雜誌)≫

와 함께 베이징 정부의 중요한 재원이 되었다.
28 아리스티드 브리앙(Aristide Briand, 1862~1932), 신문기자, 변호사, 국회의원을 지낸 프랑스의 정치인으로서, 총리와 외교장관을 여러 차례에 걸쳐 역임했다. 「부전조약(Kellogg-Briand Pact)」 체결 등의 공로를 인정받아 1926년에 노벨평화상을 수상했다. _ 옮긴이 주

등과 함께 중국의 외교평론 분야에서 '언론 공간'이 형성되었다. 또한 이후 중국외교사와 관련된 수많은 저술을 남긴 류옌(劉彦)도 저서를 출간했다(劉, 1911). 1910년대는 특히 일본의 21개조 요구가 있었기 때문에, '국치'를 주제로 한 외교와 관련된 서적들이 많이 간행되었다. 파리 강화회의를 전후한 시기에는 해외에서 귀국한 외교관들의 박사학위 논문과 관련된 중국어 번역물이 간행되었고, 정치가들이 집필한 외교와 관련된 저작도 출현하기 시작했다(汪, 1920).

한편, 학술적인 의미에서 중국외교사의 형성과 전개는 1930년대에서 찾아볼 수 있는데(川島, 2009a), 관련 연구를 뒷받침하는 『주판이무시말(籌辦夷務始末)』과 『청계외교사료(淸季外交史料)』와 같은 외교사 관련 사료집의 편찬 작업이 추진되었던 것도 1910~1920년대였다. 또한 이 시기에 편찬된 외교학 혹은 외교사 관련 텍스트에는 춘추전국 시대에서 중국외교의 기원을 모색하는 저작을 살펴 볼 수 있다. 이와 같은 경향은 1930년대에 본격화되는데, 1919년에 시행된 제2차 외교관 선발시험에서 맹자(孟子)의 '낙천외천론(樂天畏天論)'[29]이 출제된 것처럼, 국가 관계에 대한 중국 고전의 지혜를 '현대' 외교의 설명에 활용하려는 경향이 강조되기 시작했다(川島, 2004: 577~578).

---

29 맹자(孟子)의 「양혜왕장구하(梁惠王章句下)」편에 수록된 것으로서, 대국(大國)이지만 소국(小國)에 봉사하는 것은 하늘을 즐겁게 하며, 소국인데 대국에 봉사하는 것은 하늘을 두려워하기 때문이라고 한 논의이다. 또한 지혜를 활용하여 하늘의 움직임을 알아야 한다는, 즉 하늘을 두려워해야 함을 시사한 소국 외교의 규범에 대한 논의였다.

그렇지만 19세기 말까지의 책봉과 조공에 대한 이해와 관련해서는 의견이 나뉘어져 있는 것으로 보인다. 예를 들면, 쑨원은 1924년 일본 고베(神戶)에서 행한 '대(大)아시아주의'에 대한 강연에서 제국주의를 패도(覇道)로 언급한 반면, 19세기 이전 중국이 보여준 주변 국가들과의 관계를 왕도(王道)로 비유하여 긍정적으로 파악한 바 있다. 쑨원에 의하면, 과거 중국은 세계에서 유일한 최강국이었고, 주변 국가들은 스스로 중국을 "상국[上邦]으로서 숭배했고", "중국에 조공하며 스스로 속국[藩屬]"이 되고자 했다고 지적하고 있다.

중국이 이와 같이 수많은 국가와 민족, 그리고 그와 같이 멀리 떨어져 있는 국가나 민족으로부터 어떻게 조공을 받았던 것일까? 과연 육군과 해군의 군사력에 의한 패도(覇道)를 활용했던 것일까? 또한 조공을 강제했던 것이었을까? 그것은 그렇지 않다. 중국은 완전히 왕도에 의해 그들을 '감화'시켰던 것이며, 그들은 중국의 덕에 감동을 받아 이를 받아들이고 청원과 조공을 했던 것이다. 한 번이라도 중국의 왕도에 의해 감화를 받게 되면 중국에 조공을 한 번만이 아니라 자자손손에 걸쳐 조공을 다하고자 했던 것이다. 이와 같은 사실에 대해서는 최근에도 아직 증거를 찾아볼 수 있다(外務省調査部, 1967: 1134~1135; 원문은 孫文, 「大亞洲主義」, 國民黨黨史史料編纂委員會, 1957: 509~519).

그러나 이와 같은 쑨원의 견해가 당시 여론 가운데 주류였다고 할 수는 없을 것이다. 예를 들면, 일찍이 '중국청년당'을 이끌었던 쩡치[30]의 주장과 같이, 과거의 책봉국은 모두 중국의 주권 아래 귀속되어야 한다는 견해도 있었다. 실제로 앞에서 언급한 바와 같이, 중국의 국권상실에 대한 담론 속에서 주변 국가들이 구미(歐美)와 일본의 식민지나 영토가 되어가는 과정이 포함되어 있었으며, 국가정체성의 형성 과정에서 주변 국가들의 동향이 포함되는 경향이 폭넓게 나타났다. 이러한 책봉이나 조공을 둘러싼 여론은 1920년대 후반부터 제국주의의 침략을 받은 같은 아시아 국가라는 대단히 온전한 형태의 '아시아 연대론'으로서 그 방향이 전환된다.

실제 주변 국가들과의 관계를 볼 때, 예를 들면 줄곧 중국과의 조약체결을 바라지 않았던 시암(태국)과의 조약체결 교섭에서 시암이 황제 칭호의 사용을 요구했는데 결국 중화민국이 이를 용인한 바 있다. 또한 새롭게 독립한 아프가니스탄이 중국과의 국교 수립을 요구했을 때, 베이징 정부가 직접 교섭하는 것을 꺼려하여 신장성(新疆省) 정부로 하여금 교섭하게 하여 조약도 협정도 아닌 '조건'을 체결시킨 것과 같은 사례가 있는데, 관련 실증연구가 충분하지 않기 때문에 향후의 연구가 기대되는 바이다.

---

30 쩡치(曾琦, 1892~1965), 쓰촨성(四川省) 출신의 중국 정치가로서 상하이의 전단대학(震旦大學)에서 프랑스어를 배웠고, 일본 및 프랑스 등에서 유학했다. ≪구국일보(救國日報)≫를 창간하는 등 언론계에서도 활약했다. 다소 과격한 국가주의자로 알려져 있다. 중국청년당을 조직했으며, 1946년에는 정치협상회의에 참가했다.

제4장

혁명과 국민외교: 1926~1937년

1925년 3월 쑨원이 베이징의 톄스쯔(鐵獅子) 골목에 위치한 구웨이쥔(顧維鈞)의 저택에서 서거했다. 터키 혁명을 모델로 한, 국민회의가 개최하는 전국회의에 참가하기 위해 북상하던 중에 발생한 일이었다. 임종의 시기에 쑨원은 "혁명은 아직 성공하지 못했다"라는 유명한 말이 포함된 유언인 「국사(國事)에 대한 유훈」을 남겼다. 여기에서는 불평등조약의 개정이 특히 중시되었고, 국민의회를 개최하여 이를 철폐하는 것과 관련하여 "최단기간 내에 이것이 실현되도록 촉구해야 한다"라고 강조했다(번역문, 歷史學硏究會, 2006: 112).

베이징 정부의 붕괴에서 난징의 국민정부 성립 및 중일전쟁에 이르는 과정은 중국외교의 새로운 스타일이 출현하게 되는 시기로 볼 수 있다. 그것은 중국이 국민을 방패로 삼아 국민당 일당독재의 정부 아래에서 '선전과 동원'을 활용하여 수행했던 국권회수 정책이었다. 이는 혁명외교 등과 같은 슬로건과 함께 나타났던 운동이기도 하며, 여러 외국의 관점에서 볼 때 민족주의적인 외세 배척운동으로도 일컬어졌다. 그 성과는 지대했으며, 조계 회수나 관세자주권의 회복 등을 성사시켰다.

그렇지만 열강, 그중에서도 일본은 이와 같은 운동에 의해 중국에서의 이권, 특히 러일전쟁 이래 만주에 대한 이권에 위기감을 느끼고 1931년 9월에 만주사변을 일으킨다. 그 결과, 국민정부는 청조나 '베이징 정부' 이상으로 국토를 침탈당하는 상황에 처하게 되었다. 1930년대 중반까지 중국정부는 항일전쟁 준비를 추진한다는 의미에서 우선 국내를 안정시킨 이후에 외세를 격퇴시킨다는 내용의 '안내양외(安內攘外)' 정책을 채택했다. 국제연맹이나 「9개국 조약」, 그리고 독일, 소련, 이탈리아 등과의 다각적인 관계를 구축하여 국제적인 지지를 획득하면서 외교적 측면에서 일본보다 우위에 서고자 하면서도 동시에 일본과는 반공(反共) 이념에 기초한 평화도 모색했다.

이 시기의 핵심어로는 '중국 민족주의', '혁명외교', '안내양외', '국제연맹 외교', '독일에 대한 협력노선'을 들 수 있다.

북벌과 혁명외교: 관세자주권 회복

1925년 5월 30일, 일본 자본의 투자로 중국 상하이에 조성된 방직업체인 재화방[1]에서 노동쟁의와 관련된 시위가 일어났다. 이에 대해 조계

---

1 중국에 있던 일본 자본이 진출하여 세운 방직업 계통을 재화방(在華紡)이라고

(租界) 지역의 경찰이 발포하여 수십 명의 사상자가 발생했다. 이 사건이 일어난 이후, 조계에 대한 행정권의 회수와 치외법권 철폐 등 국권회수를 추구하는 운동이 전국적으로 확대되었다. 이른바 5·30운동이다. 이 운동은 '상하이 공상회연합회' 등의 범국민적 조직으로부터 지원을 받았으며, 광저우와 홍콩에서도 운동의 불길이 확산되었고 반영(反英)운동으로서의 색채를 강화했다(李, 1986). 국민당은 이 운동을 자신의 방패로 삼았으며, 1925년 6월 28일에 중앙집행위원회가 「불평등조약의 폐기에 관한 선언」을 발표하면서 불평등조약의 개정을 정책의 중심축으로 삼았다.

1926년에 장제스를 총사령관으로 하는 국민혁명군이 북벌을 개시했다. 장제스는 7월 9일의 취임선언에서도 '제국주의 및 그 앞잡이'와의 끊임없는 결전을 제창했다. 불평등조약은 국민혁명 운동의 주요 명제가 되었던 것이다.[2] 베이징 정부도 치외법권 철폐에 관해서 열강과 협의를 거듭했지만, 같은 해 9월에 '중국 사법제도 조사위원회'로부터 사법제도에 대한 추가적인 개혁 필요성이 제기되는 등 명확한 성과는 얻지 못했다. 1927년에는 국민혁명군(국민정부)과 영국 사이에 한커우(漢口)와 주

한다. 1902년의 미쓰이(三井) 물산이 싱타이사창(興泰紗廠)을 매수한 것을 그 효시로 삼는데, 제1차 세계대전 이후에 중국 면사포의 수입관세 인상, 노동 조건의 개선 요청 등에 의해 동양방(東洋紡)이나 종방(鐘紡) 등이 중국에 진출했고 중국의 민족자본을 능가하여 일본의 중국에 대한 경제투자에서 중심적인 존재가 되었다.

2 이와 함께, 1926년 무렵에 대다수의 '불평등조약'과 관련된 서적이 출간되면서, 중국에서 불평등조약이라는 용어가 지식인들 사이에서 더욱 확산되었다.

장(九江)의 조계 철폐에 대해 합의가 이루어지는 등,[3] 열강은 국민혁명군에 의해 수립된 국민정부를 사실상 승인하려 했다(瀧口, 1994).

    국민당은 혁명외교라는 슬로건을 적절히 잘 활용했다. 혁명외교란 일반적으로 혁명(정권교체)에 의해 이전 정권이 체결한 (불평등)조약을 파기하고 새롭게 (평등한) 조약을 체결하는 것을 말한다. 이와 같은 의미에서 말하자면, 국민당이 추진했던 정책은 혁명외교라는 조약의 일괄 파기를 슬로건으로서 내세우면서 조계 회수나 1930년의 웨이하이웨이(威海衛) 조차지 회수 등의 가시적인 성과를 강조했지만, 실제로는 베이징 정부가 체결한 조약을 기본적으로 계승했던 것이었다. 조약개정의 방법에서 일부를 제외하고는 베이징 정부의 조약개정 외교를 계승하고 있었다는 점에서 이는 이념적인 혁명외교와는 다른 것이었다.[4] 1928년 7월 7일에 공포된 「불평등조약 폐기선언 및 임시 변법(弁法)」에서는 "국민의 우의와 행복의 증진을 위해 모든 과거의 불평등조약을 폐기하고, 평등호혜의 새로운 조약이 다시 체결되는 것을 오랫동안 열망한다"라고 밝히면서 이를 관철하는 것이 명기되어 있기 때문에 이념이 선행되는 형태의 정치운동으로 여겨질 수도 있다(李, 1995).

---

3 1927년 2월 21일에 수립된 우한(武漢) 국민정부에서 천유런(陳友仁) 등이 주도한 '혁명외교'에 대해서는 공산당과의 관계 등을 포함하여 별도로 검토할 필요가 있다.

4 혁명외교에 대해 실력의 행사도 마다하지 않는 조약개정 움직임으로 보는 경향도 있지만, 1927년 5월 10일의 우차오슈(伍朝樞) 외교부장의 대외성명 속에는 '폭동주의'가 부정되었고, '제국주의 타도'와 '배외주의'는 서로 구별되어 언급되었다.

그러나 실제 외교정책에는 "기존 조약을 통해 만기가 된 것은 당연히 배제하고 별도로 새로운 조약을 체결한다. 아직 만기가 되지 않은 것은 국민정부의 정당한 절차를 통해 이를 해제하고 다시 체결한다"는 등의 내용이 포함되어 있다. 이것은 베이징 정부가 벨기에 등에 대해 적용했던 조약개정 외교의 연장선으로 파악될 수도 있는 현실적인 조약개정 노선으로 볼 수 있다(外交時報社, 1936: 149). 물론, 조약의 전면적인 폐기가 실현된다면 혁명외교가 될 수도 있겠지만, 그것은 현실적으로 볼 때 어려운 것이었다.

조약의 전면폐기라는 혁명외교의 실현은 다소 무리한 측면이 있었지만, 관세자주권 회복 차원에서 중국은 대단히 커다란 성과를 올렸다. 1928년 7월 25일, 「중국과 미국 양국의 관세 관련 규정에 관한 조약」이 맥머레이[5] 공사와 쑹쯔원(宋子文) 재정부장 간에 베이징에서 체결되었다(Department of State, 1943: 475~477). 이것은 워싱턴 회의에서 나온 성과를 배경으로 하여, 외국에 부과된 중국의 국내통행세 철폐를 조건으로 상호주의적 입장에서 관세자주권을 승인한 것이었고(조약문은 영문으로 작성됨),[6] 같은 해에 영국과 프랑스도 이와 유사한 조약을 체결했다.

---

[5] 존 맥머레이(John V. A. MacMurray, 1881~1960), 미국의 외교관이자 정치가로서 1925년 4월 29일에 주중공사에 임명되었고, 1929년 11월 22일에 퇴임했다. _ 옮긴이 주
[6] 1844년에 「망하(望夏) 조약」이 체결된 이래 미국에 대해서는 일방적으로 최혜국 대우를 해주었는데, 동 조약 제1조에서 최혜국 대우를 규정하고 있다. 영국, 프랑스, 일본 등이 마찬가지의 조약을 체결하게 될 때까지는 효력이 없었지만, 상징적인 의미가 있었다.

경공업 상품의 중국에 대한 수출을 중시하고 있던 일본은 중국이 국내산업의 보호육성을 위해 세율을 인상하고자 하는 것에 대해 경계했지만, 1930년에 연한(年限) 등의 여러 조건을 명기한 「중·일 관세협정」을 체결했다(久保, 1997). 관세자주권의 회복을 통해 중국정부는 재정기반이 강화되었고, 이에 따라 산업정책을 용이하게 실시할 수 있게 되었다.[7] 이 밖에 1930년대에는 행정권에 대한 회수도 적극적으로 전개되었다(甘 外, 2006: 83~100). 조약을 통해 명문화되어 있지 않은 여러 규정에 관한 열강의 여러 특권들을 행정권 회수의 논리로 되찾는 운동은 경제활동에 관련된 측면을 포함하여 다양하게 전개되었다. 아울러 조계에 대한 중국의 사법권도 점차 확대되었다.[8]

또한 이미 논한 바와 같이, 1930년대에는 공간된 외교문서 등에 의해 뒷받침된 중국외교사 관련 저술이 장팅푸(蔣廷黻) 등에 의해 전개되었다. 그러나 다른 한편으로 선전용 전단(삐라)나 팸플릿 등을 통해서 '이이제이(以夷制夷)' 등 춘추전국 시대의 '국제관계'와 관련된 용어가 유포되기도 했다. 또한 주변 국가들과의 관련성에 대해 ≪신아세아(新亞細亞)≫ 등의 잡지가 출현하여 책봉이나 조공관계가 아닌, 중국과 아시아의 다른 지역을 연결하는 그리고 제국주의와의 투쟁 논리를 전면에 내

---

7 이때 의화단 사건 배상금 중 절반이 넘는 잔금이 면제되었던 것도 국민정부의 재정에 유리하게 작용했다.
8 1930년대 상하이의 번영은 조계의 중국인들에 의해 이루어졌던 부분이 있다. 중국인은 조계에서 토지를 구입하고 이것을 담보로 하여 경제활동을 전개했다(Shiroyama, 2008).

세운 '아시아론'이 일본의 언론을 의식하면서 전개되었다.

중·일관계의 긴장: 일본의 산둥 출병과 만주사변

중국의 국권회수 운동과 혁명외교로 인해 강력한 자극을 받게 되었던 것은 바로 일본이었다. 이는 경제적인 경쟁관계뿐만 아니라, 중국에 대한 일본경제 전체의 의존도가 심화되었기 때문으로도 보인다. 1930년에 일본은 중국의 무역 상대국으로서 수출입 모두 약 25%를 점유하여 1위를 차지했다(浜下 外,「中國對外貿易相對國(地域)構成」, 1993).[9]

1925년 7월에 광저우에 국민정부가 성립하고, 같은 달에 국민혁명군이 조직되었다. 이듬해에 '중산함(中山艦) 사건'[10]을 통해 장제스가 실권

---

9 만주사변 후의 1931년 12월에 시게미쓰 마모루(重光葵) 주화(駐華) 공사의 보고서로서 제출된「혁명외교」에는 "근본적으로 통제가 되지 않는 내란 상태로부터 기인하는 중국[支那]의 '소비에트'류의 '혁명외교'는 다음과 같이 중국에 외국들의 권리 및 이익에 대한 끊임없는 위협을 주는 것이 되고 있다"(服部, 2002)라고 기록되어 있으며, 중국에서의 장기적인 배외운동에서 만주사변의 원인을 찾고 있다.

10 제1차 국공합작 시기인 1926년 3월 20일에 국민당의 장제스가 공산당을 공격한 사건으로 일명 3·20사건이라고도 한다. 장제스는 공산당 당원이었던 중산함(中山艦) 함장 리즈룽(李之龍)에게 광저우에 정박 중이었던 중산함을 광저우 교외 지역으로 이동할 것을 명한 이후, 무단으로 군함을 이동시켰다는 죄를 씌워 리즈룽과 공산당원들을 체포하고 반공투쟁을 벌였다. 이 사건을 계기로 하여 장제스와 국민당 우파세력이 실권을 장악하게 된다. ─옮긴이 주

을 장악한 이후 7월부터 북벌이 시작되었다. 창사(長沙), 우한(武漢)을 점령하고, 1927년 3월 24일에 국민혁명군은 난징(南京)을 점령하는데, 그때 '난징 사건'이 발생했다. 국민혁명군이 외국인 거류민들에게 위해를 가하여 일본 영사의 부인이 능욕을 당했고, 이에 대해 열강이 군사적 조치를 단행했던 것이다. 이 사건은 각 분야에 영향을 미쳤다.

우선 첫째, 장제스는 이 사건의 원인을 공산당에서 찾았고, 공산당과의 협력에 대해 회의를 느꼈다. 그는 4월 12일에 상하이에서 '4·12 쿠데타'를 일으켜 공산당을 탄압하고, 18일에 난징에서 국민정부를 수립함과 동시에 공산당의 배제를 선언했다.

둘째, 베이징에서 열강 7개국의 공사들이 뜻을 하나로 모아 안국군(安國軍) 총사령관인 장쭤린[11]에게 엄중한 대응을 요구했다. 이에 따라 4월 6일 새벽녘에 베이징의 동북군 경사(京師) 정탐병 등이 수색을 이유로 소련대사관에 진입하여 러시아인 20명 이상을 포함해 약 100명을 검거했다. 이 가운데에는 중국공산당의 창시자로서 1924년에 국민당과의 협력에 진력했던 리다자오[12]도 포함되었는데, 리다자오 등은 4월 28일

---

11 장쭤린(張作霖, 1875~1928), 펑톈성(奉天省) 출신의 군인이자 정치가이다. 토착 군사세력으로 펑톈 지역의 돤즈구이(段芝貴) 장군을 축출하고 일본, 안후이파(安徽派), 즈리파(直隷派)와 각각 호응해서 결합하면서 동북 3성 지역을 지배했으며, 1920년대 중반에는 베이징 정부도 장악했다.

12 리다자오(李大釗, 1888~1927), 허베이성 출신의 정치 활동가로서 일본 와세다대학 정치학과에서 유학하던 중 사회주의 사상을 접했다. 중국공산당 창설의 주역 가운데 한 명이며, 국공합작(國共合作)의 취지 아래 개인적으로 중국국민당에 입당하여 중국국민당 제1기 중앙집행위원을 역임하기도 했다. _ 옮긴이주

에 사형판결을 받고 처형되었다. 한편, 난징에서의 활동을 지시하는 문서와 선전용 팸플릿 등이 발견되기도 했다. 이 사건으로 인해 소련은 중화민국과 단교했다.

셋째, 이 사건에 대해 열강들은 사죄를 요구했고 아울러 공산당과 결별할 것을 국민당에게 요청했다. 이에 대해 '우한(武漢) 국민정부'가 난색을 표명했지만, 7월에 장제스가 하야한 이후 우한 정부로부터 공산당 당원들이 대거 이탈했다. 9월에 우한 정부와 난징 정부가 합쳐져 통일 정부가 성립되자, 열강과의 사이에서 화해가 성립했다.

넷째, 일본 국내에서는 중국과의 정치적인 충돌을 회피해왔던 시데하라[13]의 외교가 난징 사건을 계기로 '연약하다'는 비판을 받았다. 이로 인해 4월에 와카쓰키 레이지로[14] 내각을 대신하여 다나카 기이치[15] 내각이 성립하게 되었고 다나카가 외상을 겸임하게 되었다. 이를 통해 일본의 중국 정책은 크게 전환되었다. 국민혁명, 혁명외교의 폭력성이 일본 사회에 강력한 인상을 남겼고, 또한 일본의 만주지역에 대한 이권이 큰

---

13 시데하라 구지로(幣原喜重郎, 1872~1951), 일본 오사카 출신의 외교관, 정치가로서 외무대신, 국민대신 및 중의원 원장 등을 역임했고 남작의 작위를 수여받았다. 1895년에 제국대학(帝國大學) 법과대학을 졸업했고, 1931년 10월 12일자 미국 ≪타임(Time)≫의 표지인물에 오르기도 했다. _옮긴이 주

14 와카쓰키 레이지로(若槻禮次郎, 1866~1949), 일본의 정치가 및 관료로서 1892년 제국대학 법학과를 수석으로 졸업했다. 1926~1927년 그리고 1931년에 각각 내각 총리대신을 두 차례 역임했다. _옮긴이 주

15 다나카 기이치(田中義一, 1864~1929), 일본의 군인 출신 정치가이며, 제8기생으로서 육군대학(陸軍大學)을 졸업했다. 1927~1929년까지 내각 총리대신을 역임했고, 그 외에 육군대신, 외무대신, 내무대신 등을 맡았다. _옮긴이 주

위협에 노출되어 있다는 인식이 확산되는 계기가 된 것이다.

1927년 5월 28일, 일본군은 자국민의 보호를 명분으로 내걸고 열강의 지지 속에서 산둥(山東)에 출병했다. 그런데 북벌군은 '베이징 정부군'(장쭤린의 군대)에게 패배를 당해 산둥에 진입하지 못하고 퇴각했기 때문에 일본군도 철수했다. 6월 28일, 다나카 내각은 관계자들을 모아 동방회의(東方會議)를 개최했다. 7월 11일, 「중국 관련 정책강령(對支那政策綱領)」에 대한 다나카 외상의 훈령」이 일단락되었다. 여기에서는 중·일 제휴를 기조로 삼으면서도 "중국에서 일본제국의 권리와 이익 및 거주하는 자국민[邦人]의 생명·재산에 관해 불법적으로 침해받을 우려가 있을 경우 필요에 따라 단호하게 자위적인 조치를 취하여 그것을 옹호한다"는 등, 무력간섭의 가능성이나 만몽(滿蒙) 지역에 대한 일본의 권익을 중시하는 내용이 각별히 들어가 있었다(外務省, 1966: 101~ 102).[16]

1928년 봄에 북벌이 재개되어 산둥에 다가가자 일본군은 다시 산둥으로 출병했다. 5월 3일, 잘못된 정보 탓인지 일본인 살해사건이 발생했다. 이에 일본군은 지난(濟南)을 전면적으로 점령했다. 일본군의 철수는 1929년 5월 20일에 이루어졌다.[17]

---

16 이 회의의 내용과 일부 중복되기는 하지만 기본적으로 동일하지 않은 선전문서로서, 중국과 해외의 화교권에서 확대되어 진본이라고 (현재까지도) 믿어져 왔던 위조문서가 이른바 '다나카 상주문(田中上奏文)'이다. 이것도 당시의 선전 관련 투쟁을 잘 말해주는 사례로서 보아야 할 것이다.
17 북벌군은 지난(濟南)을 우회하여 북상하는데, 이후 장제스의 일기에는 "치욕을 썼는대[雪恥]"라고 기록되어 있다(1935~1936년 사이에는 기록이 일시적으로 보이지 않는다).

1928년 6월, 장쭤린은 북벌군의 베이징 입성 이전에 펑톈(奉天)으로 돌아왔는데, 4일 일본 관동군에 의해 폭살(爆殺)된다(장쭤린 폭살사건, 북벌군의 베이징 입성은 8일). 약 1개월 후에 '난징 국민정부'는 불평등조약의 개정방침을 명시하고, 앞에서 언급한 바와 같이 미국으로부터 관세자주권을 회복하는 것에 주안점을 두었다. 그러나 북벌 과정에서 일본과의 관계는 다시 위기감이 고조되었다. 이와 같은 사태의 배경에는 코민테른이 관여하고 있는 것으로도 보이는데, 전체적으로 국권회수운동을 수행하는 데에 중국에서 가장 많은 권익을 보유하고 있었고 실질적으로 경제관계도 긴밀했던 영국과 일본이 주된 표적이 되었다.

1928년 12월 29일, 동북 지역을 실효적으로 지배하고 있던 장쭤린의 아들인 장쉐량(張學良)이 '난징 국민정부'에 대한 지지를 표명하고, 기존의 오색기(五色旗)를 청천백일만지홍기(靑天白日滿地紅旗)로 바꿈에 따라 국민정부에 의한 중국통일은 완성되었다.[18] 중국이 통일된 이후, 열강은 공사관을 베이핑(北平, 베이징)에 잔류시키면서 국민정부를 승인했다.[19] 그 이후 장제스는 국내의 각 군벌, 정치세력, 그리고 공산당과 대치하며 권력기반을 강화하기 위해 노력했다.

---

18 통일이 되었다고는 해도 1929년 장쉐량이 중동철로(中東鐵路)를 소련으로부터 회수하기 위한 군사충돌을 일으켰고, 중국이 패배하여 「하바롭스크 협정」을 통해 철도에 대한 소련의 관여가 재차 승인되었다(土田, 1997).
19 일본은 1929년 1월 30일에 새로운 관세율이 승인되던 때에 국민정부에 대해 사실상 승인을 해주었고, 6월 3일에는 정식으로 승인했다. 미국과 영국은 1928년 중에, 그리고 프랑스도 일본보다는 일찍 승인을 했다.

그런데 1931년 9월 18일에 펑톈 교외의 류탸오후(柳條湖)에서 만철(滿鐵) 노선이 폭파되자, 일본 관동군이 이를 구실 삼아 군사행동을 개시하여 철도 노선을 따라 만주 전역을 제압했다. 이른바 만주사변이 발생한 것이다. 나카무라 신타로[20] 대위 살해사건과 완바오산 사건[21] 등에 자극을 받아 '생명선'인 만몽(滿蒙) 지역을 중국 본토로부터 떼어내고자 했던 것이다. 병환으로 베이징에서 요양 중이었던 장쉐량과 국민정부도 9월 23일에 「모든 국민에게 알리는 글」 등을 발표하여, 군사적 저항을 하지 않음으로써 전투를 확대시키지 않는다는 방침을 채택하고 국제연맹에 제소하는 등 외교적 수단에 호소했다. 장제스의 입장에서 볼 때, 이른바 안내양외(安內攘外) 정책에 따라 우선 국민당 내부의 제반 세력을 통일하면서 서남부에 항일거점을 구축했다. 동시에 공산당에 대한 억지정책을 전개하는 것이 일본에 대한 저항보다 우선시되었다(家近, 2002: 第6章).

그렇다면 중국의 외교적 호소에 열강은 어떤 반응을 보였을까? 특히

---

20 나카무라 신타로(中村震太郎, 1897~1931), 일본 육군대학을 졸업했으며 육군 참모본부 소속 대위였다. 대(對)소련 작전을 계획하기 위해 현지조사를 목적으로 '농업 기술자'로 신분을 변장하여 만주 지역을 여행하던 중, 1931년 6월 27일 장쉐량 휘하의 중국 병사에 의해 스파이 혐의로 살해된 이후 증거 인멸을 위해 시체가 소각되었다. ㅡ 옮긴이 주
21 1931년에 창춘(長春) 교외의 완바오산(萬寶山)에서 발생한 상업임차권을 둘러싸고 중국인과 조선인 사이에 일어난 갈등 사건이다. 발포 사건이 동반되어 중·일 양국 간의 외교문제로 비화되었고, 실제로 사망한 사람은 없었지만 대대적으로 선전되어 만주 지역의 일본배척[排日] 운동, 그리고 한반도에서의 중국배척[排華] 운동의 한 계기가 되었다.

일본에 대해 강력하게 비판했던 것은 미국이었다. 1932년 1월 7일에 이른바 '스팀슨 독트린'을 중국과 일본 양국 정부에게 전하고 만주에서의 사태를 용인하지 않는다는 취지를 명확히 밝혔다(Department of State, 1948: 8~10). 그렇지만 5개년 계획을 진행 중이던 소련이나, 영국을 포함한 「9개국 조약」의 가맹국들이 적극적으로 '스팀슨 독트린'에 동의한 것은 아니었다. 1929년의 세계공황 이후, 각 국가들이 식민지에서의 경제 권익에 대한 추구를 또한 강화하고 있었기 때문이다.

그런데 '상하이 사변'이 발발하자 상황은 가일층 악화되었다. '스팀슨 독트린'이 공표된 1월 말에 일본인 승려가 중국인에 의해 폭행을 당한 것을 계기로 상하이 사변이 일어났고, 일본군은 1개월에 걸쳐 점차 제19로군을 후퇴시키고 3월 1일에 군사행동을 멈추었다. 상하이 사변이 일어난 시기는 국제연맹 임시총회가 개최되는 심의 기간이었기 때문에, 군사행동의 확대는 일본에게 불리할 것으로 판단하고 멈추었던 것이다. 중국과 일본 양국 모두 국제사회로부터의 폭넓은 지지가 필요했다. 일본이 점령했던 만주를 자국의 영토로 삼지 않고 독립국가로 수립하고자 했던 것도 국제사회로부터의 따가운 시선을 감안했던 것으로 보인다. 3월 1일, 만주국(滿洲國)이 건국되어 5족협화[22]와 만몽의 민족자결을 제창했고, 국민정부가 체결했던 조약 가운데 만주와 관련된 부분이 계승되었다. 국민정부는 3월 12일에 '동삼성(東三省)에 성립된 괴뢰정부'를

---

22 5족협화(五族協和)란 일제가 만주국을 수립했을 때 제시한 이념으로서 일본인, 한인(漢人), 조선인, 만주인, 몽골인 등의 다섯 민족이 서로 협력하여 평화로운 국가를 만든다는 내용이다. ― 옮긴이 주

부정하는 성명을 공표했고, 그 이후 이러한 방침을 줄곧 견지했다.[23]

국제연맹과 중국

제1차 세계대전 이후에 성립된 국제연맹은 안전보장의 측면에서 한계에 대한 지적을 받으면서도, 최근에는 위생문제 해결, 마약 단속, 지적 교류 등의 분야에서 국제적인 틀을 형성하는 과정에서 보여준 선구적인 역할과 관련하여 주목을 받고 있다. 이와 같은 영역의 사업이 전후에도 계승되었기 때문일 것이다. 그리고 이와 관계된 협력대상 주요국 가운데의 하나가 바로 중국이었다는 사실이 최근의 연구를 통해 밝혀지고 있다(張, 1999; 緖方 外, 2007).

앞에서 언급한 바와 같이, 중국은 설립 당초부터 국제연맹에서 적극적인 외교를 전개하고자 했지만, 아편 문제 등으로 체결된 조약의 이행 능력을 의심받았고 또한 경비에 대한 미납문제도 존재했다. 국민정부는 이러한 오명을 씻고자 노력했지만 아편 문제에 대해서 냉엄한 평가를

---

23 이후 만주국은 만철(滿鐵) 부속지대에 대한 행정권 회수 등을 포함하여 일본과의 양국 간에 체결된 불평등조약에 대해 개정을 한다. 또한 뤼순·다롄 조차지는 중화민국이 아니라 만주국에 의해 일본에게 '조차'된 것으로 규정된다. 이 때문에 1943년 1월에 일본과 왕징웨이(汪精衛) 정권 사이에서 불평등조약에 대한 개정이 이루어졌을 때에도, 기본적으로 뤼순·다롄 조차지는 협의대상에서 계속 배제되었다.

받기도 했고, 1928년의 비상임이사국 선거에서도 낙선하고 말았다. 이것은 국제연맹으로부터 국민정부의 이탈을 만들어내기도 했는데, 1929년부터 정세가 변하게 되었다.

1929년 초에 국제연맹 사무차장 조셉 아베놀[24]이, 그리고 같은 해 겨울에 위생부장 라이히만이 중국을 방문하여, 국제연맹과 중국 간의 위생사업 협력에 대한 협의가 이루어지고 실시가 결정되었다. 라이히만은 국민정부의 고문으로서 사업을 추진했다(後藤, 2007). 이 과정에서 국제연맹의 살터(Sir Arthur Salter) 경제재정부장과 하스(Robert Hass) 교통운수부장도 중국을 방문했다. 국민정부는 국가건설을 추진할 전국경제위원회를 창설하고 인재파견, 기술협력, 인재양성 및 문화협력 등의 분야에서 국제연맹과 포괄적인 협력을 진행하기로 했다. 이후 2년간 부장급 위원들이 빈번하게 파견되었다. 만주사변은 이와 같은 국민정부와 국제연맹 사이에 협력관계가 형성되던 시기에 발생했던 것이다.

그리고 1933년 2월 4일에 마쓰오카 요스케[25] 대표가 국제연맹 총회에서 퇴장한 다음 달인 4월 10일에 국제연맹 사무국이 중국 원조에 대한 코뮈니케를 발표했다. 이를 통해 중국 전국경제위원회와 협력하여

---

24 조셉 아베놀(Joseph L. A. Avenol, 1879~1952), 프랑스의 외교관으로 1933년부터 1940년까지 국제연맹 사무총장을 역임했다. _ 옮긴이 주

25 마쓰오카 요스케(松岡洋右, 1880~1946), 일본의 외교관 및 정치인으로 1900년 미국 오리건대학 법학부를 졸업했고 1904년 외교관 선발시험에 수석으로 합격했다. 1940~1941년에 외무대신을 역임했다. 주요 저서로 『동아시아 전체 국면의 동요(東亞全局の動搖)』(先進社, 1931) 등이 있다. _ 옮긴이 주

지적 교류 등을 포함해 다각적인 현대화 건설을 진행하고자 했다.[26] 1934년 4월 17일에 공표된 일본 외무성 정보부장 아모우 에이지[27]에 의한 이른바「아모우 성명(天羽聲明)」은 "최근 외국 여러 나라들이 중국[支那]에 대해 공동원조 등의 명분을 내세워 적극적으로 진출하고자 하는 모습이 두드러지고 있다"는 점에 주목하고 있다. 국제연맹 혹은 구미(歐美) 국가들과 중국 사이의 '협력'에 대해 우려감을 드러낸 이 성명은 '아시아 먼로주의'로 간주되었다.

국제연맹에서의 만주사변 처리와 관련해서는, 이 시점에서 중국이 이사회의 비상임 이사국이었기 때문에 이사회에 대해 이 문제를 즉시 제기할 수 있었다. 또한 1932년 2월부터 시작해서 4개월 넘게 실시된 '리튼 조사단'[28]에 의한 조사에는 구웨이쥔(顧維鈞)도 수행했다. 관련 조사보고서는 9월에 정리되어 10월에 발표되었다. 이 보고서의 제1장「중

---

26 경제협력의 내용은 1934년 5월 17일에 제네바에서 개최된 '대(對)중국 기술협력 위원회(Committee of the Council for Collaboration between the League of Nations and China)'에 제출된「라이히만 보고서(Report of the Technical Agent of the Council of His Mission in China: from the Date of His Appointment until April 1st, 1934)」에 잘 정리되어 있다.
27 아모우 에이지(天羽英二, 1887~1968), 일본의 외교관으로 1912년 도쿄고등상업학교[히토쓰바시대학(一橋大學)의 전신]를 졸업하고 같은 해 외교관 선발시험에 합격했다. 외무성 정보부장, 외무차관 등의 직책을 역임했다. _ 옮긴이주
28 리튼 조사단(The Lytton Commission), 국제연맹은 일본의 제안을 수용하여 영국의 리튼(Lytton) 경을 단장으로 하는 조사단을 구성하여 만주사변에 대한 조사를 위해 일본과 중국에 파견했다. 그런데 동 조사단이 일본을 방문한 이튿날 일본은 만주국(滿洲國)의 건국을 선언했다. _ 옮긴이주

국의 최근 상황에 대한 개요」의 마지막 부분의 2절 "중국 개조문제에 대한 외국의 관심" 및 "국제협력은 문제 해결에서 최선의 희망을 제공해준다"에서는 중국이 직면하고 있는 여러 문제들을 국제협력의 틀 속에서 해결할 것을 제안했다. 이는 중국에 대한 국제연맹의 협력 사업에 입각해 있던 것이다.

그런데 한편으로 동 보고서는 만주에 대한 일본의 특수한 권익을 부정하지 않았다. 그렇지만 일본의 입장에서 볼 때, 이 보고서가 만주의 주권을 중국에 귀속하는 것으로 간주하고 만주국을 승인하지 않았던 점에 불만스러운 점이 있었다. 따라서 1933년 2월에 (비록 각 위원회에는 잔류하지만) 국제연맹에 대한 탈퇴를 통보하는데(海野, 1972), 국제연맹을 탈퇴한 이후 일본이 즉각 중국에 대해 침략을 전개한 것은 아니었다. 1933년 5월에 「탕구(塘沽) 정전협정」[29]이 체결되어 만주사변은 곧 일단락을 짓게 되었다.

중·일 평화 모색과 국제정치

1933년 5월의 「탕구(塘沽) 정전협정」으로부터 1937년 7월의 '루거우차오(盧溝橋) 사건'에 이르는 일련의 과정을 설명하는 것은 어려운 일이

---

[29] 1933년 5월 31일에 탕구에서 체결된 만주사변을 종결지은 정전협정이다. 이미 독립을 선언했던 만주국과의 국경지대에 비무장의 중간지대를 조성하는 것 등을 주된 내용으로 했다.

다. 일본은 북지파견군³⁰을 증강시키는 등 중국의 화북(華北) 지역에 대한 침략을 강화하면서도, 국민정부와의 평화회담도 동시에 추진했다. 또한 이 시기에는 중국을 무대로 한 국제정치상의 흥정도 활발하게 이루어졌다. 중국을 둘러싼 국제정세는 1933년 1월의 히틀러 정권의 성립이나, 코민테른에 대한 반공동맹(反共同盟)의 형성 등 세계정치의 흐름 전체와 연결되었다.

화북 지역에서는 「아모우 성명」이 공표된 이후, 비무장지대를 둘러싸고 발생한 사건들의 처리를 위한 중국과 일본 간의 교섭이 계속되었다. 1935년 6월의 「우메즈-허잉친 협정」³¹을 지렛대로 삼아 일본의 화북 지역에 대한 분리공작이 본격화되었다. 그러나 이 협정이 체결되기 직전인 5월 7일경, 히로다 고키³² 외상은 중·일 쌍방의 공사관을 대사관으로 격상시키겠다는 것을 '난징 국민정부'에게 전했고 실제로 쌍방은 대사관으로 승격되었다. 이것은 중·일 제휴외교(提携外交)의 한 표현으

---

30 북지파견군(北支派遣軍), 1937년 7월 루거우차오 사건이 발생한 이후 이에 대응하기 위해 일본의 '중국[支那] 주둔군'이 '북지(北支)파견군(방면군)'으로 승격되었다. 한편 종전 시기 일본의 '중국 파견군'의 총병력 수는 105만 명을 넘었다. ＿ 옮긴이 주
31 1934년 6월에 우메즈 요시지로(梅津美治郞)와 허잉친(何應欽) 사이에 교환된 것으로 여겨지는 협정이다. 이에 따라 정전 구역이 확대되고, 국민정부의 중앙군은 허베이(河北)에서 철수하게 된다.
32 히로다 고키(廣田弘毅, 1878~1948), 일본의 정치인 및 외교관으로 도쿄제국대학 법학부 정치학과에서 수학했고, 1907년 외교관 선발시험에 합격했다. 1933~1938년까지 네 차례에 걸쳐 외무대신 직책을 수행했고, 1936~1937년에 내각 총리대신을 역임했다. ＿ 옮긴이 주

로 간주된다(服部, 2008: 90~93). 중국의 입장에서 볼 때, 일본 육군과 히로다 사이에 중국에 대한 정책을 둘러싼 마찰이 있는 것으로 비추어졌을 것이다. 10월 7일에 히로다는 장쭤빈[33] 주일 대사에 대해 이른바 '히로다 3원칙'[34]을 제시했다. 그런데 이것은 '중·일 제휴'를 제창하면서도, 만주국에 대한 승인 그리고 이에 대한 사실상의 용인을 요구하고 일본, 만주, 중국의 방공(防共) 협력을 포함하고 있었다. 중국은 특히 만주국에 대한 용인을 수용할 수가 없었는데, 내용적으로 볼 때 이는 히로다가 일본 육군과 타협한 것으로 추정된다. 그러나 '히로다 3원칙'에 의해 중·일 화해의 가능성이 사라진 것은 아니었다. 같은 달에 중국도 경제 및 방공(防共) 분야에서의 '일본·독일·중국 사이의 협력'을 향해 나아가기로 결단했다(工藤 外, 2008: 36).

나치 정권 아래의 독일에서는 독일과 소련 간의 관계가 악화되어감에 따라, 친중(親中) 정책이 대안으로 부상했다. 1934년부터 국방경제 관계를 주축으로 하는 협력관계가 모색되었고, 1936년 4월에는 양국 간에

---

33 장쭤빈(蔣作賓, 1884~1942), 후베이성(湖北省) 출신이며 중화민국의 정치가, 군인 및 외교관으로 일본에서 군사훈련을 위한 유학을 하던 중 1905년 9월 중국동맹회(中國同盟會)에 가입했다. 1931년에 주일 공사, 1935년에 주일 대사가 되어 중·일관계에서 큰 역할을 했다. ― 옮긴이주

34 1935년 9월에 장쭤빈 주일 대사가 일본 정부에 대해 제시한 3원칙에 호응하여, 오카다 케이스케(岡田啓介) 내각이 10월 4일에 관련 각 대신의 요해를 통해 수정한 중국에 대한 3원칙이다. 당시 일본의 외무대신이 히로다 고키(廣田弘毅)였기 때문에, '히로다 3원칙(廣田三原則)'이라고도 일컬어진다. 주된 내용은 배일(排日) 운동에 대한 단속, 만주국의 승인, 반공 운동 등이었다.

「중·독(中獨) 조약」이 체결되었다. 이 조약에서는 중국에서 독일에 텅스텐을 제공하는 것을 조건으로 하여, 1억 라이히스마르크(reichsmark)의 차관과 독일제 무기를 중국에 제공하는 것이 상정되었다. 다른 한편, 리벤트로프[35] 외교고문과 카나리스[36] 국방부 방첩부장은 일본과 독일 간의 접근을 모색했다. 그리고 1935년 10월에 '히로다 3원칙'이 제기된 이후, 장제스와 왕징웨이 사이에서 협의가 이루어져 독일의 상하이 총영사 크리벨(Wilhelm Kriebel)에게 '일본·중국·독일 간의 협력'에 대한 중개를 요청했다. 그런데 결국 「일·독(日獨) 방공협정」이 체결되어버린다.

경제 및 금융의 분야에서 중국은 영국과의 관계를 강화했다. 국민정부는 칭량(秤量) 화폐로서 은냥(銀兩) 사용을 금지하고 은원(銀元) 사용을 촉진하는 정책을 실시했는데, 상황은 매우 혼란스러웠다.[37] 1935년 9월에 영국의 재정고문 로스[38]가 극동 지역에 부임하여 중국재정의 재건과 관련해 일본과 협의를 했다. 일본은 이에 대해 시기상조라고 보았으나, 로스는 국민정부에 대해 1,000만 파운드의 차관 공여와 함께 화폐제

---

35 요아힘 폰 리벤트로프(Joachim von Ribbentrop, 1893~1946), 독일의 사업가 및 외교관으로서 1938년부터 1945년까지 독일의 외교장관을 역임했다. _ 옮긴이 주
36 빌헬름 카나리스(Wilhelm F. Canaris, 1887~1945), 독일의 군인으로 해군 대장 및 국방군 방첩부장 등을 역임했다. _ 옮긴이 주
37 1934년 미국에서 뉴딜 정책의 일환으로서 은 수매법이 성립되었는데, 이로 인해 은 가격이 급등하여 미국으로 은이 대량으로 유출되었고, 중국의 물가와 경제는 혼란에 빠졌다. 국민정부는 은에 대한 수출을 억제하는 정책을 채택했지만 정책상의 한계가 있었다.
38 레이스 로스(Leith Ross, 1887~1968), 영국의 재정 관료이자 재정 전문가이다. 1930년대에 영국 정부의 수석대표 고문으로 활동하며 영향력을 행사했다.

도의 개혁[39]을 제안했다. 이를 통해 국민정부는 파운드에 의해 뒷받침되었던 불환지폐인 법폐(法幣)를 발행했다. 또한 은(銀)을 국유화하고 미국으로부터 달러와 금을 대량으로 매입했고, 아울러 이것으로 통화를 뒷받침하는 외화로 삼았다(이것은 미국에 의해 관리되었다). 국민정부는 '사순 재벌'[40]을 포함하여, 영국과 미국의 자본이 중국을 개발할 수 있는 기회를 제공했으며, 국민정부 자신도 은을 군사비 등으로 충당했다. 한편, 이를 '시기상조'로 보았던 일본은 이러한 흐름에서 뒤쳐졌으며, 이후에 법폐 제도, 은의 국유화 및 이에 수반되는 이송(移送)에 강력하게 반대하는 입장에 서게 되었다.

---

39 1935년에 국민정부가 실시한 통화관리 제도이다. 은화(銀貨)의 유통을 금지하고 중앙은행, 중국은행, 교통은행(이후에 중국농민은행이 추가됨)의 세 은행에서 발권된 은행권을 법폐(法幣)로 유통시켰다.
40 사순 재벌(The Sassoon Family), 이라크 바그다드 출신으로 인도 뭄바이(Mumbai)에 정착한 유대계 재벌 가문으로서 18세기 무렵부터 인도와 중국을 거점으로 한 경제활동 등으로 막강한 부를 축적했다. 중국 상하이 소재 평화호텔(和平飯店)의 북쪽 건물은 일명 사순 하우스(Sassoon House)로 불렸으며 사순 재벌의 활약상을 잘 보여준다. _ 옮긴이 주

제5장

'4대 강대국'으로 향하는 길:
중일전쟁에서 반(反)파시즘 세계대전으로, 1936~1943년

    1935년 말 장제스는 행정원장에 취임하면서 외교권을 장악하고자 했다. 1931년 만주사변이 일어난 시기를 제외하면, 국민정부의 외교를 둘러싼 주도권은 비교적 분산되기 일쑤였다. 외교권을 장악한 장제스는 인도 등을 포함한 아시아 외교에 관심을 표명하는 것과 함께, 인사조치 등의 측면에서 일본에 대한 평화교섭을 본격적으로 행하고자 했다.

    그런데 1936년 12월에 '시안(西安) 사건'이 일어난다. 납치된 장제스는 장쉐량과 양후청[1]이 제시한 구국 방안을 수용했다. 일본과의 평화교섭 가능성이 사라진 것은 아니지만, 이 사건은 국공합작 아래에서 항일

---

1 양후청(楊虎城, 1893~1949), 산시성 출신의 군인으로서 중화민국 군대의 장교였으나, 장제스의 안내양외(安內攘外) 정책에 의문을 품고 장쉐량에게 접근하여 시안 사건을 일으켰다. 중일전쟁 이후 장제스에 의해 체포되어 1949년에 처형되었다.

전쟁 체제가 형성되는 계기가 되었다. 그러나 안내양외 정책을 추진하며 독일과 영국 등으로부터 다각적으로 원조를 받고 있던 장제스의 입장에서 볼 때, 이는 중국공산당을 괴멸시킨다는 목표를 중도에서 단념하는 것이기도 했다.

다른 한편, 중·일관계의 위기감이 고조됨에 따라 다른 나라들은 중국과 일본 가운데 하나의 국가를 선택해야 하는 현실에 직면하게 되었다. 열강의 입장은 일방적으로 중국을 지지하는 것은 아니었다. 일본도 영국 및 미국과 전쟁을 수행하는 상황에 이르게 되는 본격적인 대립은 회피했다. 이 단계의 국제정치 가운데에는 아직 몇 가지의 가능성이 상존하고 있었다.

1937년 7월에 시작된 중일전쟁은 일본이 점령통치 구역을 확대하면서 전개되었지만, 중국과 일본 쌍방 모두 미국의「중립법」을 의식하여 선전포고를 하지 않은 상태에서 교전을 지속했다(加藤, 2006). 제2차 세계대전이 시작되자 프랑스령 인도차이나에 대한 진주 등이 단행되었다. 점차 정세는 일본, 미국, 영국 사이의 개전으로 향해갔다. 중국은 일본과 영국, 미국 그리고 소련 간의 대립을 바라면서, 제2차 세계대전이 극동지역으로 확대되기를 기대했다. 이런 맥락에서 일본에 의한 진주만 공격은 중국의 비원(悲願)이 해결되는 순간이었다. 1941년 12월 9일, 국민정부는 일본에 대해 선전포고를 하고 유엔(UN)의 회원국이 되었다.[2]

---

2   일본은 중국에 선전포고를 하지 않았으나, 1952년의「일·화 조약(日華條約)」에서는 1941년 12월 9일부터 국제법적인 의미에서의 전쟁 상태에 들어갔다는 것을 인정하고 있다.

이 시기의 핵심어는 '중일전쟁과 세계전쟁의 연계', '카이로 선언과 4대 강대국의 일원', '불평등조약 개정', '독일 문제', '대외선전' 등이다.

중일전쟁의 발발과 제2차 세계대전

1937년 7월 7일, 루거우차오에서 중국과 일본 양국 군대 사이에 발포 사건이 일어나면서 쌍방 간의 군사적 충돌이 시작된다. 베이징의 서남쪽에 위치해 있는 루거우차오의 명칭이 사건 이름에 덧붙여졌는데, 군대는 인접해 있는 펑타이(豊台)에 배치되어 있었다.[3] 일본군은 1936년에 「중국 주둔군 편성 개정요강(改正要綱)」에 기초하여, 기존의 약 2,000명 정도의 주둔군을 약 8,000명 정도까지 증강시키고('의화단 사건' 시기에 제5사단 병력 수는 6,000명 미만, 1920년대 초반에는 약 500명 정도였다), 그 일부를 펑타이에 주둔시켰다. 이와 같은 병력 증강 직후에 충돌이 일어났던 것이다.[4]

---

3 일반적으로 펑타이 주둔병은 의화단 사건 이후 '베이징 의정서'에 따른 것으로 여겨진다. 틀림없는 사실이지만 펑타이에는 신해혁명 시기에 정세불안을 이유로 내세우며 영국군이 처음으로 병사를 주둔시켰고 1927년에 철수했다. 일본의 입장에서는 영국의 전례에 더하여, 8개국의 병사 수 등을 확인하는 회의에서 사후에 통보할 경우 병사 수는 증감할 수 있는 관례가 있었기 때문에 펑타이에 병사를 주둔시켜도 문제가 없을 것이라고 판단했다.

4 이 발포를 둘러싸고도 일본설, 중국설, 혹은 공산당 획책설 등 다양한 논의들이 있다.

'루거우차오 사건'이 바로 중일전쟁의 발단으로 알려져 있던 것은 아닙니다. 루산(廬山) 회의에서 항일을 지향하는 국공합작이 확인되긴 했지만, 7월 17일에 거행된 '루산 담화(廬山談話)'에서 장제스는 중국의 외교를 '약소국 외교'로 규정하고 영토와 주권의 수호, 평화적 외교에 기초한 문제해결을 제창하면서 일본에 대해 사태의 수습을 요구했다. 중·일 양국 간에 각료급 회담을 통해 전쟁확대를 회피하고자 하는 노력도 시도되었다. 국민정부는 기존처럼 국제연맹이나 9개국 회의 등의 장을 통해 항의활동을 진행했다. 이에 대해 열강은 우려를 표명하는 정도에 그쳤다.

그러나 8월 13일, '제2차 상하이 사변'이 발생하자 사태는 급작스럽게 전개되었고, 장기전의 양상을 노정하게 되었다.[5] 이후 4개월에 걸쳐 독일군 고문에 의해 훈련을 받은 중국군과 일본군 사이에서 격렬한 전투가 벌어졌다. 마쓰모토 시게하루[6]는 후에 "상하이 지역에서 벌어진 중일전쟁은 어떤 측면에서 보면 일본과 독일 간의 전쟁이다"(松本, 1974: 172)라고 회상했을 정도였다. 국민정부는 11월에 충칭(重慶)으로의 이전을 천명했고, 12월에 일본군이 수도 난징으로 입성할 때에 이른바 '난징 대학살사건'이 일어난다.[7]

5　8월 21일에 국민정부는 소련과 「중·소 불가침조약」을 체결하고, 소련으로부터 차관 제공을 받고 무기를 구입하려고 했다.

6　마쓰모토 시게하루(松本重治, 1899~1989), 일본의 저널리스트로서 도쿄 소재 재단법인 국제문화회관(國際文化會館) 이사장 등을 역임했다. 주요 저서로『상하이 시대(上海時代)』(전3권) 등이 있다. ＿옮긴이 주

7　장제스가 이 사건을 알게 된 것은 이듬해 1월경이다.

이 학살사건을 포함하여 중일전쟁은 국제사회의 큰 주목을 받았다. 일본군에 의한 수도 난징의 공습에 대해 '국제연맹의 일본·중국문제(日華問題) 자문위원회'에서 9월 28일경 비난 결의가 채택되었다. 특히 난징에서의 전투 과정에서 일본 해군의 전투기가 미국의 함선을 공격한 '파나이호(USS Panay) 사건'은 미국으로부터 강력한 비난을 받는 대상이 되었다(笠原, 1997).

루거우차오 사건이 발생한 이후부터 1938년 1월까지, 독일의 주화(駐華) 대사 트라우트만[8]에 의해 중·일 간의 평화교섭이 추진되었다. 이 교섭 과정에서 장제스가 조건을 수용하는 상황도 있었으나, 상하이 사변과 난징 전투 등의 사태 속에서 쌍방이 제시하는 평화교섭을 위한 조건이 변화하게 되었다. 그리고 결국 1938년 1월에 평화교섭은 결렬된다(松浦, 1995: 7~33). "(일본) 제국정부는 난징에 대한 공략 이후 중국 국민정부가 더욱 반성할 수 있는 마지막 기회를 주기 위해 오늘날에 이르고 있다"로 시작되어 "국민정부를 상대하지 않는다"라는 내용의 고노(近衛) 내각의 성명도, 기본적으로 이와 같은 평화교섭의 결렬을 수용했던 것으로 생각된다. 그리고 이 성명에 의해 국민정부도 본격적으로 '항전을 통한 건국'을 내세우며 총동원 체제를 강화하면서, 외교적 측면에서 일본과 영국, 미국 혹은 소련 간의 개전을 계속 기다리게 된다. 그렇지만 숙원이었던 일본과 영국, 미국 혹은 소련 간의 개전은 1939년 9월에 시

---

[8] 오스카 트라우트만(Oscar P. Trautmann, 1877~1950), 독일의 외교관으로 1931년에 주중 독일공사로 베이징에 부임했고, 중일전쟁의 평화적 해결을 위한 교섭을 중개한 '트라우만 공작'으로 알려져 있다. ― 옮긴이주

작된 '노몬한 전투'⁹를 통해서도, 그리고 같은 해 9월의 독일군에 의한 폴란드 침공으로 발발하는 제2차 세계대전에 의해서도 결국 실현되지 못했다.[10]

그런데 중일전쟁이 일면적으로 진전되었던 것만은 아니다. 1940년이 되자 중국의 정세는 더욱 유동적이 된다. 중국과 영국의 관계가 악화되면서 중국이 빠르게 진격을 계속하고 있는 독일에 대해 접근했던 것이다.[11] 이후 영국이 '대독(對獨) 강화'를 거부하자 독일이 런던을 공습했고, 이를 계기로「영·미 방위협정」이 조인된 9월에 접어들자 중국과 독일 간의 접근도 쇠퇴한다. 그리고 이러한 독일과 영국 사이의 위기감 고조에 연동되었던 것이 1940년 9월 23일에 이루어진 프랑스령 인도차이나 북부지역에 대한 일본의 진주, 그리고 9월 27일의 일본·독일·이탈리

---

9 노몬한 전투, 일명 '할힌골 전투'라고도 불리며 1939년 5월부터 8월까지 몽골과 만주국의 국경지대인 '할힌골 강' 유역에서 소련군과 몽골군 그리고 일본제국의 관동군(關東軍)과 만주국 군대가 벌인 전투를 지칭한다. 이 전투에서 일본은 대패를 했다. _옮긴이 주

10 이 무렵, 국민정부 내부에서도 여러 가지 동반되는 혼란이 있었고, 1938년 말에 왕자오밍(汪兆銘)이 충칭을 탈출하여 베트남 하노이로 향한 이후 이듬해 상하이에 도착하여 각지의 유신정부(維新政府)와 임시정부를 규합하여, 1940년 3월에 난징에서 국민정부를 수립했다. 그 이후 일본은 이 국민정부를 승인하고 점령구 지역에 대한 통치와 함께 '대동아공영권'에서의 화교에 대한 관리를 위임했다.

11 영국에서는 5월에 처칠이 총리가 되는데, 톈진(天津) 백은문제(白銀問題)와 미얀마 루트의 3개월간 정지 문제로 중국과 영국 사이의 관계가 악화된다. 또한, 6월에 독일이 프랑스에 대한 전쟁에서 승리를 거두어, 유럽대륙 전체에서 독일을 중심으로 하는 새로운 질서가 형성되자 장제스는 급속하게 독일에 대해 접근하게 된다.

아 '3국 군사동맹'의 성립 등과 같은 동향이었다. 이것이 일본과 영국 및 미국 간의 대립을 되돌릴 수 없게 만들었고, 영국과 미국의 대중(對中) 정책도 변화했다. 미국은 9월 25일에 2,500만 달러, 그리고 12월에는 1억 달러 규모의 중국에 대한 차관 지원방안을 결정했다. 또한 10월 8일에는 영국이 '충칭 정부'를 지원하기 위한 미얀마 루트의 재개를 선언했다. 영국과 미국의 중국에 대한 적극적인 지원은 말하자면 독일에 대한 하나의 대항수단이기도 했다.

영국과 미국에 대한 충칭 정부의 편중이 명백해지는 가운데, 1941년 4월에 일본과 소련 사이에 중립조약이 체결되고 6월에는 독일과 소련 간에 전쟁이 시작되었다. 이것은 소련에 대한 '3국동맹' 정책의 혼란이 표출된 것이기도 하지만, 7월 말에 일본군이 프랑스령 인도차이나 남부에 진주하자 일본과 영국 및 미국 사이의 대립은 더욱 결정적이 된다. 독일은 7월에 결국 왕자오밍[12] 정권을 중국정부로 승인했기 때문에 충칭과의 관계는 실질적으로 악화되었다. 이로 인해 독일은 중국에 대한 정책에서의 탄력성을 상실하게 된다. 12월 8일, 일본은 말레이 반도에 상륙함과 동시에 진주만을 공격하고 영국과 미국에 대해 선전포고를 했

---

12 왕자오밍(汪兆銘, 1883~1944), 광둥성 출생의 정치인으로서 호(號)인 징웨이(精衛)를 필명으로 사용하여 일반적으로 왕징웨이(王精衛)라고 불렸다. 중국 국민정부 상무위원회 주석, 군사위원회 주석, 행정원장, 국방최고회의 부주석, 중국 국민당 부총재 등을 역임했으며, 중일전쟁 초기에 장제스(蔣介石)의 주요 정적 중의 한 명이었다. 일본 나고야에서 병을 치료받던 중 사망한 이후, 시신은 유지에 따라 난징(南京) 중산릉 서남쪽의 메이화산(梅花山)에 이장되었다. _옮긴이 주

다. 충칭 정부는 이튿날인 9일에 일본, 독일, 이탈리아 3국에 대한 선전포고를 했다. 11일에는 독일과 이탈리아가 미국에 선전포고를 함으로써 중일전쟁은 제2차 세계대전과 연계되었다. 영국과 미국에 대한 일본의 선전포고는 히틀러가 절실하게 원하던 바이기도 했고, 동시에 장제스의 비원(悲願)이기도 했다. 결국 중국은 유엔의 회원국으로서 반(反)파시스트 전쟁을 수행하게 되었다.[13]

불평등조약의 개정과 인도 문제

중일전쟁이 세계대전의 일부가 된 이후에도 '중국 전선(戰線)'에서는 교착상태가 계속되었다. 충칭 정부가 기대했던 장제스 지원을 위한 루트도 순조롭게 기능하지 못했다. 일본은 1942년 2월 15일에 싱가포르를 점령하고 공세를 더욱 강화했는데, 1942년 말에 '미드웨이 해전'에서 패배하면서 점차 열세에 처하게 된다.

충칭 국민정부는 유엔의 일원으로서 숙원이었던 불평등조약을 개정할 수 있는 기회를 얻었다. 1942년에는 중국뿐만 아니라 미국의 여론 가운데에서도 중국에 대한 동정론이 높아지고, 미국 국무부 극동국 국장 해밀턴(Maxwell Hamilton)이 중국과의 불평등조약에 대한 개정을 위한

---

13 다만 왕자오밍 정권이 영국과 미국에 선전포고를 한 것은 1943년 1월 9일이며, 그때까지 상하이 등의 조계(租界)는 그대로 유지되었다.

검토에 착수했다(Memorandum by Hamilton, March 27, 1942, Department of State, 1956: 271~274). 마찬가지로 영국의 이든[14] 외교장관도 미국에 대한 협조 차원에서 이 시기에 불평등조약을 개정하기 위한 준비에 들어갔다. 그렇지만 '중국 전선'을 중시하는 미국과의 교섭과는 대조적으로, 영국에 대한 중국의 교섭은 순조롭지 않았다.[15] 그 배경에는 미얀마 루트의 문제와 인도 문제가 있었다.[16]

장제스는 국권회수나 불평등조약의 개정이라는 관점에서 인도 문제를 각별히 중시했다. 1942년 2월에 장제스는 항일 투쟁을 위한 연대 및 의식 제고를 목적으로 인도를 방문했다. 이때 처칠[17]의 계속되는 요청을 거부한 채 장제스는 캘커타에 머물고 있던 간디[18]를 직접 방문하고,

---

14 로버트 이든(Robert A. Eden, 1897~1977), 영국의 정치가로서 옥스퍼드대학을 졸업했다. 1935년부터 1955까지 영국의 외교장관을 세 차례 역임했으며, 1955~1957년에 총리를 지냈다. _ 옮긴이 주
15 장제스는 처칠을 '교활한 자'로 평가하고 '덕으로 원한을 갚는다(以德報怨)'와 같은 역설적인 표현으로 비난하기도 했다(『事略稿本』, 1942年 5月 16日, 國史館所藏).
16 미얀마 문제는 미국으로부터 전달된 원조물자를 미얀마의 식민지 총독이 압류했던 것(미얀마는 이에 대해 일본의 공습에 대비한 피난이라고 설명), 그리고 미얀마에 주둔하는 중국 군대에 대해 영국의 지원체제가 불충분한 것이 주된 내용이었다.
17 윈스턴 처칠(Winston L. Spencer-Churchill, 1874~1965), 영국의 정치인으로서 1940~1945년과 1951~1955년 동안 총리를 역임했다. 1953년『제2차 세계대전 회고록』으로 노벨 문학상을 수상했으며, 2002년 영국 BBC가 행한 '위대한 영국인' 투표에서 1위를 차지하기도 했다. _ 옮긴이 주
18 모한다스 간디(Mohandas K. Gandhi, 1869~1948), 인도 구자라트 출신의 변호사, 종교가, 정치 지도자로서 인도 '독립의 아버지'이며 일명 '마하트마 간디

비폭력 및 불복종주의 등에 대해 서로 의견을 교환했다. 구웨이쥔은 이 것이 바로 당시 중국과 영국이 대립하게 된 원인이라고 밝힌 바 있다(顧維鈞, 1978: 19). 같은 해 8월, 뭄바이에서 네루와 간디가 체포되었는데 장제스는 이에 대해 강력하게 반발했다. 영국은 인도 문제에 대한 장제스의 관심, 그 가운데에서도 특히 국민회의파에 대한 과도한 관심을 일종의 내정간섭으로 간주하고 이에 대해 강력하게 경계했다.[19]

이후 국부(國父) 쑨원의 유언에도 명시되어 있는 불평등조약의 철폐를 위해 '충칭 국민정부'는 이에 대해 강력하게 요구했는데, 10월에 충칭에서 이루어진 중국과 영국 간의 교섭에서 관련 초안이 책정되기도 했다. 그렇지만 영국은 주룽(九龍) 조차지 등과 티베트에 대한 특권을 반환하는 것에 응하지 않을 심산이었는지, 내하(內河) 항행권과 외국 함대의 주둔권 등에 대해서 언급도 하지 않았다. 중국도 주룽 등을 포함해 대안을 준비했지만, 영국이 다른 조차지와 주룽 및 신제(新界) 조차지는 서로 성격이 다르다는 등의 이유를 내세우며 거부했다. 이 때문에 중국과 영국 간의 교섭은 결렬되기 직전까지 갔다.

그러나 12월 27일에 쑹쯔원(宋子文)과 구웨이쥔 두 사람의 설득으로 장제스가 미국과 영국 쌍방의 조약개정을 동시에 발표하는 것을 중시하고 조인하기로 결단했다(『蔣介石日記』).[20] 티베트 문제는 보류되었지만

(Mahatma Gandhi)'로 불린다. 인도에서 그의 생일 10월 2일은 '간디 기념일'로서 공휴일로 지정되어 있다. ㅡ옮긴이 주
19 「처칠이 장제스에게 보낸 서신」, 1942년 8월 31일, 蔣中正總統檔案, 革命文獻(抗日時期), 第22冊, 『同盟國聯合作戰: 蔣委員長訪印(下)』 2020.3/4450.01.

주룽 문제는 계속 협의가 이루어졌다.[21] 교섭 과정에서 구웨이쥔은 중·영관계를 미국이 중국을 중시하도록 유도하는 지렛대로 삼을 수 있을 것으로 보았다. 결국 중국의 영국과 미국에 대한 조약은 1943년 1월 11일에 체결되었다. 본래 1월 1일에 체결될 예정이었으나, 주룽 문제에서의 분규를 상정했던 미국이 연기를 요청하여 결과적으로 지체되었다.

중국은 연합국의 일원이 됨으로써 미국이 중국을 중시하는 정책을 유도하는 가운데 영국 및 미국과의 불평등조약을 철폐하는 데 성공을 거두었다.[22] 그런데 주룽 문제와 티베트 문제가 상존하고 있을 뿐만 아니라 영국과 미국 이외의 연합국, 추축국(樞軸國)에 의해 점령되었던 국가들, 그리고 중립국과의 교섭은 이후로 미루어졌다. 또한, 이러한 교섭 과정과 장제스의 아시아에 대한 관심이 서로 관련되어 있다는 점이 중요하다. 일본의 대동아공영권 구상에 대해 중국도 대응책을 마련하고자 했던 것으로 생각되기 때문이다.[23]

한편, 1943년 1월 9일에 일본은 「일·화 기본조약(日華基本條約)」에

---

20 구웨이쥔(顧維鈞)은 장제스가 영국을 불신하고 있던 상황을 이해하고 있었다고 한다(顧維鈞, 中國社會科學院近代史研究所, 1978: 153~156). 실제로 구웨이쥔과 장제스의 관계에 대해서는 불화설이 압도적이었는데, 장제스와 구웨이쥔은 국권의 수호 및 유지의 관점에서 상당히 비슷한 의견을 갖고 있었고, 구웨이쥔에 대한 장제스의 평가는 높았다.
21 그 이후 장제스는 전쟁이 종결된 이후에 주룽(九龍)에 군대를 파견하여 진주시키는 것도 감안하여 이에 대한 회수를 구상하게 되었다.
22 미국의 중국인 이민제한법인 「배화법(排華法)」은 1943년에 철폐되었다.
23 그렇지만 전쟁 중의 중국에서는 아시아를 둘러싸고 극단적인 형태의 확장주의적 논의도 존재했던 것으로 보인다(Kawashima, 2009).

기초하여 왕자오밍 정권과 조계 (행정권) 반환 및 치외법권 철폐 등에 관한 새로운 협정을 체결했다. 왕자오밍 정권은 영국과 미국에 대해 선전포고를 했다. 또한, 같은 달에 이탈리아도 조계를 반환하고 치외법권을 철폐했다. 독일은 1921년의 「중·독 조약」을 통해 이미 평등조약을 체결했다. 일본은 이를 '이화제화(以華制華)' 등으로 칭하며, 충칭 정부와 영국 및 미국 사이의 조약개정에 앞서서 불평등조약 개정의 성과를 크게 선전했다.

'4대 강대국'으로의 진입과 카이로 선언

1941년에 루스벨트(Franklin Roosevelt)와 처칠이 「대서양헌장」[24]에 서명하고, 1942년 1월에 「대서양헌장」의 내용을 확인하는 '연합국 공동선언'이 워싱턴에서 공포되었다. 중국도 이에 참가함으로써 26개국으로 구성된 연합국 가운데 한 국가, 그것도 '4대 강대국'의 하나로서 대우를 받았다. 장제스는 1934년 3월에 출간된 저서 『중국의 운명(中國之命運)』에서도 국제적 지위의 중요성과 그 향상을 강조했는데, 그 목표는 명목상이기는 해도 1942년에 이미 달성되었다. 이후 유엔의 수립에 이르기까지 중국은 적어도 형식상으로는 '4대 강대국'의 하나로서 체면을

---

24 1941년 8월 14일에 루스벨트와 처칠이 태평양에서 회담을 하고 발표한 선언이다. 영토를 확대하지 않는다는 것과 침략국의 무장해제 등 제2차 세계대전 이후의 세계질서에 대한 원칙을 제시한 것으로 간주되고 있다.

유지했다(西村, 2004).

이와 같은 국제적 지위를 가시적으로 선보였던 것은 1943년 11월에 이집트의 카이로에서 개최된 '카이로 회담'이었다. 장제스는 쑹메이링(宋美齡)과 함께 이 회담에 참가하여 강대국 원수로서의 지위를 만끽했다. 그렇지만 장제스는 이제까지 느꼈던 불안감을 다시 확인하고, 더불어 불만을 더욱 강하게 느끼게 되었다.

미국의 루스벨트 대통령, 영국의 처칠 총리, 그리고 중국의 장제스는 11월 27일에 카이로 선언을 발표했다. 카이로 선언 그 자체는 구속력이 없었지만, 1945년의 포츠담 선언 제8조에 "카이로 선언은 이행되어야 한다"라는 한 문장이 있었기 때문에, 일본에 대한 점령정책에 영향력을 갖는 문서로도 해석된다. 그 내용은 일본에 대한 전쟁의 지속 및 협력이 첫 번째였는데, 중국은 특히 만주, 타이완, 그리고 펑후(澎湖)를 일본이 강탈해갔다는 표현을 기입하는 데 성공했다.[25]

또한, 장제스는 한반도 문제를 제기하며, "3대 강대국은 조선(朝鮮) 인민의 노예상태에 유의하여 즉시 조선을 해방시키고 독립시킨다는 결의를 한다"라는 한 문장을 삽입시켰다.[26] 아울러 일본에 대해서는 무조

---

25 실제 표현은 "that all the territories Japan has stolen from the Chinese, such as Manchuria, Formosa, and the Pescadores, shall be restored to the Republic of China"로 되어 있다.
26 카이로 선언에 조선과 관련된 문구를 삽입했던 것은 앞의 인도에 대한 관심과 함께, 한반도에 대한 관심을 보여주는 것인데, 이 문구와 충칭의 한국 임시정부 사이의 관계는 향후의 연구과제이다.

건 항복을 촉구했는데, 천황제의 존폐에 대해서는 일본 국민의 결정에 위임해야 한다고 논했다. 카이로 회담에 참가한 장제스는 미얀마 루트 등의 측면에서 영국에 대해 강한 경계심을 보였다. 장제스는 카이로에 도착하기 이전에 인도에 머무는 등, 예전과 마찬가지로 영국의 처칠을 자극하는 행동을 취하기도 했다.[27]

카이로 회담은 중국의 국제적 지위가 상승된 것을 상징하는 장으로서 중국외교사에서 중시되어왔고 같은 시기에 대대적으로 선전되기도 했다. 그렇지만 이후 일본과의 전쟁 수행과정에서 중국이 갖는 중요성은 저하되기 시작했다. 또한 신장(新疆) 등에 대한 소련의 침투가 이듬해부터 본격화되기 시작하는 점 등을 고려해 볼 때, 카이로 회담을 전후한 시기에 중국의 국제적 지위는 실질적인 측면에서 저하되는 국면에 들어간 것으로도 보인다.

선전 투쟁과 자기 이미지의 형성

중일전쟁 및 제2차 세계대전은 '선전 투쟁'이기도 했다. 이것은 단순히 '적'에 대한 것뿐만 아니라, 중국이 판다(panda)를 통해 구축된 이미지를 미국에 대해 활용하는 것처럼, 자국에게 동정적인 여론을 상대국

---

27 카이로 회담에 이어 테헤란에서 이루어진 회담에서는 미국 및 영국의 정상 그리고 스탈린이 초대되어 주로 유럽 전선에 대한 협의가 이루어졌다.

에서 조성하는 공공외교(public diplomacy)이기도 했다. 여기에는 쑹메이링이라는 개인, 신문잡지 등의 활자매체, 포스터나 사진 등의 시각적인 매체, 전쟁터에 살포되는 전단(삐라), 그리고 라디오 등의 청취할 수 있는 매체가 역할을 했다. 또한 민간에서의 활동이나 지적 교류도 중요한 장이 되었다.

매체 가운데에서도 특히 라디오는 공간을 초월하여, 그리고 계층과 식자(識字) 능력을 뛰어넘어 사회 내부에 큰 영향을 미쳤다. 따라서 라디오는 전시 총동원체제 아래에서 중시되었다. 고가로 인해 단파 수신기가 일반 가정에 모두 보급되지는 않았지만, 단파 방송을 통해서 상대국에게 메시지를 보내는 등 전시에 적대하는 국가들 사이의 커뮤니케이션 수단으로서도 중시되었다(Yu, 2006; 甘 外, 2006). 라디오는 전파를 타고 정보를 발신하는 것뿐만 아니라, 방송을 방수(傍受)하는 요소도 갖고 있었다.

일본이 만주국에 강력한 전파를 갖춘 라디오 방송국을 설치하자, 이에 대항하기 위해 중국은 난징에 라디오 방송국을 설치했다. 중일전쟁 이후에는 창사(長沙), 한커우, 충칭, 쿤밍(昆明)과 구이저우(貴州) 등이 거점이 되었다.[28] 또한 조계 등의 지역에는 구미(歐美)계와 소련계의 라디오 방송도 있었는데, 마치 '전파(電波) 전쟁'과 같은 상황이 연출되기도 했다. 방송의 내용은 전쟁 상황에 대한 단순한 보도뿐만 아니라, 정

---

28 공산당도 1940년 말에 옌안(延安)의 신화방송국(新華廣播電台)이 일본어 방송을 개시했다.

권의 정통성을 주장하고 적대국이나 한간[29]을 비판하는 일도 많았다.

장제스나 쑹메이링이 직접 라디오 방송을 통해 담화를 하는 경우도 대단히 많았다. 전시 총동원 체제와 라디오는 긴밀한 관계를 맺고 있었는데, 국제정세에 대한 인식과 외교정책과 관련된 설명도 라디오 방송 프로그램의 주요 요소 중의 하나였다.[30] 전쟁에 즈음하여 중국과 일본 모두 라디오를 통해서 전쟁의 종결을 국민들에게 표명했던 것을 생각해보면, 라디오의 중요성을 살펴볼 수 있다.

전시(戰時) 중에 자국에 관한 혹은 적국에 관한 여론은 특히 전승국의 경우에 전후의 전쟁과 관련된 인식 및 역사인식에 커다란 영향을 준 것으로 보인다. 라디오 등의 선전매체를 통해 강조되어온 정의(正義)가 전쟁이 끝난 이후에 갑작스럽게 휴지조각이 될 수는 없기 때문이다. 중국 대륙의 일본 점령지역에서는 일본에 의해 사전에 검열된 정보가 확산되었다. 학교 교과서도 일본의 의향에 입각한 교과서들이 편찬되었고, 다른 한편으로 '충칭 정부'의 교과서를 없애고자 했다.

또한 충칭 정부의 통치 아래에서는 국민당의 관점에 입각한 다양한 선전이 이루어졌고, 공적인 정보가 전해지기도 했다. 이러한 정보 가운데는 그 당시의 대외관계나 외교사에 관한 것도 적지 않았다. 전후 일본

---

29 한간(漢奸), 문자적으로는 '한족(漢族)을 배반한 사람'을 말하며 일반적인 경우 '중국의 국가이익'을 팔아넘긴 사람으로서 매국노(반역자)의 의미에 상당한다. _옮긴이 주
30 「일·소 중립조약」을 체결했던 마쓰오카 요스케(松岡洋右)가 시베리아 철도를 통해 만저우리(滿洲里)에 도착했던 무렵, 이 조약의 의미에 대해 라디오를 통해 만주국과 일본 전체에 대해 논했던 것이 하나의 좋은 예이다.

에서는 연합군 총사령부(GHQ)에 의해 언론이 검열을 받게 되어 전쟁 이전의 담론 가운데 상당한 부분이 단절되어 버리지만, 전승국인 중국에서는 전쟁 이전과 이후의 정보나 인식 가운데 연속성을 찾아볼 수 있다.

제6장

전후 구상과 중화민국의 타이완 이주:
1943~1949년

연합국의 다른 국가들과 마찬가지로, 중국도 1943년에 접어들자 전후 구상을 구체화하기 시작한다. 중일전쟁 가운데 '아시아연대론'이나 전후의 '중·일 제휴론'이 선전 투쟁 중에 출현하기도 했다. 배상청구를 위한 준비 등은 1942년 말부터 시작되었지만, 전후 구상이 구체화된 것은 1943년 11월에 열린 카이로 회담을 전후한 시기로 보인다. 그 주된 내용은 ① 타이완과 만주를 포함한 전후 중국의 국내질서 회복을 위한 구상, ② 일본에 대한 점령정책이나 일본의 식민지통치와 점령통치가 종결된 이후 권력의 공백을 둘러싼 문제 등을 포함한 동아시아 정책, ③ 유엔 등의 국제기구에서 강대국으로서의 역할과 관련된 문제이다.

물론 이러한 사안들은 모두 미국과 소련 두 강대국 및 영국 등 중국에 대해 최대의 이권을 보유하고 있던 국가들과의 교섭 등으로 복잡하게 얽혀 있었다. 이미 전쟁에서의 승리가 확실시되었기 때문에 일본에 대한 정책은 자연스럽게 전후에 이루어질 것으로 전망되었고, 중국공산당이나 소련에 대한 정책 가운데 일본을 어떻게 활용할 것인가 하는 관점이 부각되었다.

1945년 8월에 일본과의 전쟁에서 승리한 중국은 전승국으로서 중립국 등과 함께 일련의 불평등조약을 개정했다. 그런데 전쟁에서의 승리는 새로운 위기를 만들어냈다. 소련의 신장 지역에 대한 침투 및 동북지방의 접수가 바로 그것이다. 중국이 접수했던 것은 타이완과 베트남 북부지역 및 동북지방을 제외한 중국의 전체 영토였다. 그리고 홍콩에 대한 회수는 성공하지 못했다. 중국은 유엔 안전보장이사회(안보리)의 상임이사국이 됨으로써 유엔의 조직편성에서도 일정한 발언권을 확보하게 되었다. 그렇지만 전후 일본에 대한 점령정책의 주도권은 미국이 장악하고 있었기 때문에, 천황제의 존속문제와 오키나와(沖繩) 위임통치 문제 등을 포함해 일본과의 전쟁에서 최대의 피해를 입었던 중국의 발언권은 제한적이었다.

제2차 세계대전이 종결되자마자 바로 동아시아에서 동서(東西) 냉전이 형성된 것으로 보는 것은 다소 신중해야 할 것이다. 미국이 국민당을 지지했고 소련이 공산당을 지지했다는 식으로 단순하게 도식화할 수는 없다. 미국은 중국공산당에게 기대감을 갖고 1947년부터 1948년에 걸쳐 일본에 대한 점령정책을 변경했으며 배상액의 경감과 경제투자의 확대를 결정했다. 이를 전후한 시기에 동아시아의 전후 국제정치에서 중화민국의 주도적 지위는 확실히 상실되었으며, 1948년 12월에 결국 타이완으로 도주한다. 미국이 중화민국 정부에 대한 지지를 명확히 했던 것은, 동아시아에 한반도의 38선과 타이완 해협이라는 두 개의 분단선

이 획정되고 두 개의 분단국이 성립된 한국전쟁 이후 혹은 한국전쟁 발발 이후의 일이다. 전후의 몇 년 동안 중화민국은 카이로 회담에서 얻었던 국제적 지위를 실질적으로 잃게 되었다. 남겨진 것은 '4대 강대국'의 일원으로서 확보했던 유엔 안보리 상임이사국의 의석이었다.

이 시기의 핵심어는 '전후 구상과 4대 강대국', '전쟁의 승리와 새로운 위협', '만주 문제와 국공내전', '중화민국의 타이완 이주와 동아시아의 냉전' 등이다.

유엔의 성립과 안보리 상임이사국

1942년 1월 1일의 「연합국 선언」에는 전후에 국제기구를 설립한다는 것이 천명되어 있었다. 중국도 이 국제기구, 즉 유엔의 수립에 적극적으로 관여한다(葉, 2001). 1944년 5월, 미국은 안전보장문제 회의를 미국, 영국, 소련, 중국 '4대 강대국'들이 개최할 것을 타진했는데, 국제연맹의 안전보장 차원에서의 기능에 대해 불만을 품고 있었던 중국은 이를 수용했다.[1] 중국을 '4대 강대국'의 하나로 삼고자 하는 것이 미국의 저의였는데, 이에 대해 영국과 소련은 적극적이지 않았다. 특히 소련은 일본과의 중립조약으로 인해 중국의 관여를 선호하지 않았다.

---

1 중국정부 내부에서는 왕스제(王世杰) 등이 마련한 안전보장 기능의 강화와 평화기구의 설립을 포함한 유엔 헌장 초안 219조가 1944년 7월 13일에 장제스에 의해 제출되었다.

1944년 8월부터 10월에 걸쳐서 워싱턴 교외의 덤바튼 오크스(Dumbarton Oaks)에서 처음에는 미국, 영국, 소련 간에, 그리고 이어서 미국, 영국, 중국 사이에 안전보장 제도 등에 대한 논의가 진행되었다. 10월 9일, '4대 강대국'의 명의로 '일반적 국제기구에 대한 제안'이 포함되어 있는 「유엔 헌장」이 공표되었다(西村, 2004: 138). 그 이후 얄타 회담을 거쳐 1945년 4월에 개최된 샌프란시스코 회의에서 심의를 거쳐 「유엔 헌장」이 채택되었다. 유엔은 1945년 10월에 수립되었고, 1946년 1월에 런던에서 총회를 개최한 이후에 활동을 시작하게 된다. 샌프란시스코 회의의 초대장은 미국, 영국, 소련, 중국 등 '4대 강대국'의 명의로 발송되었다. '4대 강대국' 가운데 하나라는 중국의 국제적 지위는 점차 '제도화' 되어간다.

「유엔 헌장」을 심의하는 과정에서도 수많은 쟁점들이 있었다. 전후 시기와의 관련성에 입각하여 몇 가지 논점을 제시해보고자 한다. 첫째, 유엔 가입문제를 놓고 중국은 가입 신청국들이 전쟁 중에 왕징웨이(汪精衛) 정권이나 만주국과 유지해온 관계를 대단히 중시했다.[2] 둘째, 거부권을 둘러싸고 완전한 거부권을 요구하는 소련과 어느 정도의 제한을 두고자 하는 미국이 서로 대립했는데, 중국은 강대국들 사이의 분열은

---

[2] 예를 들면, 아르헨티나는 1944년 1월 27일에 추축국과 단교하고 1년 2개월 후에 추축국에 선전포고를 했는데, 만주국을 승인했던 바가 있어서 중국은 이에 대한 평가에 대해 기권을 했다. 이 밖에, 침략을 받았던 폴란드의 가입은 지지했지만, 조선의 가맹에 대해서는 실현 가능성이 낮다는 이유로 제안을 하지 않았다. 독일에 의해 점령되었던 덴마크에 대해서는 승인했다.

혼란을 초래할 것이라는 관점에서 다수의견에 동조했다. 또한 안보리의 권한 및 총회와의 권한분담 문제에서도 다른 '4대 강대국'과 일치하는 행동을 취했다. 이와 같은 투표 행태는, 전후의 (1971년까지의) 유엔에서 이루어진 투표 행태에서 지속된 측면이 있다. 셋째, 중국이 한때 오키나와 등에 관심을 보였던 신탁통치에 대해서, 미국은 군사적·경제적인 관점에서, 영국은 경제적인 관점에서, 그리고 소련은 최종적인 목표를 현지 민족의 독립과 자주권에 두는 정치적·원칙적인 관점에서 의견을 각각 논했다. 중국은 신탁통치를 수행하는 조직, 원칙, 방침 등에 대해서 현지 인민의 신뢰와 지지를 중시하는 발언을 했다. 침략을 받았던 국가로서 원칙론을 제시하는 자세는 결과적으로 볼 때 전후 중국의 외교적 자세로 계승되었다(葉, 2001).

1945년에 유엔이 수립되고 중국은 6월 26일에 정식으로 안전보장이사회의 상임이사국이 되었다. 그런데 당초부터 중국의 대표권 문제가 존재했다. 중국 국내에서 공산당과 여러 당파세력들이 증대되고 있었고, 미국도 국민당에 의한 일당독재가 아닌 말하자면 '민주적인 중국'을 바랐다. 중국공산당은 1945년의 시점에서 저우언라이,[3] 둥삐우[4] 등을

---

[3] 저우언라이(周恩來, 1898~1976), 장쑤성 화이안(淮安)에서 출생한 중국의 혁명가, 군인, 정치인, 외교가이다. 난카이대학(南開大學)에서 수학을 했고 일본, 프랑스, 독일 등에서 유학을 했으며 귀국 이후 황푸군교(黃埔軍校: 육군군관학교) 정치부 주임을 역임했다. 1921년 중국공산당에 가입했으며, 1923년 개인 신분으로 중국국민당에도 가입했다. 1949~1954년 중앙인민정부 정무원 총리 및 1954~1976년 중화인민공화국 국무원 총리를 역임했고 1949~1958년 중화인민공화국 외교장관을 지냈다. 양자(養子)로 리펑(李鵬) 전임 총리를 두었다. _ 옮긴이주

유엔으로 파견할 것을 요구했다. 국민당과 공산당 사이 및 미·중 간에 조정이 이루어져, 중국청년당(中國靑年黨)의 쭤순성[5]이나 민사당(民社黨)의 지지를 받고 있던 공산당 당원인 둥삐우, 그리고 각 당파의 대표를 제시했다. 그 결과, 1945년 3월 26일에 행정원은 다음의 인원을 샌프란시스코 회의에 파견할 대표로 삼았다. 여기에는 외교장관 쑹쯔원 이외에 구웨이쥔, 웨이다오밍,[6] 왕충후이,[7] 후스,[8] 우이팡,[9] 리황[10](청년당),

---

4 둥삐우(董必武, 1886~1975), 후베이성 출신으로 일본과 소련에서 유학을 했다. 1911년 신해혁명이 발발하자 중국동맹회에 가입했고, 1921년 7월 중국공산당 제1차 당대회에 참석했다. 중화인민공화국의 건국 이후 최고인민법원 원장, 중화인민공화국 부주석 등을 역임했다. _ 옮긴이 주

5 쭤순성(左舜生, 1893~1969), 후난성 창사(長沙) 출신의 역사학자 및 정치 활동가이다. 상하이 전단대학(震旦大學)을 졸업했고, 1935년 중국청년당(中國靑年黨) 중앙집행위원회 위원장이 되었다. 1947년 국민정부 농림부 장관을 역임했고, 1949년에 홍콩으로 이주하여 반공 간행물인 ≪자유진선(自由陣線)≫을 창간하고 홍콩 신아서원(新亞書院) 등에서 교편을 잡았다. 1969년 타이완으로 이주하여 총통부 국책고문(國策顧問)을 맡았다. 주요 저서로 『근대 중일 외교관계 소사(近代中日外交關係小史)』 등이 있다. _ 옮긴이 주

6 웨이다오밍(魏道明, 1899~1978), 장시성(江西省) 주장(九江) 출신으로 중화민국의 정치인 및 외교관이다. 1925년 프랑스 파리대학에서 법학 박사학위를 취득한 이후 귀국하여 사법부 비서장, 난징시(南京市) 시장, 행정원 비서장을 역임했고, 주프랑스 대사, 주미 대사, 주일 대사 등을 역임했다. 1966~1971년에 중화민국 외교장관을 맡았다. _ 옮긴이 주

7 왕충후이(王寵惠, 1881~1958), 홍콩에서 태어났으며 중화민국의 법학자, 정치인, 외교가이다. 1900년 베이양대학(北洋大學) 법학과를 졸업했고, 1905년에 미국 예일대학 법학 박사학위를 취득했다. 귀국한 이후 상하이 푸단대학(復旦大學) 부총장, 베이징 정부 사법부 총장 및 외교부 장관을 역임했고, 1922년 9월 19일에 베이징 정부 국무총리가 되었다. 1943년 카이로 회담에 장제스를 수행하여

장쥔리[11][국사당(國社黨)], 둥삐우(공산당), 후린[12] 등이 포함되었고, 최고 고문에는 스자오지(施肇基)가 임명되었다.[13]

참석했으며, 국공내전에서 패배한 이후 홍콩을 거쳐 타이완으로 이주했다. _옮긴이 주

8 후스(胡適, 1891~1962), 신문화 운동을 제창한 지도자 중의 한 명이며 베이징대학 총장 및 중화민국 중앙연구원 원장 등을 역임한 바 있다. 1914년 미국 코넬대학을 졸업하고 1917년 미국 콜롬비아대학 철학 박사학위를 취득했다. 1938~1942년에 주미 대사를 역임했다. _옮긴이 주

9 우이팡(吳貽芳, 1893~1985), 후베이성 우창(武昌) 출신의 여성 교육자 및 사회 활동가이다. 진링여자대학(金陵女子大學)을 졸업한 이후 미국 미시건대학에서 박사학위를 받았다. 귀국 이후 진링여자대학 총장이 되어 중국 역사상 최초의 여성 총장이 되었다. _옮긴이 주

10 리황(李璜, 1895~1991), 쓰촨성 청두(成都) 출신으로 중화민국의 정치가, 사상가, 국가주의자로서 중국청년당(中國青年黨)의 창시자이다. 상하이 전단학원(震旦學院)에서 프랑스어를 배웠으며, 1918년 프랑스 파리대학에서 석사학위를 취득했다. 1923년 12월 프랑스 파리에서 중국청년당을 조직했고, 1926년 8월 상하이에서 개최된 중국청년당 제1차 당대회에 참석하여 중앙집행위원으로 선출되었다. 1949년 홍콩을 거쳐 타이완으로 이주했고, 사망할 때까지 중국청년당 주석을 맡았다. _옮긴이 주

11 장쥔리(張君勱, 1887~1968), 장쑤성 바오산현(寶山縣)에서 출생했으며 1906년 일본 와세다대학에서 유학을 했다. 1931년 옌징대학(燕京大學)에서 교편을 잡았고, 1932년에 '국가사회당'을 조직했다. 이후 중국민주사회당(中國民主社會黨) 주석이 되었다. _옮긴이 주

12 후린(胡霖, 1889~1949), 쓰촨성 청두(成都) 출신으로, 일본 제국대학에서 유학을 했다. 민국시기의 유명한 언론인으로서 ≪대공보(大公報)≫ 창간인 중의 한 명이다. _옮긴이 주

13 1945년 2월에 유엔 구제부흥기관(UNRRA) 극동위원회가 호주에서 개최되어, 중국 대표인 장팅푸(蔣廷黻)가 위원장이 되었다. 이 위원회는 일본과의 전쟁이 종결된 이후, 중국과 타이완에서 활발한 활동을 전개한다. 이 기관의 사료와 활동

국공내전을 거쳐 1949년 10월에 중화인민공화국이 건국되자, 저우언라이는 유엔 사무총장 트뤼그베 리[14]에 대해 중화인민공화국 정부가 중국의 유일한 합법정부라고 주장했고 소련도 이를 지지했다. 1950년 1월 10일에 열린 유엔 안보리 제459차 회의에서, 소련이 정식으로 중화인민공화국의 지위문제를 다루었지만 부결되었다. 이 과정에서 소련 대표는 안보리를 퇴장했고, 중화인민공화국도 장원톈[15]을 대표로 파견하겠다고 전달하는 등 대표권 문제가 논의의 중점이 되었다. 그러나 한국전쟁의 발발로 인해 중화인민공화국의 유엔에서의 발언권은 사라지게 되었고, 중화민국의 안보리 의석은 당분간 그대로 유지되었다.

전쟁의 승리와 새로운 위협

제2차 세계대전 말기에 강대국 사이에 개최되었던 수많은 회의들 가운데에서 무엇보다 중요한 것으로는 1945년 2월에 열린 미국, 소련, 영

내용은 향후 검토되어야 할 연구 과제이다.

14 트뤼그베 리(Trygve H. Lie, 1896~1968), 노르웨이 출신의 초대 유엔 사무총장이다. 1940~1946년 노르웨이 망명정부의 외교장관을 지냈다. _ 옮긴이 주

15 장원톈(張文天, 1900~1976), 장쑤성 출신으로 일명 뤄푸(洛甫)로 불렸으며 미국과 소련에서 유학을 했다. 1935~1943년에 중국공산당 총서기를 맡았으며 주소련대사 등을 역임했다. 문화대혁명 시기에 박해를 받았다. 그의 외교활동에 대해서는 샤오양(蕭揚), 『장원톈과 중국외교(張聞天與中國外交)』(香港: 香港中和出版, 2012)를 참고하기 바란다. _ 옮긴이 주

국 간의 얄타 회담이 있다. 중국은 이 회의에 초대되지 않았다. 이 회의에서 독일이 항복한 이후 2개월 혹은 3개월 내에 소련이 참전하는 것이 결정되었는데, 다음과 같은 조건들이 있었다. 그것은 ① 중국이 영유권을 주장하고 있는 몽골에 대해 '외몽골 인민공화국'을 유지할 것, ② 러일전쟁에 의해 일본에게 빼앗겼던 여러 이권들에 대한 회복, 즉 중동철도에 대한 '중·소 공동경영' 및 소련의 우월적 지위에 대한 승인, 다롄을 국제적인 상업항구로 만드는 것과 소련의 우월적 지위에 대한 승인, 해군 기지 뤼순 항구에 대한 조차 등이었다. 만주의 주권은 중국에 속하며, 이러한 조건을 구체화하려면 장제스의 동의가 필요했기 때문에, 소련과 중국(충칭 정부) 사이에 우호동맹조약의 체결을 위한 제안도 제시되었다. 그렇지만 이 회의와 관련된 내용은 중국에 알려지지 않았다.

1945년 7월 26일에 미국, 영국, 소련의 협의하에 결정되고 중국도 참가했던 「포츠담 선언」이 공표되었고,[16] 다음으로 히로시마(廣島)와 나가사키(長崎)에 원자폭탄이 투하되었다. 8월 8일에는 소련이 일본에 대해 선전포고를 하는 등 '대일(對日) 전쟁'도 급속하게 마무리 단계로 향하고 있었다. 중국과 소련은 「얄타 협정」에 기초하여 '중·소 동맹조약'의 체결을 서둘렀고, 8월 14일에 조약과 교환공문[17]의 형식으로 체결되

---

16 이 단계에서 소련은 일본과의 전쟁에 참전하지 않았기 때문에 국가 명칭이 생략되어 있지만, 일본이 수락할 때의 명칭은 '미국, 영국, 중국, 소련'이 되었다.
17 교환공문(交換公文)이란 국제법적으로 국가 간의 합의를 결정한 문서로서 내용이 동일한 공문을 서로 확인함으로써 성립되며, 광의적인 의미에서 조약의 일종이다. _옮긴이주

었다. 이를 통해 소련의 참전과 함께 일본에 대한 전쟁에서의 공동대응 등이 합의되었다. 또한 군사원조를 포함한 충칭 정부에 대한 소련의 지원, 만주에 대한 중국 주권의 확인, 신장에 대해 소련이 내정간섭을 할 의사가 없다는 사실의 확인,[18] 그리고 중국이 몽골의 독립에 대해 전후 주민투표를 통해 결정하는 것을 용인하는 것 등이 포함되어 있었다(王編, 1962: 1327~1331).

소련도 이 시점에는 중국공산당이 정권을 잡을 것이라고는 생각하지 못했고, 국민당을 수반으로 하는 전후 중국의 모습을 상정했다. 또한, 이 조약에는 몇 가지의 부속협정들이 있었고, 이를 통해 중동철도에 대한 공동경영, 뤼순과 다롄의 조차 등이 규정되었다. 이 조약은 미국의 주선 아래 중국이 대폭적으로 양보함으로써 조인되었다. 1943년 1월에 중국의 불평등조약이 개정되는데, 영국과 관련된 기존의 홍콩과 티베트 문제뿐만 아니라 소련과의 사이에서 새롭게 뤼순과 다롄의 조차 협정 등이 발생했다. 또한, 몽골 문제와 관련해서 구웨이쥔 등도 '행할 필요가 없었던 양보'로 보았다. 중국이 국권회수를 해나가는 과정은 제2차 세계대전 이후에도 지속적으로 진행되고 있었다(王, 2000).[19]

---

18 1944년 10월에 '일리(伊犁) 반란'이 발생했고, 11월에 소련의 영향 속에서 중국으로부터의 분리와 독립을 명확하게 의식하며 동투르키스탄 공화국이 성립되었다. 1946년에 신장성(新疆省) 연합정부가 성립하여 공화국은 명의상 소멸하게 되는데, 1949년에 중화인민공화국에 의해 편입될 때까지 정치세력으로서 존속했다.
19 전쟁이 종결된 이후에도 주권의 유지, 영토의 확보 등과 같은 주권국가의 원칙이 외교정책의 토대로 설정되어 있던 이유는 베이징과 타이베이가 분리되어 있

일본은 1945년 8월 14일에 '미국, 영국, 중국, 소련'에 의해 정식으로 공표된 「포츠담 선언」을 수용했고, 8월 15일에 만주와 타이완 등을 포함한 일본의 세력권 아래에 있던 지역에서는 천황의 목소리가 방송을 통해 흘렀다. 한편, 중국에서는 장제스의 「항전 승리를 맞아 전국 군민 및 세계 인사에게 알리는 글(抗戰勝利告全國軍民及世界人士書)」이 마찬가지로 라디오를 통해 방송되었다. 9월 2일에 일본은 도쿄만(東京灣) 해상의 미주리호 함선 위에서 항복문서에 조인했고, 9월 9일에 난징에서는 '중국 전구(戰區)'에 대한 투항 의례가 행해졌다. 또한 이에 이어서 10월 25일에 '타이완 총독부'가 군사권과 행정권 등을 연합국 측에 이관했다. 일본의 항복은 '항전 8년'만의 승리였지만, 장제스는 '새로운 적'이 나타났다고 그의 일기에 적고 있다(『蔣介石日記』, 1945年 8月 15日). 그것은 바로 소련이었다. 장제스는 「항전 승리를 맞아 전국 군민 및 세계 인사에게 알리는 글」에서, 이 새로운 적과의 전쟁에 대비할 수 있도록 연합국 간의 협조를 강조했고 일본인에 대한 관용에 대해서도 언급했다. 전자는 미·소관계가 악화될 경우 중국에서 자신의 지위가 위태롭게 될 것이라는 생각으로부터 나온 것이다. 그리고 후자는 중국에 대한 일본의 감정을 악화시키지 않고 일본군 병사를 국공내전에 활용하며, 아울러 일본 기술자를 잔류시키는 방안 등을 고려한 것이었다.

일본에 대한 점령 통치는 미국의 주도로 이루어졌다. 이후에 영연방

었을 뿐만 아니라, 이와 같이 아직 완결되지 않은 국권회수의 과제가 존재하고 있었기 때문이다. 이는 1997년의 홍콩 반환, 1999년의 마카오 회수 등에 의해 일단락을 짓게 된다.

(英聯邦) 군대도 일본의 서부지역에 군사를 주둔시켰고, 중국도 주쿄[20] 지역에 군대를 파견할 가능성이 있었지만 국공내전으로 인해 실현되지 못했다. 또한, 전후 처리와 관련하여 일본 천황제의 존속에 대해 중국 국내에 반대여론도 있었지만 찬성했고, 배상문제에 대해서는 배상위원회를 중심으로 500억 달러의 막대한 액수를 제시했지만 결국 현물을 지급받는 것 등에 머물렀다. 미국의 대일 방침이 바뀌어 일본의 경제발전을 중시하게 되면서 배상을 청구할 수 있는 기회가 제한되고, 결국 중국은 배상청구를 단념하기에 이른다.

한편, 중화민국 주일 대표단을 도쿄에 파견하고, 도쿄 재판에도 판사와 변호사를 파견함으로써 재판 과정에 일정한 영향을 미쳤다. 워싱턴의 극동위원회에도 대표를 파견했고, 일본에서 헌법이 제정될 때 제9조의 「아시다 수정안」[21]에 대해 이의를 제기하기도 했다. 그렇지만 대일(對日) 점령정책에 대한 관여 정도는 중국이 당초 상정했던 상황과 차이가 있었으며, 정부 내부에서도 그리고 국민들 사이에서도 '일본에 대한 전승국'이라는 인상이나 실감을 크게 얻지는 못했던 것으로 보인다. 그러한 인상은 일본 국민들에게도 공유되었다. 다시 말해서, 일본도 중국

---

20 일본의 메이지 시대부터 도쿄와 교토 사이에 위치한 나고야 시(名古屋市)를 주쿄(中京)이라고 부른 것에서 유래되었다. _옮긴이 주
21 「아시다(芦田) 수정안」이란 헌법 제9조에 "전항의 목적을 달성하기 위해"라는 문구를 삽입한 수정안을 말한다. 극동위원회에서는 소련과 중국의 대표들이 일본이 '자위'의 목적으로 군대를 보유할 가능성, 선전포고를 하지 않고 전투행위를 할 수 있는 가능성을 지적했는데, 「아시다 수정안」 이전에 한 차례 삭제된 제66조의 문민 조항을 부활시켜 삽입하게 되었다.

에 패전했다는 것을 충분히 실감하지 못했던 것이다.

만주 문제와 대미(對美)·대소(對蘇) 관계

'일본 제국'이 패배함에 따라 각 전투지역에서 접수가 진행되는 것과 함께, 이로 인한 권력의 공백을 둘러싼 투쟁이 동아시아 각지에서 발생했다. 이미 논한 바와 같이, 장제스는 아시아 국가들의 독립운동에 대해 적지 않은 관심을 갖고 있었다. 실제로 전후에 바로 태국과도 국교를 맺었고, 태국의 유엔 가입을 후원했다. 그렇지만 아시아의 대표이자 '4대 강대국'의 일원으로서 수행했어야 할 아시아 외교는 충분히 전개되지 못했다. 전후 중국의 가장 절실한 과제는 실제적으로 전쟁의 조속한 종결, 국가주권의 회복과 유지, 그리고 정권기반의 강화였다. 그런데 국민당에 대한 미국의 비판은 강화되었다. 이는 1945년 12월에 트루먼 대통령이 성명을 통해 중국이 민주국가가 되기를 소망한 것으로, 국민당은 다른 당파 세력들을 포섭하여 국가의 미래상을 제시해야 하는 현실에 직면하게 되었다.

중국공산당 스스로가 전국적인 통치를 상정하기 시작한 것은 1948년이 되면서부터인 것으로 보인다. 국민당의 입장에서 볼 때, 공산당의 위협은 ① 소련의 지원 아래 군사력을 보유하고 있던 것, ② 농촌 등의 기반을 통해 그곳 사람들을 군사적으로 동원하고 있던 측면, 그리고 ③ 각 조직에 수많은 첩자들을 침투시켜 국민당 조직을 내부로부터 파괴시키고 있던 점이었다. 소련은 중국정부와 관계를 유지하면서, 만주의 만철(滿鐵)과 같은 산업자본을 접수하는 것과 함께 만주를 중국공산당의 거점으로서 삼고자 했다. 소련군은 만주로부터의 철수를 연기하고,[22] 1946년 4월에 점진적으로 퇴각했다. 그 3개월 전인 1946년 1월경 중국에서 정치협상회의가 개최되었고, 미국의 조정 아래 국민당과 공산당 간의 국공투쟁도 일단락된 것처럼 보였다. 그렇지만 소련군이 만주에서 철수함에 따라 만주를 둘러싼 국공대립이 격화되었고, 미국도 1947년에 이르러 국민당과 공산당 사이의 조정자 역할을 단념하게 된다.

미국은 당초부터 일본이 점령하여 통치하던 지역을 중화민국 정부가 인수하도록 하고 국민당 주도의 '국공 연립정권'을 수립하고 새로운 헌법을 제정하여, 민주주의 국가이자 동아시아 지역에서 미국의 협력국가로 삼기로 구상하고 수많은 중국인 유학생들을 받아들이기도 했다. 이에 응하여 1946년에 헌법제정의 움직임이 일어났고 이듬해 1월 1일에 공포되었다(12월 25일 시행). 이 헌법은 제1권에서 논해지고 있는 바와 같이, 국민당의 일당독재를 용인하는 훈정(訓政)에서 헌법에 기초하고 민주화 실현을 합의한 헌정(憲政)으로의 이행을 결정했다. 국민당은 이에 기초하여 국민대회 선거와 입법위원 선거를 강행했다(여기에서 선출

---

[22] 「중·소 우호동맹상호원조조약」이 체결될 때에 만주에 진입한 소련군은 일본의 항복으로부터 3개월 후에 철수를 시작했고, 길어도 3개월 이내에 철수를 종료하도록 되어 있었다. 그런데 동북지방에 교섭원(交涉員)으로 특파된 장징궈(蔣經國)나 장자아오(張嘉璈)를 중심으로 하는 중국 측 접수위원회는 소련 측과 효과적인 접수를 진행하지 못했다.

된 위원들은 생존하고 있는 한, 1999년 12월까지 위원직을 계속 유지했다). 이 국민대회에서 장제스 총통과 리쭝런[23] 부총통이 선출되었다. 또한, 삼민주의에 기초하여 군정, 훈정, 헌정 3단계론의 최종 단계에 들어서게 됨으로써, 훈정에 입각하여 명명된 '국민정부'라는 호칭은 정식으로 사용되지 못하게 되었다(그렇지만 공산당은 이 헌법을 승인하지 않았고, 국민정부의 호칭을 이후에도 사용했다). 그런데 '민주적'인 국가를 수립하고자 했지만, 국민당과 미국 사이의 관계는 결코 순조롭지 못했다. 미국 국내의 여론이 점차 국민당의 부패에 대해 비난하는 경향을 보이게 된 것이 하나의 배경이다. 한편 미국은 중국공산당과 관계를 계속 유지했다(陶, 2004).

이 시기에 중국 내부에서도 반미(反美) 기조가 심화되었다. 가장 빈발했던 것은 주로 미군과 시민들 사이의 소동이었다.[24] 이러한 사건들로 인해 비록 중국이 '4대 강대국'의 하나가 되었다고는 해도, 불평등조약의 개정이 아직 실현되지 못했으며 국제적 지위도 강대국에 걸맞지 않는다는 현실에 중국 사회가 강한 불만을 품게 되었다. 1948년에 접어

---

23 리쭝런(李宗仁, 1890~1969), 광시성 출신의 군인으로서, 장제스가 하야하자 미국의 지지를 받으며 중화민국의 총통에 취임한다. 그러나 공산당과의 평화교섭이 순조롭지 못하게 끝나게 되면서 미국으로 이주한다. 1965년에 베이징으로 들어갔고, 1969년에 베이징에서 사망했다.

24 1946년 12월 24일에 베이핑(北平, 베이징)에서 일어난 미군 해병대 병사가 베이징대학 여학생에 대해 가했던 능욕사건, 일명 선충안(沈崇案)은 국민당과 공산당을 초월하여 큰 반향을 불러 일으켰으며, 수십만 명 규모의 반미 운동으로 발전했다.

들자 국공대립이 명확해지고 일본에 대한 미국의 경제적 지원도 활성화됨에 따라, 반미 운동은 공산당의 이념성을 선명하게 보여주게 되었다(Stuart, 1954).[25]

중국공산당은 '해방구'를 확대했고, 1948년에 전국적인 정권이 될 것이라고 예상했던 것으로 짐작된다. 외교적 측면에서는 공산당 정권을 가장 먼저 소련이 승인해줄 것이라고 기대했으며, 국민당 정권과의 차별성을 강조하는 혁명외교를 전개했다. 그런데 1949년을 전후한 중국공산당의 외교를 이데올로기만으로 설명하는 것은 어렵다. 공산당은 해방구를 통해 외국의 기업이나 외국인과 관계를 맺는 기회가 증가했다. 경제건설을 위해서 외국과의 무역도 필요했기 때문에 탄력적인 관계를 구축할 필요가 있었다. 이 과정에서 1948년에 일어난 선양(瀋陽)의 미국 영사관 사건 등 우여곡절이 있었지만, 1949년에도 미국의 스튜어트(John Stuart) 대사와 교섭을 지속하는 등 미국과의 국교수립 가능성을 완전히 배제했던 것은 아니었다(靑山, 2007: 93~100).

중화민국 정부의 타이완 이주와 중국외교

1948년 후반에 중국공산당의 우위는 거의 확정되었고, 국민당과 공

---

25 예를 들면, 의화단 사건 이후 미국의 유학생 수용 등도 '정신적인 침략'으로 평가되기도 했다.

산당 쌍방 간의 평화교섭도 공산당이 주도하게 되었다. 1949년 1월에는 장제스가 하야했다. 공산당 측이 장제스를 포함한 '전범'에 대한 처벌과 「중화민국 헌법」의 폐지를 요구했기 때문에 양측의 교섭은 결렬되었다. 같은 해 4월에는 공산당이 창장(長江)을 건넜고, 중화민국 정부는 광저우로 이동했다. 광저우에 정부가 수립되어 있던 1949년 7월 30일경, 미국의 애치슨[26] 국무장관은 『중국백서』[27]를 공표했다. 이 보고서는 국민당이 패배한 원인을 무능력과 부패에서 찾았다. 이것은 국방장관과 합참의장 등 군부의 의향을 수렴하지 않은 문서였으나, 미국이 공산당을 지지하고 있다는 뉘앙스를 함께 풍겼다.

1949년 10월 1일에 중화인민공화국이 수립되고 소련 등이 이를 바로 승인했을 때, 중화민국 정부는 광저우에 있었고 외국의 일부 기관들도 그곳에 함께 있었다. 그 이후 중화민국 정부는 충칭(重慶) 그리고 나중에 다시 청두(成都)로 이주했고, 1949년 12월 7일에 항공기를 이용하여 타이베이(台北)로 도주했다. 12월 말에 인도가, 1950년 1월 7일에 영국이 중화인민공화국을 각각 승인했다.

---

26 딘 애치슨(Dean G. Acheson, 1893~1971), 미국의 변호사 및 정치인으로서 1949~1953년에 미국 국무장관을 지냈다. 주요 저서로 *Power and Diplomacy* (Harvard University Press, 1958) 등이 있다. ㅡ 옮긴이 주
27 미국의 애치슨 국무장관이 주도하여 만들어진 중·미관계에 대한 보고서로서 공식적인 명칭은 *United States Relations with China with Special Reference to the Period 1944~1949*이며 간략하게 『중국백서(China White Paper)』로 불렸다. 전체 1,054쪽으로 구성되어 있으며 미국의 중국 개입정책은 결국 실패하게 될 것이라고 주장했다. ㅡ 옮긴이 주

타이베이로 이주한 중화민국이 미국 등에 의해 바로 서방국가들의 일원으로 보호를 받았던 것은 아니었다. 중화인민공화국이 건국 초기에 체결한 「중·소 우호동맹상호원조조약」은 중화인민공화국의 '소련 일변도' 정책을 보여주는 것이었는데, 중화민국과 미국 사이의 관계는 여전히 미묘했다. 미국이 중화민국과 '타이완 해협'의 유지 및 방위를 보장한 것은 한국전쟁이 발발한 이후의 일이다. 한국전쟁이 발발한 이후, 미국은 유엔에서 중화인민공화국에 대한 비난 결의를 단행했다. 또한, 1951년의 「대일(對日) 강화조약」 체결 시기에 중화민국을 초대하지는 않았지만, 중화인민공화국이 초대되는 것을 막고 일본에 대해 중화민국과 서로 강화조약을 체결하도록 요구했다(1952년 4월 28일에 체결됨). 미국은 일본보다도 늦은 1953년이 되어서야 타이베이에 자국의 대사관을 설치했다.

이리하여 1950년대 초반에 베이징과 타이베이에 각자 스스로를 중국의 정통정부라고 주장하는 두 개의 정부가 성립되었다. 쌍방은 어느 정도의 탄력성을 유지하면서도 "촉한은 한나라의 적인 간신 조조와 양립할 수 없다(漢賊不兩立)"[28]라는 내용을 쌍방이 동시에 승인하는 것을 인정하지 않는 자세를 취했다. 세계 각국은 중국과 국교를 체결할 때, 쌍방 가운데 하나의 정부를 선택하고 이를 중국을 대표하는 정부로서 승인해야 하는 현실에 직면했다. 이와 같은 대립은 미·소 대립을 배경으로 하여 잉태된 것이며 이념적으로도 대립했다. 두 개의 정부 모두 중국의

---

28 제갈량(諸葛亮)의 『후출사표(後出師表)』 가운데 "선제려한적불량립(先帝慮漢賊不兩立)"에서 나온 말로서, 정통성을 갖는 정권은 하나밖에 없다는 의미이다.
　— 옮긴이 주

주권과 통일 및 국제적 지위의 향상을 추구하는 자세에서는 동일했다.

전쟁 이후의 외교적 성과로서 유엔 안보리 상임이사국의 의석은 중화민국이 승계하고, 구웨이쥔 등 외교관의 대다수도 중화민국에서 활동했다. 저우언라이는 구웨이쥔과 같은 상하이의 '세인트 요하네스대학' 출신의 외교 담당 브레인들을 국내의 '외교업무[外事]' 관련 기관에 배치했다. 또한 재외 공관에는 어떤 측면에서 보면 경험은 일천하지만 정부와 당에 충실한 군인들을 파견했다. 이것도 역시 '혁명외교'의 한 표현이었다.

근대 외교에서 '중국'이란 무엇인가: 세 가지의 회답

근대 중국외교의 특징

'글로벌 중국'이라는 관점에서 근대 중국외교사를 살펴보면, 그 존재가 국제적 의미를 갖게 되는 현대와는 달리 19세기의 세계적인 경제관계의 긴밀화와 주권국가의 확대라는 흐름, 즉 한정적인 의미에서의 글로벌화 가운데 중국이 존재했다는 것을 알 수 있다. 그렇지만 이를 단순하게 국제표준의 수용과 적용이라든지, 전통에서 근대로의 전환이라는 도식만으로는 설명할 수 없다는 것은 이제까지 여러 차례 논의한 바와 같다.

이 책의 앞부분에서 근대 시기 중국의 외교가 '중국'을 유지해왔다는 것과 상정된 '중국'에 결여된 부분이 있다면 이를 회복하고자 했다는 점을 논했다. 이는 외교와 근대국가 '중국'의 형성이 깊게 관련되어 있다는 것을 보여준다. 주권과 영토를 중시하는 이러한 외교는 주권국가에게 당연한 것이다. 중국의 특징을 든다면 전쟁에 의해 영토를 빼앗기고 주권 침해를 받았던 점을 강조하고, 피해자로서 자신을 설정하고 있는 측면이다. 국가를 구해내고 강대국이 되어 자국의 국제적인 지위를 향상시킨다는 방향성은 연속성을 지니고 있는 것으로 보인다. 변모했던 것은 어떤 모습의 '중국'을 누가 건설할 것인가, 국제적 지위의 향상을 어떻게 정의할 것인가, 그리고 국제사회에서 중국은 어떤 자세를 취해야 하는가에 대한 것이라고 볼 수 있다.

근대 시기 중국외교의 또 하나의 특징으로서 국내에 외교적 계기가 있었다는 점이다. 국내의 외국인 및 중국인과 관련된 민사 및 형사 사건이나 통상교섭이 중국외교의 기점이 되기도 했다. 아울러 화교문제도 근대 중국외교의 한 가지 기점이었는데, 이것도 국내의 논리가 외부로 투사되는 강력한 계기가 되었다. 이와 같은 점으로부터 볼 때, 근대 중국외교는 중국 국내의 논리가 반영되기 쉬운 하나의 장이었다. 이는 외정(外政)이 내정(內政)의 연장일 뿐만 아니라, 국내로부터 외교가 발원되었다는 점을 말해준다. 이로부터 중국 사회에 내재되어 있는 사고방식이 외교에 반영될 수 있는 여지를 만들어낸다. 그 좋은 예로 해외에 거주하는 화교를 둘러싼 교섭에서 이를 단순히 근대국가에 의한 국민 보호가 아니라, 황제나 왕조의 은혜가 확대되는 것으로 이해한 것을 들 수 있다.

그리고 중국외교계에서 활약했던 인재들과 관련하여 1910년대부터

1920년대까지는 구웨이쥔(顧維鈞), 스자오지(施肇基) 그리고 옌후이칭(顏惠慶) 등 미국에서 유학한 젊은 외교관들로부터, 국민정부가 성립된 이후에는 왕정팅(王正廷)과 쑹쯔원(宋子文) 등 국민당과 관계가 깊은 인물들로 이행되었다고 말할 수 있다. 또한 위안스카이가 통치하던 시기나 1935년 이후의 장제스와 같이 일인자가 외교를 다루던 시기와 외교관이 전면에 나서는 시기로 나누어 볼 수도 있을 것이다.

한편, 어떤 정부가 외교를 수행한다고 했을 때 외교를 수행하는 행위 그 자체가 그 정권의 정당성을 주장하는 기반이 된다는 측면이 중요하다. 다시 말해서 중국의 근대 시기는 국내정치가 동요되기 쉬웠기 때문에, 국가를 대표하여 외교를 수행한다는 행위 그 자체가 또한 국제사회로부터 승인을 받았다는 것을 의미했다. 이로 인해 항상 국제사회로부터 조약을 이행할 수 있는 능력을 요구받았고, 국내에서도 외교적으로 실패하는 것은 그 정권의 흥망과 관련되었다. 또한, 중앙정부를 자칭하는 여러 개의 정권이 병존하던 시기가 빈번하게 나타났던 것도 중국 근대 시기의 한 특징이다. 어떤 중앙정부와 외교관계를 맺으면서, 현재 하나의 중앙정부란 그 통치지역에서의 경제활동을 보장하는 정도의 실질적인 관계를 구축한다는 의미에서의 '두 개의 중국'과 같은 환경은 중국 근대 시기에 자생되었다. 중국의 분열을 강대국들이 바랐다고 하는 견해도 있지만, 다른 국가들의 입장에서 볼 때 중국이 지나치게 혼란스럽게 되는 것을 바라지는 않았고, 중국에서의 자국 이권이나 통상활동을 보장해주는 강력한 정부와의 공존을 추구하는 측면도 있었다.

세 가지 질문에 대한 잠정적 결론

다음으로, 위와 같은 사실에 입각하여 이 책의 앞부분에서 제기했던 세 가지 질문에 대해 잠정적일 수도 있겠지만 결론을 지어보겠다.

첫 번째 질문은 국제주의와 민족주의가 어떻게 결합되어 기본정책이 실현되었는가 하는 문제이다. 중국의 근대 시기에는 '중국'의 국가형성과 외교가 깊게 연결되어 있었고 주권이나 영토의 보전이 강조되었기 때문에 민족주의와 친화성이 높은 외교가 전개되었는데, 국력이 충분하지 않았던 20세기 초에는 국제협조가 외교의 주선율이었다. 국제법에 기초한 국권의 회수와 관련해서는 조약개정 외교가 한 가지 사례이다. 이를 통해서도 외교관 나름대로의 민족주의적 경향을 살펴볼 수 있으며, 국내의 군벌세력이 된 지방장관도 이와 같은 외교를 지지했던 측면이 있다. 그렇지만 중국의 근대 외교가 국내의 민족주의를 당초부터 방패로 삼을 수 있었던 것만은 아니었다. 중국 사회에서 민족주의를 방패로 삼는 외교는 1920년대 중반 이래의 국민당 및 국민정부가 수행한 외교의 특징이라고 할 수 있다. 다만, 이와 같은 국민정부의 외교도 기본적으로는 국제협조 노선을 유지했고, 조약개정 외교를 계승하여 '혁명외교'를 전개했다는 점에 유의할 필요가 있다.

또한, 1930년대 이후의 두드러진 특징으로서 소련과 독일을 포함한 다양한 행위자들과 연계되어 이루어진 국제정치의 전개를 들 수 있다. 이것은 중국이 점차 국제정치의 '주니어급 행위자'가 되어가고 있음을 보여준다. 또한, 전쟁 이전의 시기에는 1949년 이후와 같이 강력하고 확고한 진영관(陣營觀)을 갖고 있던 것만은 아니었다. 가령 있었다고 해도 장제스의 견고한 '반소(反蘇) 사상', 구웨이쥔 등의 '친미 노선', 돤치루이의 '친일 노선', 위안스카이의 '대영(對英) 협조' 등이 주된 것이었다.

두 번째의 질문은 첫 번째의 질문과도 연관되는 것인데 중국의 자기인식, 국제적 지위에 대한 인식, 그리고 이를 향상시키기 위한 목표의 설정 및 수행에 관한 것이다. 19세기 말에 중국도 '열국병립지세'를 의식하고 있었던 사실이나 표면적인 의미에서의 근대적 외교제도의 형성은 이와 같은 자기인식을 보여주는 표상이다. 이것을 '근대화'로 간주할 것인가, 아니면 거기에 내재하는 논리를 독해하여 근대화론에는 한계가 있음을 지적할 것인가는 우선 논외로 하고, 중국이 서양 국가들과의 교류를 통해서 제도 변혁을 실행했다는 것은 확실하다. 세계 속의 한 국가라는 사실은 청조 말기부터 민국 초기에 공유되었던 바였으나, 그럼에도 '어떤 국가인가'라는 것은 별개의 문제였다. 이것은 '중국'이란 무엇인가 하는 정치사상사적인 문제와도 관련이 있다. 대외관계의 견지에서 본다면, 피해자로서의 측면과 본래 갖추고 있는 것으로 간주되었던 우월성 및 강대국 성향이 표리일체를 이루었다고 할 수 있다. 또한 약소국으로서의 현실과 강대국이라는 이념적 본질 혹은 목표가 동시에 존재했다고도 말할 수 있다.

중국도 일본과 마찬가지로 '1등 국가'나 '2등 국가'와 같은 국제기구에서의 랭킹 순위에 민감하게 반응했다. 국제기구에서의 등급 책정은 무엇보다 서양 및 일본과 같은 국가들의 우월성을 담보하는 제도이기도 했다는 점을 고려해 볼 때, 중국도 규범을 공유하고 있었던 것으로 볼 수 있다. 그리고 이를 극복하는 것이 스스로를 피해자 혹은 약소국으로 여겨온 자기인식을 극복하고, 국제기구에서 대우를 받게 됨으로써 강대국이라는 것을 실감하게 되었다고 할 수도 있다. 다만, 1930년대 이후에 중국도 점차 국제정치의 '주니어급 행위자'가 되면서 국제기구 등에서의 형식적인 지위로부터가 아니라, 더욱 현실적이며 국제정치에서 가동될 수 있는 힘(power)의 부족을 실감하게 된다. 근대 중국외교에서 글로벌 강대국으로서의 중국은 도저히 상정될 수 없었다고 보아도 무방하다. 그렇지만 '4대 강대국'의 일원으로 일컬어지고 유엔 안보리 상임이사국이라는 형식적인 지위를 확보했는데, 국제정치에서 힘을 갖고 있지 못했기 때문에 성취감의 측면에서는 상당한 차이가 존재했을 것으로 보인다.

세 번째의 질문은 '중국적 외교'를 둘러싼 문제이다. 중국의 정치문화가 존재하기 때문에 이를 통해서 중국외교를 설명하는 것은 일견 이해하기 쉬운 것처럼 보인다. 그렇지만 이는 '중국 특수론'으로도 귀결되며 또한 중화사상과 같은 논의처럼 중국외교의 특색을 고정된 것으로 미리 설정하고, 이로부터 연역적으로 설명하려고 하는 문제점을 갖고 있다. 또한, 중국적인 특징이라는 것은 외국이 그렇게 의식하는 것이기도 하며, 중국 자신이 '만들어진 전통'과 같이 스스로 인식하는 것이기도 하다. 그리고 '이화제화(以華制華)'라는 일본의 언설(言說)이 '이이제이(以夷制夷)'라는 중국에서의 담론을 환기시켰던 것처럼, 일본의 담론과 상호작용하는 측면도 갖고 있다.

이 글에서는 특히 책봉 및 조공관계가 어떻게 인식되고 주변국에 대한 외교가 어떻게 전개되었는가에 주의를 기울이며 기술했는데, 그 인식은 시대에 따라 변모되었다. 즉, 1920년대 초까지 주변국과의 역사적 관계는 다양하게 논의되었는데, 그것이 점차 피해자로서 아시아 국가들의 연대라는 통합적 흐름으로 바뀌었다. 또한 춘추·전국시대 이래의 중국적인 외교전통이라는 사고방식도 1910년대에 이미 나타났으며, 1930년대에 이르러 빈번하게 출현하게 된다. 그렇지만 실질적인 정책적 측면에서의 연속성과 관련하여 살펴볼 경우, 19세기 이전부터의 공간의식, 대외관, 화교의 위상과 그 계속성에 대해서는 여전히 불명확한 점이 많다. 또한 이러한 요소가 근대 시기 이래 어떤 형태로 통주저음(通奏低音)과 같이 지속되었는가, 혹은 변모되었는가에 대한 실증적인 연구가 충분하지 않기 때문에 성급하게 결론을 내릴 수는 없다. 그렇지만 이와 같은 고유성이나 독자적 전통이 존재했던 것은 아닌가 하는 상상력은 각 시대에 존재하고 있었던 것처럼 보인다.

제7장

현대 중국외교 60년의 시기 구분

건국 60년을 맞이하고 있는 현재, 세계적으로 주목을 받고 있는 것은 '글로벌 강대국'이 되어가고 있는 중국의 세계인식, 외교정책 및 대외활동이다. 생각해보면 1949년 10월에 냉전 속의 아시아에서 중화인민공화국이 수립되었을 때, 그리고 1976년에 저우언라이, 주더,[1] 마오쩌둥과 같은 건국 지도자들이 연이어 사망했을 때, 각각 중국이 60년 후나 30년 후에 세계경제의 흥망을 이끄는 '글로벌 강대국'이 될 것이라고는 그 누구도 예측하지 못했을 것이다. 이와 같이 60년 동안 중국이 보여준 대외 행동의 변화도 지대하지만, 세계 가운데 중국의 지위도 크게 변모했다.

이 장에서는 우선 20세기 중국이 '글로벌 강대국'으로 변화해가는 상

---

1 주더(朱德, 1886~1976), 중국공산당, 중국인민해방군 및 중화인민공화국의 주요 지도자 중의 한 명이다. 본명은 주다이전(朱代珍)이며 쓰촨성의 가난한 객가(客家) 가정에서 태어났다. 중화인민공화국 부주석, 중앙인민정부 부수석, 중화인민해방군 총사령관 및 중화인민공화국 원수 등에 임명되었다. _옮긴이 주

황을 서술한다. 다음으로 중국외교 60년간의 시기 구분을 한다. 그 위에 필자가 생각하는 '중국외교의 세 가지 질문'을 제시한다. 말하자면 중국외교를 장기적 관점에서 이해하기 위한 하나의 축을 설정하는 것이다. 그리고 이와 같은 질문에 대한 해답을 도출하기 위해 중국외교의 특징을 추출해볼 것이다.

이 과정에서 주목하고자 하는 것은 중국 당국이나 연구자가 흔히 사용하는 '핵심어'이다. 핵심어로부터 전략, 대외인식, 자기 역할규정에 대한 중국지도자와 학자들의 발상 및 그 변화 추이를 추적해보고자 한다. 핵심어는 각 시기별 중국외교의 특징이나 중점을 대단히 선명하게 반영해주고 있다. 이른바 '핵심어로 파악하는 중국외교 60년'이 되는 셈이다. 그리고 마지막으로, '글로벌 강대국 중국'이 가져온 것을 '변수로서의 중국'이라는 관점에서 전망해보고자 한다.

'글로벌 강대국' 중국이란?

중국의 시장화는 1992년부터 본격화하기 시작했는데, 특히 21세기에 들어서부터 중국의 경제적 존재감이 거대해진 것에 눈이 휘둥그레질 정도로 놀라운 면이 있다. 이른바 '글로벌 강대국'으로서의 중국의 등장이다.

우선 중국의 경제성장 추이를 살펴보자. 특히 전 세계 사회주의권의 붕괴를 힐끗 쳐다보면서 1992년 덩샤오핑(鄧小平)이 "시장화를 가속하

7-1 대두하는 중국(2008년의 GDP 총액)

순위	GDP 총액 (100만 USD)	비중(%) 괄호 안은 2006년도
1. 미국	14,330,000	23.02(27.51)
2. 일본	4,844,000	7.78(9.07)
3. 중국	4,222,000	6.78(5.46)
4. 인도	3,818,000	6.13(6.02)
5. 프랑스	2,978,000	4.78(4.63)
6. 영국	2,787,000	4.48(4.93)
7. 이탈리아	2,399,000	3.85(3.85)
세계 GDP	62,250,000	100.00

자료: IMF 리스트에 따름. 또한 2008년 중국의 1인당 GDP는 3,154달러로 108위(CIA 자료).

라"고 호령한 이후부터, 두 자릿수의 경제성장을 계속하며 순식간에 중국은 세계의 공장, 세계의 시장이 되었다. 국제통화기금(IMF)의 자료에 의하면, 2007년에 국내총생산(GDP) 총액 규모에서 중국은 영국을 제치고 세계 제4위로 약진했고, 2008년에는 미국, 일본 다음의 제3위로 부상했다(〈표 7-1〉 참조).[2]

중국의 국제경제 활동도 글로벌화하고 있다. 세계무역기구(WTO)의 통계자료를 기준으로 무역 총액을 살펴보면, 2007년에 수출 1조 2,177억 7,600만 달러, 수입 9,559억 5,000만 달러, 총액 2조 1,738억 달러로 세계 제3위가 되었고, 2008년에 약 2조 5,000억 달러로 독일을 제치고 미국 다음으로 세계 제2위로 부상했다. 2007년 기준 중국의 외환보유액 1조 5,302억 8,000만 달러는 단연 세계 제1위이다.[3] 이러한 중국의 '글

---

2 2010년에는 일본을 제치고 미국에 이어 세계 제2위를 차지했다. _ 옮긴이 주
3 2010년 3월 기준 중국의 외환보유액은 3조 달러를 넘어서 사상 최대의 규모가 되었다. _ 옮긴이 주

그림 7-1 **중국의 주요국·지역별 교역 추이(1999~2006년)**

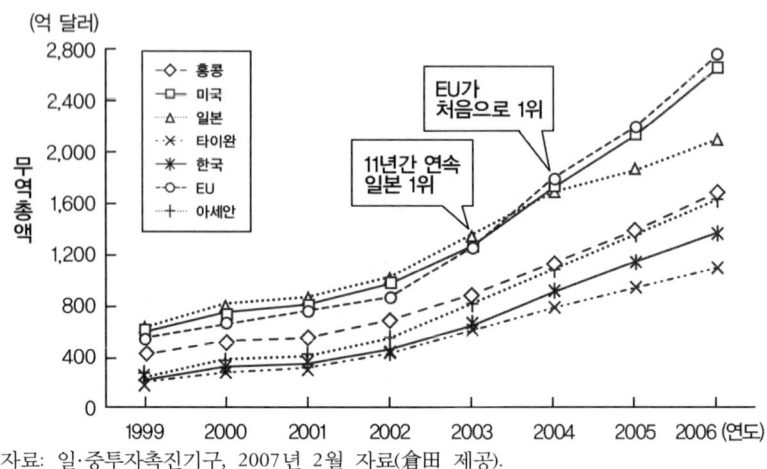

자료: 일·중투자촉진기구, 2007년 2월 자료(倉田 제공).

로벌 강대국화'는 21세기에 들어서부터 시작된 새로운 현상이다. 〈그림 7-1〉은 중국의 주요국·지역별 교역상대의 변화 추이를 보여주고 있다. 2003년까지 중국의 최대 경제교역 파트너는 단연 일본이었지만, 2004년부터 미국, 유럽연합(EU), 동아시아가 주요 교역상대가 되었고 중국은 세계를 삼분하여 균등한 글로벌 경제활동을 전개하고 있다.

1990년대 말에 저명한 중국연구자 네이선(Andrew Nathan)과 로스(Robert Ross)는 중국을 '글로벌 의제를 갖춘 글로벌하게 존재하는 지역 강대국'이라고 평한 바 있는데(Nathan and Ross, 1998: 110), 그로부터 10년이 흐른 현재 중국은 저지하고자 해도 억누를 수 없는 '글로벌 강대국'이 되었다. 정치적 역량과 경제력에 더하여 군사력도 글로벌화되어가고 있다. 2008년 3월 국회에 해당하는 전국인민대표대회(전국인대)에서 채

표 7-2 2008년의 세계 군사비 순위
(단위: 억 달러)

1. 미 국	6,073
2. 중 국	849
3. 영 국	657
4. 프랑스	653
5. 러시아	586
6. 독 일	468
7. 일 본	463
8. 이탈리아	406
9. 사우디아라비아	382
10. 인 도	300

자료: SIPRI 연감, 중국·러시아는 추정치

택된 국가예산을 보면, 국방비가 전년 대비 17.7%가 증가하여 20년 연속해서 두 자릿수의 증가율을 보이고 있으며 합계 4,099억 위안 규모이다(한화로는 약 72조 원). 중국의 공식 통계수치만 놓고 보아도, 총액 규모 면에서 2007년에 일본을 제쳤고, 2008년에는 프랑스를 추월하여 미국과 영국에 이어 세계 제3위의 군사비를 지출하는 '군사 강대국'이 되었다.[4]

중국외교 60년: 시기 구분의 시도

60년 동안의 현대 중국외교를 조감할 때, 중국의 대다수 국제정치학자들은 적국과 우방을 기준으로 한 전략관계를 축으로 60년간의 변화를 보고 시기를 구분한다. 예를 들면, 1990년대 말 현실주의적 접근을 선호한 장샤오밍(張小明)은 50년을 약 10년마다 나누어 아래와 같이 구분했다(張, 1999).

---

4 스톡홀름 국제평화연구소(SIPRI)의 2008년도 세계 군사비 순위에 따르면, 중국의 군사비(추정치)는 10년간 3배로 확대되었고, 2008년에 세계 제2위 규모로 세계 군사비 총액의 5.8%를 차지하고 있는 것으로 분석되었다(〈표 7-2〉 참조).

제1기(1949~1959년): 소련으로의 일변도 시기

제2기(1960년대): 미국 및 소련을 적국으로 삼은 시기(二條線 시기)

제3기(1970~1980년대 초기): 소련을 주요 적국으로 삼은 시기(一條線 시기)

제4기(1982년 이래): 적국도 우방도 설정하지 않은 독립자주의 시기

이와 같은 연장선 위에서 말하자면 제5기(1992년 시장화 이후)는 '글로벌 강대국'으로서 자립하는 시기라고 할 수 있을 것이다.

한편, 중국인민대학의 팡중잉(龐中英)은 60년간 중국외교에 영향을 주었던 것은 첫째 내정, 그리고 둘째 국제적인 거시적 상황(예를 들면 냉전의 양극 구조 등)이라고 본다. 그에 따르면, 중국외교는 이와 같은 두 가지의 제약을 받는 조건에 대해 다음과 같은 세 가지 원칙으로 대응했다. ① 내정과 외교의 불가분 원칙(외교는 내정에 봉사한다), ② 세계경제와 국제정치 시스템에 대한 반응, ③ 정치와 경제의 불가분 원칙이다. 이러한 요소들을 서로 연계하면서 팡중잉은 국제환경에 대한 중국의 대응을 축으로 삼아 아래와 같이 60년을 구분하고 있다.

제1기 1949~1970년대 말

제2기 1980년대~냉전 종식

제3기 1990년대 후반~탈냉전 시기

제1기는 바꾸어 말하자면 국제적인 냉전시기 혹은 마오쩌둥 시기이며, 외교는 적대적 국제환경에 대한 방어, 미국 등에 의한 '중국 봉쇄'에

표 7-3 현대 중국외교 60년의 변화

	외교를 제약하는 요인	전략론	국제체제에 대한 태도	국제체제에 대한 관심
1950년대	국제정치 환경	소련 일변도	체제변경	마르크스주의
1960년대	국제정치 환경	반미·반소 二條線	체제변경, 반(反)체제	종속이론
1970년대	국제정치 환경	반소 一條線	선택적 체제변경	신현실주의
1980년대	국내 압력(경제성장)	독립자주	체제유지·활용	신현실주의
1990년대	국내 압력(경제성장)	도광양회	체제유지·활용	신기능주의
2000년대	국내 압력(성장), 국제환경(안정)	파트너십	체제구축의 모색	신기능주의

대한 반응을 주요 내용으로 했다. 제2기는 독립자주의 정책 아래에서 경제이익에 공헌하는 외교이며, 이는 앞 시기로부터의 근본적인 전환이었다. 그리고 제3기는 경제와 정치에 대한 세계화가 진행되는 가운데 중국외교는 전적으로 자국 이익의 확보를 지향하게 된다(龐, 1998).

또 하나의 접근법은 국제사회에 대한 중국의 태도 변화를 기준으로 시기 구분을 하는 방법이다. 국제기구, 즉 기존의 국제체제에 중국이 어떻게 접근했는가에 대해 연구했던 미국 콜롬비아대학의 사무엘 킴(Samuel Kim)은 중국이 1950년대에는 반(反)체제 접근, 1960년대에는 체제 변경(혹은 다른 체제의 구축) 접근, 1970년대에는 선택적 체제 변경 접근, 1980년대에는 체제유지·활용 접근을 구사했다고 한다(Kim, 1994). 이러한 접근법을 차용할 경우, 1990년대 후반 이후의 중국은 신중하게 '체제구축을 모색하는 접근'을 지향하고 있다고 할 수 있을 것이다. 이와 같은 변화를 기존 세계체제에 대한 중국의 관심이 마르크스주의, 종속이론, 신현실주의를 거쳐 '이익이 유도하는 신기능주의'로 이행되었다고 바꾸어 말할 수도 있다(Kim, 1994).

〈표 7-3〉은 60년 동안 중국외교의 변화에 주목하여 외교를 제약했던 조건, 전략론, 기존 국제체제에 대한 접근, 국제체제에 대한 관심이라는 네 가지 측면을 기준으로 하여 구분한 것이다. 10년마다 변화했던 점과 특히 외교를 제약하는 요건들이 1980년대에 들어 국제환경에서 국내압력으로 크게 변화했던 점, 그리고 이에 더하여 국제체제에 대한 태도나 관심도 변모해왔다는 것이 명백하게 드러난다.

시기 구분을 할 때 지적하지 않을 수 없는 것은 외교와 내정의 연계가 마오쩌둥 시기 30년과 개혁·개방 시기(덩샤오핑 시기 및 덩샤오핑 이후 시기)가 본질적으로 다르다는 것이다. 환언하자면, '앞의 30년'과 '후의 30년' 사이의 차이점이다. 필자가 볼 때, 전자에서는 국제환경 혹은 국제환경에 대한 지도자(마오쩌둥)의 인식이 반영된 조건으로서 국내정치를 지배했다. 그렇지만 문화대혁명의 혼란을 거쳐 격렬한 권력투쟁과 심각한 경제파탄이 발생하여 정통성에 흠집이 생겨남에 따라, 후자는 국내로부터의 압력(안정, 개방, 발전)이 중국의 대외관계를 규정하게 되었다. 극단적으로 논하자면, 마오쩌둥의 시기에는 반(反)우파투쟁이나 대약진운동 모두 외부로부터의 위기에 대한 지도자(마오쩌둥)의 대응이었다. 문화대혁명은 '소련 수정주의'라는 외부의 적과 내부의 적에 대해 지도자(마오쩌둥)가 펼친 반격으로서의 투쟁이었다.

또한, 60년간의 시기를 구분하는 중요한 사항은, ① 1950년대 말에 시작되는 중·소 대립, ② 1960년대 말부터 개시되는 미국에 대한 접근, ③ 1970년대부터 시작되는 개혁·개방으로의 전환, ④ 1992년에 시작되는 경제의 시장화 가속, 그리고 ⑤ 2001년부터 시작되는 세계무역기구

(WTO) 가입으로 상징되는 중국의 세계화이다. 환언하자면, 중국외교 60년의 역사는 위의 다섯 가지 중요 사항들을 파악한다면 매우 쉽게 이해할 수 있는 것이다.

현대 중국외교: 세 가지의 질문

　현대 중국외교를 장기적 안목에서 살펴볼 때, 우선 머리에 떠오르는 의문점은 '중화 시대'의 전통적인 질서란 도대체 무엇이었는가, 그리고 그 질서관이 현대의 중국외교에 계속 존속하고 있는가의 여부이다. 민족문제에 정통한 페이샤오퉁(費孝通)은 이문화(異文化)를 갖고 있는 주변부를 포괄하는 중화질서를 '차서(差序)'라는 용어로 표현한다. 중심, 주변부, 그리고 그 외연에 다른 나라[異國]가 존재한다는 동심원의 형태이면서도 계층적인 대외인식과 대외행동이 전통적으로 중국에서 일관되어 왔다. 그런데 이것이 지금도 계속되고 있는 것인가? 아니면 전혀 그렇지 않고 현대의 중국외교는 근대적인 주권국가 시스템 및 국가들은 서로 평등하다는 이념에 충실하면서 국가주권을 기본으로 삼아 생존하면서 영향력과 역량을 확대하고자 하는 것인가? 혹은 이 둘 중의 그 어떤 것도 아닌 중간의 입장인가? 이 질문은 대단히 어려운 것이다. 이에 대한 필자의 잠정적인 대답은 현대 중국외교에 일관되고 있는 것이 주권국가를 가장 우선시하는 근대주의(近代主義)라는 점이다.

　두 번째의 질문은 미국 외교에서 흔히 제기되는 것인데, 현대 중국외교에서 일관되고 있는 점이 이익과 힘(power)에 기초한 현실주의인가, 아니면 이념이나 민족주의 등에 기반을 두고 있는 이상주의(idealism)인가의 여부이다. 이에 대해 필자는 중국외교의 기본은 현실주의이며, 상황에 따라 혹은 목표에 따라 이상주의나 도덕주의(moralism) 등의 '가치'가 때로는 추가되기도 한 것으로 잠정적인 결론을 내리고 있다. 냉전 시기에 사회주의 진영에 속해 있던 중국은 자국 일국(一國)의 이익만을 추구하지 않고 '국제주의'를 표방했다.

그런데 이와 같은 국제주의는 대단히 독특한 것이었다. 중국 외교연구의 최고 권위자인 오카베 다쓰미(岡部達味)는 마르크스·레닌주의의 이념적 국제주의를 '첫 번째 형태의 국제주의', 스탈린 이래 소련의 진영론이나 사회주의 공동체론(브레즈네프 독트린)을 '두 번째 형태의 국제주의', 이에 더하여 국민국가 시스템과 국제주의적 연대가 양립한다고 보는 중국의 입장을 '세 번째 형태의 국제주의'라고 분류하고, 이러한 관점들 사이의 원칙적·역사적 차이점을 분석한 바 있다(岡部, 1975). 뒤에서 논하게 되는 바와 같이, 동서 간의 축보다는 남북 간의 대립축을 강조하는 '남방(南方) 국제주의'라고도 말할 수 있다.

세 번째의 '질문'은 중국적인 혹은 중국 고유의 대외인식 방법이나 구조가 존재하는가의 여부이다. 이에 대한 필자의 대답은 '그렇다'이다. 중국은 대단히 중층적(重層的)으로 외부의 세계를 인식한다. 지도자나 국제정치 연구자가 우선적으로 고려하는 것은 세계체제가 어떻게 되어 있는가 하는 점이다(첫 번째 수준). 그 다음으로 '시대성(時代性)'을 고려한다. 예를 들면, 냉전 시대, 전쟁과 혁명의 시대, 평화와 발전의 시대 등의 구별을 들 수 있다(두 번째 수준). 세 번째 수준은 국제적인 정치구조나 체제에 관련된 것으로서 세계가 양극체제인가 다극체제인가 등에 대한 논의가 이 수준에 속하며 중국어로는 '계통(系統, xitong)'으로 표현된다. 이로부터 네 번째 수준인 '격국(格局, geju)'으로 표현되는 협의의 국제체제, 즉 강대국 사이의 세력균형(power balance)이 도출된다.

중국의 국제관계나 외교를 인식하는 틀인 외교사상과 전략은 이와 같은 네 가지 수준이 시대에 상응하여 변형되며 조합되어온 것으로 생각된다. 또 하나의 대단히 중요한 것은 '자기 역할에 대한 인식'이다. 자국의 역할을 어떻게 판단하고 있는가는 미국과 중국 모두의 외교에서 중대한 요소인데, 일본외교에는 기본적으로 제외되어 있다. 따라서 일본외교는 중국외교나 미국외교와 본질적으로 차이점을 갖고 있다. 근대 시기 이래의 중국에서 자국의 역할을 어떻게 인식해왔는가, 그리고 '우리가 세계 속에서 어떤 위치와 입장에 있으며 무엇을 해야 하는가'라는 질문과 이에 대한 대답은 외교활동의 근저에 계속 존속하고 있다.[5]

---

5 이와 관련하여 상세한 것은 모리 가즈코(毛里和子, 1995a: 121~149)를 참조하기 바란다.

제8장

마오쩌둥 시기의 외교: 핵심어를 통한 독해

    외교를 둘러싼 핵심어의 변천은 중국의 외교사상과 전략의 변화를 그대로 반영하고 있다. 아래에서는 '마오쩌둥 시기' 외교의 핵심어 6개[대소(對蘇) 일변도, 평화공존 5원칙, 중간지대론, 대일(對日) 이분론, 일조선(一條線) 전략, 3개 세계론], 그리고 덩샤오핑 이후의 시기(개혁·개방 시기) 외교의 핵심어 10개[격국(格局), 독립자주, 평화와 발전의 시대, 평화적 전복, 도광양회(韜光養晦), 남순강화, 국가이익, 파트너십, 책임 있는 강대국, 평화적 부상]를 각각 소개하고 설명함으로써 중국외교 60년의 커다란 흐름을 설명해보고자 한다.

    우선 지적하고 싶은 것은 '마오쩌둥 시기' 중국외교의 사고방식에는 고유한 특징이 있다는 것인데, 그런 의미에서 '덩샤오핑 시기'와 확연하게 구별된다. 첫째, 외부의 적에 의해 포위되어 있는 현행 국제체제는 불합리한 것으로서 변화시켜야 한다는 판단 아래, 적과 친구 그리고 주요한 적과 부차적인 적을 구별하는 '준(準)군사적'인 접근을 강조했다.

둘째, 1949년에 건국이 되면서 소련에 대한 '일변도 정책'을 채택하여 이념적으로는 명확하게 동방 진영에 속했음에도 불구하고, 구체적인 전략이나 정책에서는 '동서 간의 축'과 '남북 간의 축'(선진국과 개발도상국, 강대국과 중진국·약소국)의 두 가지 대립축이 미묘하게 교차되어 있다는 점을 들 수 있다(岡部, 2000). 가장 먼저 소개하는 '소련에 대한 일변도'는 동서 간의 대립축에 입각하여 국제정세를 파악한 전략이며, 나중에 논하게 되는 '중간지대론'은 남북 간의 대립축에 서서 국제정치를 파악하는 방법이자 사고방식이다.

1950년대

대소(對蘇) 일변도

제2차 세계대전이 종결되어 마음을 놓게 된 지 얼마 지나지 않아 유럽에서 냉전이 구조화되고 있던 그 시기에, 중국공산당은 소련에 대한 일변도를 제창하고 사회주의 진영에 들어가며 중간노선은 없다고 기치를 선명하게 내세웠다. 이는 건국 직전인 1949년 7월 1일에 있던 일이다. 소련에 대한 '일변도 정책'은 그 이후 10년간 계속되었다.

마오쩌둥을 포함한 중국공산당의 지도부는 소련과 강력한 연계를 맺고 소련의 원조 속에서 국가를 건설해갈 것을 강력하게 원했다. 마오쩌둥의 수차례에 걸친 소련 방문 요청을 완곡하게 물리친 스탈린은 대신 1949년 1월부터 2월 사이에 미코얀[1] 서기를 소련 중앙정치국 대표로 하여 중국공산당의 거점인 산시성의 시바이포(西栢坡)로 파견하고, 신중국과 소련과의 관계에 대해 협의하도록 했다(1월 30일~2월 8일). 마오쩌둥은 미코얀과 일곱 차례에 걸친 회담을 했다. 소련이 해체된 이후 대량으로 발굴된 기밀문건에 따르면, 미코얀의 중국 방문과 류사오치[2]의 소련 방문(1949년 6월 26일~8월 14일)을 통해 새로운 중·소관계의 기본적인 틀이 결정되었다는 것이 명백해졌다.[3] 즉, 소련에 대한 일변도는 갑작스럽게 나온 것이 아니라 사전에 충분히 준비되었던 것이다.

냉전사 연구자인 중국 화동사범대학(華東師範大學)의 선즈화(沈志華)에 의하면, 스탈린은 미코얀의 방중을 대단히 중시했으며 그가 중국에 체재하던 중에 소련공산당 정치국 회의를 수시로 개최하여 직접 지시를

---

1   아나스타스 미코얀(Anastas I. Mikoyan, 1895~1978), 아르메니아 출신의 소련 혁명가, 정치가이다. 1935년 소련공산당 정치국 위원이 되었고, 1946년에 소련 각료회의 부의장(부총리 격)이 되었다. 1949년 마오쩌둥과의 비밀 협상에 참여하기도 했다. _ 옮긴이 주
2   류사오치(劉少奇, 1898~1969), 후난성 닝샹현(寧鄉縣) 출신의 중국공산당 및 중화인민공화국 지도자 중의 한 명이다. 1949~1954년에 중화인민공화국 중앙인민정부 부주석, 1954~1959년에 중화인민공화국 전국인민대표대회(전국인대) 상무위원장을 역임했다. 1959~1968년에 중화인민공화국 국가주석에 있었으나 문화대혁명의 여파 속에서 실각하여 비참한 최후를 맞이했다. _ 옮긴이 주
3   미코얀의 중국 방문 및 류사오치의 소련 방문 시기의 회담기록이 2005년에 러시아 모스크바에서 출판된 다음의 자료집을 통해 거의 드러나게 되었다. 레도프스키(А. М. Ледовский), 미로비츠카야(Р. А. Мировицкая), 먀스니코프(В. С. Мясников) 엮음, 『20세기 러시아·중국 관계: 문서와 자료(Русско-Китайские отношения в XX веке: документы и материалы)』 제1권(1946~ 1948), 제2권(1949~1950)(Москва: Памятники ист. мысли, 2005) (러시아어판).

내렸다. 미코얀과 중국공산당 지도자의 연이은 회담을 통해 3억 달러 규모의 원조, 아시아공산당 정보국의 이첩, 동북부 뤼순의 반환, 신장 문제, 몽골 문제, 그리고 중국의 새로운 정권의 형태 등 거의 대부분의 영역에서 합의에 도달했다.

이로부터 6개월 후, 중국공산당 부주석 류사오치가 이끌고 가오강[4]과 왕자샹[5]이 동행한 중국공산당 대표단이 소련을 방문했다. 류사오치는 스탈린과 네 차례 회동을 했는데, 모스크바에서 원본 자료를 접했던 선즈화의 말에 따르면 류사오치의 소련 방문은 대략적으로 다음과 같다.

6월 27일에 열린 회담에서 스탈린은 3억 달러 규모의 차관, 전문가의 파견, 중국 인민에 대한 군사적 지원, 모스크바-베이징 구간 정기 항공편의 개통, 중국인민대학의 건설 등 중국공산당이 요구한 것을 거의 수용했다. 류사오치는 중국 국내 상황에 대한 상세한 보고서를 스탈린에게 제출했다. 마오쩌둥의 소련 방문 관련 협의도 했다. 두 사람 사이에 진행된 일련의 회담 가운데 특히 다음과 같은 점이 매우 흥미롭다. 그중

---

4 가오강(高崗, 1905~1954), 본명은 가오충더(高崇德)이며 산시성 출신의 중국공산당 지도자 중의 한 명이다. 중국공산당 동북국(東北局) 제1서기, 동북인민정부 주석, 동북군구 사령관 겸 정치위원 등의 직을 맡았으며, 1950년 한국전쟁 시기에 중국 동북지방에서 큰 역할을 했다. 1952년 중앙계획위원회 주석에 임명되었으나 이른바 '가오강-라오수스(饒漱石) 반당집단 사건'에 연루되어 당적을 박탈당하고 비운의 죽음을 맞이하게 된다. _옮긴이 주

5 왕자샹(王稼祥, 1906~1974), 안후이성 출신으로 1928년에 중국공산당에 가입했다. 소련 모스크바에 가서 유학을 했으며, 외교부 부부장, 주소련대사 및 중국공산당 중앙대외연락부장, 중앙외사소조(中央外事小組) 부조장 등을 역임했다. _옮긴이 주

에 하나는 스탈린이 류사오치에게 "상황을 알 수 없었기 때문에 우리는 중국의 혁명에 대해 몇 가지 면목이 없는 일을 했고, 여러분의 업무에 어려움을 초래하여 여러분을 곤혹스럽게 했다"라고 사죄를 했던 점이다. 또한 스탈린이 "여러분은 동방과 식민지 및 반식민지 국가들에 대한 공작을 많이 수행하고, 이 방면에서 여러분의 역할과 영향을 발휘하라. 우리는 서방에 대해 더욱 많은 의무를 갖고 있으며 (이에 대해) 더욱 많은 업무를 하겠다"라며 아시아의 민족운동에 대해 중국공산당의 주도권을 인정하고 일종의 분업체제를 제안했던 점이 주목된다(「7월 27일자로 류사오치가 중국공산당 서기처에 보낸 전보」, 러시아어, 沈, 2009).[6]

류사오치의 이와 같은 소련 방문은 결정타가 되었다. 7월 1일에 ≪인민일보(人民日報)≫는 마오쩌둥의 「인민민주독재론」을 게재하고, 신중국이 인민민주독재 체제와 소련에 대한 일변도 정책을 취할 것이라는 것, 그리고 "중국 인민은 제국주의의 측에 서든지 아니면 사회주의의 측에 서든지 결정해야 하며 결코 예외는 없다. 중립은 위장이며, 다른 제3의 길은 없다"라고 밝혔다. 6일자 ≪프라우다≫는 해당 전문 내용을 실었다.

이리하여 소련에 대한 일변도를 기본 전략으로 삼고, "국민당 정부시대의 대외관계를 계승하지 않고(另起炉灶, 부뚜막을 새로 마련하고)", "'제국주의'가 중국에서 향유하고 있던 특권 등을 인정하지 않는다(打掃干淨屋子再請客, 깨끗하게 청소한 이후 손님을 다시 맞이한다)"라는 두 가지 내

---

6 『20세기의 러·중관계(20世紀のロシアー中國關係)』에 전문이 수록되어 있다.

용을 정책기조로 삼아 '신중국의 외교'가 전개된다. 1950년 2월에 모스크바에서 조인된 「중·소 우호동맹상호원조조약」은 제1조에 "체약국의 어느 한쪽이 일본 또는 일본의 동맹국으로부터 공격을 받아 전쟁상태에 처할 경우, 다른 쪽 체약국은 전력을 다하여 군사원조와 기타 원조를 제공한다"라고 명시하여 강력한 동맹을 과시했다. 30년 기한의 동맹관계에 의해 견지되었던 소련에 대한 일변도 정책은 중국의 경제, 정치, 안보, 그리고 문화의 모든 영역에 영향을 미쳤고 1950년대의 중국을 규정했다.[7]

중·소 동맹체제는 세계적으로 그 유례를 찾아볼 수 없는 전면적인 안보와 협력의 시스템으로서 시작되었다. 우선 첫째가 이데올로기, 둘째가 안전보장, 셋째가 이익, 넷째가 사회주의의 모델이다. 그런데 1958년의 장파(長波) 무선전신소와 연합함대를 둘러싼 마오쩌둥과 흐루쇼프 사이의 불화,[8] 1959년 소련의 핵개발 지원 중지, 1960년의 전체 소련인

---

[7] 1950년 조약에는 신장에 관한 보충협정, 창춘 철도와 뤼순·다롄에 관한 의정서가 부속되어 있다. 전자는 교섭을 할 때 갑작스럽게 소련이 제기했던 것으로서 시베리아 극동부, 신장, 그리고 동북부 지역에 대해서 모두 그 어떤 제3국의 사람과 기관을 끌어들이지 않을 것과 이 지역을 배타적인 지역으로 유지할 것을 약속했다. 이는 명백하게 중국에게 불리한 협정이다. 이후에 마오쩌둥은, "(1950년에) 신장과 동북 지역에 소련의 식민지가 있었다"라고 폭로하기도 했다. 그렇지만 당시의 교섭 내용을 보면 중국이 유유히 이를 받아들였던 것은 명백하다. 흐루쇼프가 중국을 방문했을 때에 소련이 이를 취소했다.

[8] 마오쩌둥과 흐루쇼프 사이의 관계가 결정적으로 악화된 것은 1958년 봄에 소련이 중국 영토 내에 소련의 레이더 기지설치, 중·소 연합함대의 출범 제안 등이 제시되었는데, 마오쩌둥은 주권에 관련되는 사항이라고 맹렬하게 반발했다. 이

전문가의 귀환 등 주로 안보문제를 둘러싼 불화와 대립으로 인해 관계는 어둡게 변했다. 1963년에 두 나라 당 사이의 관계는 완전히 끊어졌다. 동맹은 유명무실해졌고 '소련에 대한 일변도'는 10여 년 정도밖에 지속되지 못했다. 1970년대에 들어서자 중국은 소련을 주요 적국으로 삼고 미국에 대한 접근을 추구하게 된다. 이후 소련의 붕괴로 중·소관계와 관련된 중요한 자료가 나타나게 되었다. 그렇지만 군사와 핵개발에 대한 자료는 아직 개방되지 않아서 확실한 것은 말할 수 없다. 그런데 중·소 동맹에 대해 우선 다음의 세 가지 사항을 지적하고자 한다. '일변도'에 대해서 총체적인 정리를 해둘 필요가 있다.

첫째, 무엇보다 1957년부터 1958년에 걸쳐 중·소 군사동맹은 국제정세의 변화 및 소련 대외전략의 변화를 수용하여, 제도화와 재편의 시기를 맞이했다. 이를 추진했던 것은 적극적인 아시아 전략으로 전환했던 흐루쇼프와 소련의 군부였다. 펑더화이[9] 등 중국의 군부도 이에 대해 일

어서 같은 해 가을에는 마오쩌둥이 진먼다오(金門島), 마쭈다오(馬祖島)에 대한 포격을 명령하여 타이완 해협의 위기감이 고조되는데, 소련 측에게 사전통보를 하지 않았다고 흐루쇼프가 불만을 터뜨렸다. 1959년 7월에 원자폭탄의 샘플 제공을 포함한 국방 신기술협정(1957년 10월에 조인됨)의 중지를 소련이 일방적으로 통보했고, 1957년 10월 2일에 열린 마오쩌둥과 흐루쇼프 사이의 회담은 매우 거칠고 험악한 분위기 속에서 이루어졌다.

9 펑더화이(彭德懷, 1898~1974), 후난성 샹탄(湘潭) 출신으로 중화인민공화국 및 중화인민해방군의 주요 지도자 중의 한 명이다. 중화인민공화국 국무원 부총리, 국방장관, 중국공산당 중앙군사위원회 부주석, 중화인민해방군 부총사령관 등을 역임했다. 1950년 10월, 중국인민지원군 총사령관 겸 정치위원으로 한국전쟁에 참여했다. ― 옮긴이 주

시적으로 호응을 했던 것처럼 보인다. 그렇지만 강력한 민족주의에 사로잡혀 있던 마오쩌둥의 반발로 인해 제도화와 재편은커녕 동맹의 위기가 초래되었다.[10]

둘째, 중·소 동맹은 항구적이며 전면적인 형태로 시작되었지만, 대단히 비대칭적이며 취약한 것이었다. ① 양국의 군사력과 경제력이 모두 비대칭적이었다. ② 전략목표에서 소련은 현상유지를 추구했던 반면 '타이완 문제'를 지니고 있던 중국은 현상에 대한 변경을 강력하게 요구했다. ③ 소련은 경제적·군사적 측면에서의 '공동체' 형성을 장기적인 목표로 삼았으나(흐루쇼프는 아시아에도 유럽의 바르샤바조약기구와 같은 집단방위 체제를 구축하고자 했다), 중국(마오쩌둥)은 동맹을 소련으로부터 안보와 원조를 획득하기 위한 수단으로서 활용하는 매우 기능적인 관점에 입각해 있었다. 마오쩌둥은 어떤 형태로든 다른 나라에 의해 속박당하는 것을 혐오했다. 1955년부터 시작되는 중·미 대사급 회담, 1958년의 진먼다오(金門島) 및 마쭈다오(馬祖島)에 대한 포격, 1959년경 인도에 '자위를 위한 반격'을 했을 때 중국이 사전에 소련 측에 통보하지 않은 것에 대해 소련은 강력하게 비난했다(Borisov and Koloskov, 1979). 그렇지만 중국의 입장에서 볼 경우, 진먼다오 포격은 중국의 내정문제이고, 중·인 분쟁은 인도의 도발에 의한 것이기 때문에 소련에 대해 사전에 통보할 필요가 없다고 생각했다. 동맹 조약의 권리와 의무에 대한 인식상

---

10 1957~1959년 기간 동안의 중·소 동맹이 붕괴하는 과정에 대해서는, 모리 가즈코(毛里和子), 「중소동맹체제고(中蘇同盟體制考)」(2004)를 참고하기 바란다.

의 차이가 대단히 컸음을 알 수 있다.[11]

셋째, 무엇보다 전면적 동맹에는 최소한 공통의 목표, 공통의 이익, 공통의 전략이 필요하다. 그런데 중·소 동맹에는 이와 같은 것들이 빠져 있었다. 이뿐만 아니라, 안정된 리더십과 국내의 정치경제적 상황도 필수불가결한 요건이다. 소련이 중국에 핵을 제공하는 것으로 상징되는 1957년의 동맹 강화(중·소 국방신기술 협정)는 소련 지도부 내의 치열한 권력투쟁과 자신의 위신 획득을 내걸고 실행된 흐루쇼프의 위험한 정책 결정이었다. 1958년의 연합함대를 둘러싼 분쟁에는 양국 지도부 내의 대외전략과 군사전략을 둘러싼 불일치가 복잡하게 연계되어 있다(毛里, 2004).

10년 넘게 수행된 소련에 대한 일변도 정책을 어떻게 결산할 것인가는 상당히 난감한 사안이었다. 그렇지만 덩샤오핑을 포함한 중국공산당 지도부는 소련과의 동맹을 통해 혼쭐이 났던 경험으로부터 1980년대 이래 줄곧 그 어떤 강대국 혹은 국가집단과도 전략관계를 맺지 않으면서, '독립자주'를 기본으로 삼았다는 것만은 확실하다.

---

11 이와 관련하여 취싱(曲星), 『중국외교 50년(中國外交50年)』은 솔직하다. 소련과 동맹을 맺는 정책결정 그 자체는 바른 것이었지만, 동맹에서의 권리와 의무 사이의 균형에 대해서, "그 의무는 완전히 독립자주적인 대외정책을 집행하는 데에 방해가 되는 것이었다"라고 분석하고 있다(446쪽). 그렇지만 당시의 지도자는 동맹과 독립자주는 양립하는 것으로 믿어 의심치 않았다. 취싱은 또한 냉전 아래에서 1950년대 중국 지도자의 국제정세에 대한 분석이 객관적이었는가의 여부는 의심스럽다고 한다(446쪽). 이것은 뒤에서 언급하게 되는 일조선(一條線) 전략에 대한 비판이다.

평화공존 5원칙

'소련에 대한 일변도', 아시아 국가들의 반(反)정부 무장투쟁에 대한 지원으로 표현되는 중국의 강경외교에 변화가 일어난 것은, 한반도에서 휴전을 향한 움직임이 나타난 1952년 봄부터이다. 저우언라이는 자본주의 국가들에 대해 일률적으로 대응해서는 안 되며, '중립주의'를 인정하고, 동남아시아 국가들과 제국주의 사이의 모순에 주의를 기울여야 한다는 내용의 내부보고를 했다(「我們的外交方針和任務」, 1952年 4月 30日, 『周恩來選集』: 128~130). 1953년 3월에 스탈린이 사망함에 따라 한반도에서의 교섭이 진전되어 1953년 7월에 휴전협정이 체결되었다. 이듬해 인도차이나 문제와 관련해서도 휴전을 향한 움직임이 시작되었다. 제네바 회의에 중국도 참가해야 한다고 주장했던 나라들은 인도, 인도네시아, 버마(미얀마)와 같은 아시아의 '중립국가'들이다. 이러한 이니셔티브를 취한 것은 '아시아의 평화세력'을 '외교'를 통해 확보하고자 했던 저우언라이였다.

평화공존 5원칙은 1953년 12월경 티베트 문제에 대한 협의를 위해 중국을 방문했던 인도 대표단에게 저우언라이가 긴 역사를 갖고 있는 중·인 양국 사이의 마찰을 처리하는 원칙으로서 5원칙을 제시했던 것에서 시작된다. 1954년 4월 29일에 「중국의 티베트 지역과 인도 사이의 통상·교통에 관한 중·인 협정」이 체결되어 서문에 5원칙이 삽입되었다. 저우언라이는 제네바 회의 휴회 기간을 이용해 인도와 미얀마를 방문하고 평화세력을 확대하는 외교를 전개했다.

6월 말, 저우언라이와 네루[12] 총리 및 우 누[13] 총리 사이에, ① 영토·

주권의 상호존중, ② 상호불가침, ③ 상호내정불간섭, ④ 평등호혜, ⑤ 평화공존을 내용으로 하는 평화공존 5원칙이 양국 관계를 이끄는 원칙으로서 확인되었다. "이러한 원칙이 일반 국제관계에 적용된다면 평화와 안보의 견고한 기초가 되며, 현재 존재하고 있는 공포와 의심은 신뢰감으로 바뀌게 될 것이다"라고 고려된 것처럼, 일반 준칙으로서도 합의되었다(「중·인 양국 총리 연합성명」). 그리고 이와 같은 5원칙을 포함한 평화공존 10원칙이 1955년 4월에 개최된 반둥 회의를 통해서 아시아·아프리카 국가들의 '준칙'으로서 확인된다.

중국은 1956년에 동유럽에서 동란이 일어났을 때 기본적으로 소련의 입장을 지지하면서, "사회주의 국가의 상호관계는 5원칙의 기초 위에서 더욱 더 구축되어야만 한다"는 태도를 밝혔다(「1956년 10월 30일의 소련 정부 선언에 대한 중국정부의 성명」).

평화공존 5원칙 자체는 19세기 유럽 국제사회의 규칙을 정리한 것에 불과하지만, 중국과 같은 개발도상국이나 사회주의 국가에게는 국가주권이나 내정불간섭은 국제사회에서 독립을 확보하는 데에 대단히 중요한 요건이다. 그 결과 수많은 국가들로부터 지지를 얻어냈고, 반세기 이상이 흐른 지금도 중국의 대외정책에서 가장 중요한 준칙으로서 유지되고 있다.

---

12 자와할랄 네루(Jawaharlal Nehru, 1889~1964), 인도 독립운동의 지도자이며 인도 초대 총리를 지냈다. 영국 캠브리지대학에서 유학을 했고, 1912년 변호사 자격을 취득했다. 주요 저서로 *The Discovery of India* 등이 있다. _ 옮긴이 주
13 우 누(U Nu, 1907~1995), 버마(미얀마)의 독립운동가 및 정치가로서 초대 총리를 역임했다. _ 옮긴이 주

1960년대

중간지대론

국민당과 공산당 사이에 내전이 발발했던 것은 1946년 6월이다. 같은 해 8월, 옌안(延安)을 방문했던 미국인 저널리스트 에드거 스노우[14]에게 마오쩌둥은 미·소관계에 대해 독특한 견해를 피력했다. 책상 위에 두 개의 찻잔을 올려놓고 이를 소련과 미국으로 예시하며 마오쩌둥은 제2차 세계대전 이후의 주요 분쟁은 미·소 대립 그 자체가 아니라, 미·소 양국 사이에 있는 중간지대의 국가들과 미국의 충돌이라고 설명했던 것이다(「마오쩌둥이 말하는 국제정치관」, 『마오쩌둥의 외교노선을 말한다(毛澤東外交路線を語る)』: 22~25). 이듬해 1월에 당 중앙선전부장 루딩이[15]가 평화와 민주주의, 민족의 독립을 지향하는 전선의 주체는 '중간지대'의 인민들이라고 하며 마오쩌둥의 담화를 보강했다(「전후 국제정세와 관련된 약간의 기본문제에 대한 설명」).

---

14 에드거 스노우(Edgar Snow, 1905~1972), 미국의 언론인으로서 중국의 사회주의 혁명에 대한 그의 저서와 기사로 유명하다. 서방 언론인들 가운데 최초로 마오쩌둥과 인터뷰한 것으로 알려져 있으며, 주요 저서로 *Red Star over China*(1937) 등이 있다. _ 옮긴이 주

15 루딩이(陸定一, 1906~1996), 장쑤성 우시(無錫) 출신으로 난양대학(南洋大學)을 졸업했으며, 중국공산당의 주요 작가이다. 중화인민공화국이 수립된 이후 문화 및 선전 공작을 담당했고, 1945~1966년에 중국공산당 중앙선전부장을 역임했다. 중화인민공화국 국무원 부총리까지 올라갔으나 문화대혁명 가운데 박해를 받았다. _ 옮긴이 주

이 '중간지대론'은 미국과의 충돌을 두려워하고 있는 스탈린을 곁눈질하면서, 미국과의 대결도 불사하며 무력에 의한 권력쟁취를 단행했던 중국공산당의 정책이 지닌 정당성을 설명하기 위해서 제시되었는데, 그 이후 1958년까지 중국의 공식문헌에서 언급된 일은 없었다.

한국전쟁 이후 중국은 이미 살펴보았던 것처럼 '평화세력의 확대', 중립적 민족주의 국가들과의 관계 수립을 모색하는 온건한 노선으로 변환되었다. 중국의 입장에서는 최초의 국제무대였던 1954년의 제네바 회의에서 전쟁으로 최종결정을 내고자 하는 북베트남을 열심히 설득하여 인도차이나 지역의 평화를 마무리했다.[16] 이듬해에 개최된 반둥 회의에서는 대규모 대표단을 인솔한 저우언라이가 대활약을 했다. 그런데 1957년 후반부터 국내외 정책 전반에서 중국 지도부의 좌경화가 시작된다. 1957년 11월, 인공위성 스푸트니크 1호 발사에 흥분된 채 모스크바에서 열렸던 6개국 공산당·노동자당 회의에서 마오쩌둥은 "동풍(東風, 사회주의의 힘)이 서풍(西風, 제국주의의 힘)을 제압했다"면서 사회주의 진

---

[16] 북베트남은 ① 베트남을 남북으로 분리시키는 것을 고착화시켰고, ② 라오스, 캄보디아와 베트남을 분리시켰다는 두 가지 이유를 들어 1954년 제네바 협정에 마지막까지 저항을 했다. 저우언라이는 회의 휴회 기간을 이용해서 광시 지역의 류저우(柳州)에서 호치민 등과 협의하고 설득을 했고, 제네바에서는 최고의 강경파인 팜 반 동(Pham Van Dong)을 설복시켰다. 또한, 레 두안(Le Duan)이 1971년 7월에 저우언라이가 미·중 접근에 대해 통보했을 때 제네바 회의에서 베트남의 남북을 분단시킨 것은 중국의 잘못이라고 비난하자, 저우언라이는 "동지들 모두에게 사과하고 싶다. 그 점에서는 내가 잘못했다"라며 사죄했다고 한다. "Comrade B on the Plot of the Reactionary Chinese Clique against Vietnam," *Cold War International History Project BULLETIN*, Issue 12/13, pp. 279~288.

영의 위력을 과시했다.

중국 국내에서는 반(反)우파 투쟁이 시작되었다. 이듬해 1958년 여름에 단행된 미군의 레바논 파병은 중국의 눈에는 '중동혁명'에 대한 노골적인 개입으로 비추어졌다. 8월 23일의 타이완 해협 포격 시에는 미군 제7함대가 타이완 해협에 파견되었다. 이러한 가운데 강경한 반미주의의 맥락에서 '중간지대론'이 재등장하게 된다. 8월에 ≪홍기(紅旗)≫에 게재된 한 논문은 "미제국주의가 반소(反蘇)·반공의 고함을 지르고 있는 것은 실제로 중간지대의 국가들을 침략하고 노예화하기 위해 연막을 피우는 것에 다름 아니며", "미제국주의는 종이호랑이"라고 하면서, 강경한 자세로 미국에 대한 저항을 호소했다(于兆力, 「新生力量一定戰勝腐朽的力量」, ≪紅旗≫, 1958年 第6期). 9월에 열린 최고 국무회의에서 마오쩌둥은 "미국의 독점자본집단이 그들의 침략정책과 전쟁정책을 끝까지 밀고나간다면, 전 세계 인민들에 의해 교수형에 처해지게 될 것이다"라며 격렬하게 미국을 비난했다(中共中央文獻硏究室 編, 1992: 7).

이 시기에 마오쩌둥이 반미 강경노선을 주장했던 것은 흐루쇼프의 대미 평화공존 노선 및 미·소 양국에 의한 세계 공동관리 등에 대해 강한 경계심이 있었기 때문으로 보인다. 7월 말 베이징에서 개최된 마오쩌둥과 흐루쇼프 사이의 회담에서는 연합 함대나 장파 무선전신소 설치와 같은 소련의 제안이 '오해였다'고 해명하는 흐루쇼프에 대해 마오쩌둥이 수차례에 걸쳐 신랄하게 독설을 퍼부었을 정도로 상호 간의 불신감은 강했다(Wolff, 2004). 한편, 사회주의와 민족해방 운동에 대한 자신감과 국내의 급진노선도 마오쩌둥의 대미 강경노선을 뒷받침했다. 5월

그림 8-1 냉전시기 동서대립과 '중간지대'(1960년대)

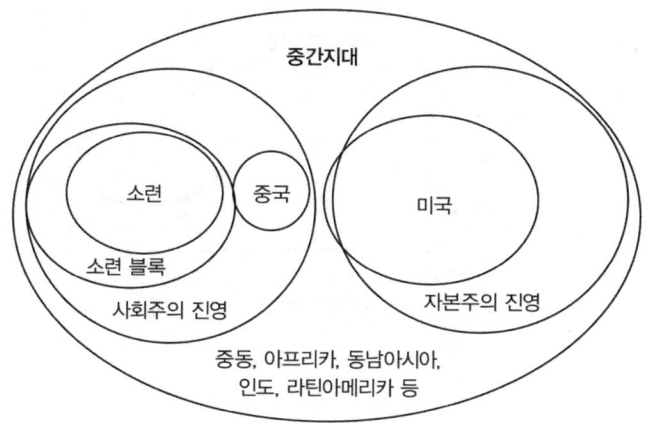

자료: Merey Kuo, *Contending with Contradictions: China's Policy toward Soviet Eastern Europe and the Origins of the Sino-Soviet Split*, p.47.

에 열린 중국공산당 제8기 2중전회에서 대약진정책을 채택하고, 8월에 열린 중앙위원회는 인민공사의 설치를 결정하고 '공산주의는 머지않아 실현될 것이다'라는 판단을 내렸다.

그런데 대약진정책은 얼마 가지 않아 파경을 맞고 큰 재해를 입는 것은 물론 소련과의 대립이라는 중대한 시련에 봉착하게 된다. 이에 따라, 반미 투쟁을 할 처지가 아니게 되었다. 류사오치와 덩샤오핑 등의 실무파가 국무(國務)와 당무(黨務)를 주재하면서, 1962년부터 국내에서는 경제조정 정책이 추진되고 대외적으로는 온화한 외교가 전개된다. 저우언라이 총리는 아시아 국가들을 순방하여 버마(미얀마), 파키스탄, 몽골 등과 국경선을 획정했다. 또한 이 시기에는 일본과도 '제2차 다카사키(高碕) 미션'에 의해 1962년 11월에 LT무역[17]이 개시되고 1964년 8월에 연

그림 8-2 **제2중간지대론**

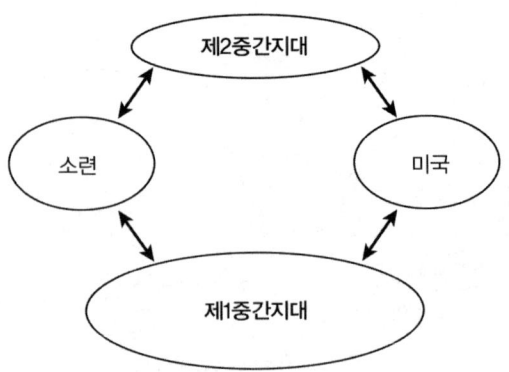

락사무소의 설치가 결정되어, 정경분리(政經分離)에 입각한 접촉이 진전되기도 했다.

기묘한 것은 그 가운데 중간지대론이 모습을 바꾸어 재등장하게 된다는 것이다. 1964년 1월 21일자 ≪인민일보≫ 사설은, "대단히 광대한 중간지대는 두 개의 부분을 포함하고 있다. 하나는 아시아, 아프리카와 라틴아메리카의 이미 독립한 국가들과 현재 독립을 추구하고 있는 국가들로서, 이것은 제1중간지대이다. 다른 하나는 서유럽 전체, 오세아니아와 캐나다 등의 자본주의 국가들로서 제2중간지대이다. 제2중간지대

---

17 LT무역이란 1962년에 일본과 중국 사이에 교환된 「중·일 장기종합무역에 관한 각서」(속칭 LT협정)에 기초하여 양국 간에 공식적인 국교는 수립되지 않았지만, 상호 간에 연락사무소를 설치하고 정부가 보증하는 융자를 이용하여 행해진 반관반민(半官半民)의 무역형태이다. 각서에 서명한 중국 측 대표 랴오청즈(廖承志)와 일본 측 대표 다카쓰키 다쓰노스케(高碕達之助)의 이름에서 LT를 따서 명명한 것이다. _ 옮긴이 주

의 국가들은 이중적인 성격을 갖고 있다. …… 미국에 의한 지배, 간섭, 모욕을 받고 있다"라고 분석했다(「미제국주의에 반대하는 전 세계 모든 세력은 단결하자」). 1964년 1월 27일에 이루어진 프랑스와의 국교 수립을 '서방 진영의 분열'로 간주하고 이를 환영했고, 미국 이외의 서방 국가들을 '제2중간지대'로 설정하여 반미 통일전선으로 유도하고자 했다.

이와 같은 제2중간지대론은 문화대혁명의 발발과 '조반(造反) 외교'로 사라지게 되지만, 1974년부터 제기된 '3개 세계론'은 그 변형이라고 할 수 있다(⟨그림 8-1⟩, ⟨그림 8-2⟩ 참조).

대일(對日) 이분론

미·중 간의 접근은 일·중관계의 급격한 전개를 이끌어냈다. 1970년 4월에 평양에서 김일성과 함께 "일본 군국주의가 부활했다"라고 호소하고, 1971년 7월경 키신저(Henry Kissinger)에게 "미친 듯이 날뛰는 포악한 말인 일본을 제압해야 한다"라고 재차 주장했던 저우언라이는 1971년 가을부터 일본에 대한 접근정책으로 방향을 선회했다. 사토(佐藤) 정권에서 다나카 가쿠에이[18] 정권으로의 교체가 순풍의 역할을 하여, 1972년 9월 29일에 양국은 국교를 수립했다. 중일전쟁이 종결된 시점으로부터 27년이 지나, 결국 '비정상적인 상태'에 종지부를 찍게 된 것이다. 일본은 '중국을 유일한 합법정부'로서 인정하고(공동 코뮤니케 제2항), "타이완이

---

18 다나카 가쿠에이(田中角榮, 1918~1993), 일본의 정치인으로 1972~1974년에 총리를 지냈다. 특히 총리 재임 기간 중에 중화인민공화국과의 국교를 회복하는 데에 많은 공헌을 했다. _ 옮긴이 주

중화인민공화국의 영토라는 중국의 입장을 충분히 이해하고 존중한다"라고 했다(동 제3항). 한편, 중국은 "중·일 양국 국민의 우호를 위해 일본에 대한 전쟁배상을 포기한다"라고 밝혔다(동 제5항). 중·일 양국의 관계 정상화를 위한 교섭을 전략적인 측면에서 다시 살펴보면, 일본은 타이완을 버리고 중국은 배상금 청구를 포기하는 거래를 통해 정상화가 이루어졌다고 할 수도 있다.[19]

건국 이래 일본에 대한 중국 정책의 기본은 '일본 내 일부 소수의 군국주의자'와 국민을 구분하는 이른바 '이분론(二分論)'이다. 시기에 따라 역점과 강조점의 차이는 있지만 2005년에 반일 시위가 일어날 때까지 지속되었다.

미국의 중국에 대한 봉쇄정책 그리고 미국을 추종하는 일본정부와의 관계를 변화시키는 것이 어렵다고 생각한 저우언라이는 1953년경부터 '민간외교'를 추진한다. 중국 신화사(新華社)의 기자였던 우쉐원(吳學文)은 그 무렵 '중앙의 지도적인 역할을 하는 동지'가 ① 일본 군국주의와 일본 국민을 구별하고, ② 일본정부 내에서도 정책을 결정하는 '원흉'과 일반 공무원을 구분하여, 커다란 죄악과 일반적 오류를 구별하는 방침을 지시했다고 언급한 바 있다(吳, 2002).[20]

---

19 중·일관계 정상화의 과정, 의미, 그리고 그 이후의 중·일관계에 대해서는 모리 가즈코(毛里和子, 2006)를 참고하기 바란다.
20 1953년 9월 28일에 중국을 방문한 일본평화옹호위원회 오야마 이쿠오(大山郁夫) 회장에게 저우언라이는 다음과 같이 말했다. "일본 군국주의자들이 행한 대외침략과 같은 죄악스러운 행위는 중국 인민 및 극동아시아 각국 인민들에게 커

1954년 12월에 대미(對美) 자주외교, 대소(對蘇) 국교정상화를 내세운 하토야마 이치로[21] 내각이 성립되면서 중국은 일본과의 관계를 정상화하고자 하는 의사를 처음으로 공개적으로 천명한다(≪人民日報≫, 1954.12.30. 사설). 1955년 1월에 일본 무역촉진협회 회장 무라다 쇼조[22]와 회견한 저우언라이는 "일본 군국주의와 일본 국민을 구별한다"라고 밝히고, 평화 5원칙, 호혜평등을 포함한 일본에 대한 정책과 관련된 3원칙을 제시했다(羅, 2000). 아마도 이때 처음으로 '이분론'의 사고방식이 제대로 일본에게 전해졌을 것이다. 1955년부터 1956년에 걸쳐 중국은 일본에 대해 유연한 대응을 계속했다.

1955년 3월 1일에 중국공산당 중앙정치국은 「대일(對日) 정책활동에 대한 방침과 계획」을 채택하고, 건국 이래 처음으로 종합적인 대일 정책을 책정했다.[23] 중국공산당 중앙대외연락부의 장상산(張香山)이 전한

다란 손실을 끼쳤을 뿐만 아니라, 일본 인민에게도 전대미문의 재난을 입게 만들어버렸다. …… 오늘날, 일본 인민은 민족의 독립을 쟁취하고 다시 군국주의화하는 것에 반대하기 위해서 용감한 투쟁을 행하고 있으며, 중국 인민은 이에 대해서 경의를 표하고 있다"(『日中關係基本資料集』).

21 하토야마 이치로(鳩山一郎, 1883~1959), 일본의 변호사 및 정치가이며 1952~1956년에 총리를 지냈다. 초대 자유민주당 총재였으며 총리로 재임할 때 소련과의 관계 회복에 노력했다. 그의 손자 하토야마 유키오(鳩山由紀夫) 역시 2009~2010년에 총리를 지냈다. _ 옮긴이 주

22 무라다 쇼조(村田省藏, 1878~1957), 일본의 사업가이자 정치인으로 1940~1941년에 철도대신과 체신대신을 역임했다. 1955년 일본무역촉진협회 회장으로서 중국을 방문하여 저우언라이 총리와 회담하여 같은 해 체결된 「중·일무역협정」에 일본 측 위원장으로서 조인했다. _ 옮긴이 주

23 1954년 12월에 중국공산당이 「4단계의 중·일 정상화 초기구상」을 책정했다고

「대일 공작 방침」의 기본원칙은 ① 일본으로부터의 미군 철수, 일본의 재군비와 군국주의 부활 반대, ② 호혜평등을 통한 중·일관계의 개선 및 단계적인 정상화의 실현, ③ 일본 국민을 아군으로 끌어들이고, 중·일 양국 국민 간의 관계 구축, ④ 일·미 양국관계를 단절시킬 것, ⑤ 일본 국민의 반미(反美), 독립, 평화, 민주 운동을 지지한다는 내용이었다(張, 2002).

이와 같은 이분론에 기초하여 일본에 대한 배상요구 방침도 책정되었다. 1950년대 중반부터 랴오청즈[24]의 주도 아래 기능했던 일본정책을 결정하는 기구였던 '대일 공작팀[對日工作組]'이 일본에 대한 배상요구를 검토했는데, 저우언라이가 포기를 주장했고 마오쩌둥도 이에 동의하여 1964년 1월경 청구 포기 방침을 확정했다고 한다. ① 타이완이나 중국 모두 일본에 대해 배상을 청구하지 않으며, ② 동남아시아의 사례를 감안해도 배상을 받아 경제가 비약적으로 발전했던 것은 아니며, ③ 일본 군국주의자와 일본 국민을 구별해야 한다는 마오쩌둥의 생각에 반하는 것이고, ④ 고액의 배상을 청구한다면 양국 관계의 정상화를 위한 교섭이 장기화될 수 있다는 등의 내용이 포기를 하게 된 이유였다(朱, 1992).

하는 설도 있다. ① 중국의 상주기구를 일본에 설치한다, ② 일본의 민간 무역기업과 협의를 시작한다, ③ 정부가 인가하는 민간 통상협정을 체결한다, ④ 상호 불가침 우호협정을 체결한다는 등의 네 가지 조항이 바로 그것이다(林, 2004).

24 랴오청즈(廖承志, 1908~1983), 광둥성 후이양현(惠陽縣) 출신으로 일본 와세다 대학과 소련 모스크바중산대학(中山大學)에서 유학을 했다. 1958년 중화인민공화국 국무원 외사판공실(外事辦公室) 부주임, 1963년 중일우호협회(中日友好協會) 회장을 역임하며 중·일관계의 회복과 발전에 기여했다. _ 옮긴이 주

이와 같은 배경에는 '이분론'의 원칙과 배상을 포기할 경우 일본과 타이완의 관계를 쉽게 단절시킬 수 있고, 이를 조속히 해결할 수 있을 것이라는 전략적인 판단이 존재했을 것이다. 문제는 중국의 국민들이 느꼈을 감정이다. 간부들에게 배상청구를 포기한다는 중앙의 전략적인 결정이 알려진 것은 다나카 총리가 중국을 방문하기 직전인 1972년 7월 말이었다. 중국 국민들은 1972년 9월 29일의 코뮈니케를 통해 이와 같이 중대한 소식을 처음으로 접하게 되었다.

무엇보다 중요한 것은 이러한 마오쩌둥과 저우언라이 '두 사람의 결단'에 대해 중국의 국민들 모두가 납득했던 것은 아니었다는 점이다. 전후에도 반세기가 넘게 품고 있던 불만이 표출된다. 1990년 3월에 당시 화학공업관리대학의 교사였던 퉁쩡(童增)이 민간 차원에서 일본에 대한 배상청구를 요구하는 진정서를 전국인민대표대회에 제출했고, 그 이후 민간의 배상청구 운동이 확산되었다.

이분론을 포함해 도의적인 측면을 강조하는 논조가 후퇴하게 된 것은 2002년부터 2003년에 걸쳐 당시 ≪인민일보≫의 평론가였던 마리청(馬立誠)과 중국인민대학의 스인훙(時殷弘)이 '대일(對日) 신사고론'을 제기하면서부터이다. 마리청은 "역사 문제와 관련해 일본의 사죄 문제는 이미 해결되었고 이를 굳이 문서화할 필요는 없다. 중요한 것은 앞을 내다보는 것이다"라고 주장했다(馬, 2002). 스인훙은 이보다 더욱 전략적이다. 양국 사이의 불신감이나 적대감이 더욱 증가하게 된다면, 중국은 적대적인 미국, 적대적인 타이완, 그리고 적대적인 일본과 마주하게 되기 때문에 "총체적인 관점에 입각하여 근본적으로 의미가 있는 전략집

중의 원칙을 통해 대대적으로 중·일관계를 개선한다면", 미국 및 타이완과 같은 중요 과제에 집중할 수 있을 것으로 보았다(時, 2003). 그는 이것을 '외교 혁명'이라고 불렀다.

이분론은 일본의 입장에서 볼 때 매우 감사할 만한 것이었지만, 다른 한편으로 중·일관계를 대단히 감성적이며 비제도적인 것으로 만들었던 것도 사실이다. 21세기에 이르기까지 중·일관계는 이분론을 포함해 도의적인 논조나 지도자 간의 인격적인 관계에 대부분 의존했고, 이로 인해 고유한 취약점을 갖게 되었다.

2005년에 일어난 반일(反日) 시위[25]를 통해서 이러한 취약성이 드러났다. 반일 시위는 중국이나 일본 모두에게 심각한 위기감을 느끼게 했다. 야스쿠니 신사(靖國神社) 참배를 고집하는 고이즈미[26] 정권이 퇴진하고 나서야, 양국은 관계를 다시 정립하기 위한 길을 탐색했고 관계의 제도화에 착수했다. 2006년 8월에 아베[27] 총리가 중국을 방문하면서 '전

---

[25] 직접적으로는 고이즈미 총리가 2001년 이후 매년 야스쿠니 신사에 공식참배를 계속함으로써 중국에서 반일 기운이 높아지고 일본이 유엔 안보리 상임이사국이 되는 것을 반대하는 전 세계 화인(華人)의 서명운동 등과 중복되어, 2005년 4월의 주말에 중국의 주요 도시들에서 반일 시위가 계속되었다. 휴대전화와 인터넷으로 시위가 순식간에 확산되었다. 당초에는 이에 대해 묵인했던 중국정부도 4월 20일경부터 통제 조치를 취하는 것으로 전환했다. 이 시위는 중·일관계가 중대한 전환점에 처해 있다는 것을 보여주었다.

[26] 고이즈미 준이치로(小泉純一郎, 1942~), 일본 자유민주당 총재, 중의원 의원을 역임했고 2001~2006년에 총리를 지냈다. _옮긴이 주

[27] 아베 신조(安倍晋三, 1954~), 일본의 정치인으로 2006~2007년에 총리를 역임했다. 최근 2012년 9월 26에 이루어진 선거에서 자유민주당 신임 총재에 당선되었

략적 호혜관계'라는 용어로 중·일관계를 새롭게 규정했다. 이로부터 일본과의 관계를 러시아, 프랑스, 미국, 인도 등과 같은 강대국 간의 관계로 설정하려는 중국의 의도를 읽어낼 수 있다. 2007년 4월경 원자바오(溫家寶) 총리의 방일을 통해서 '전략적 호혜관계'의 구체적인 내용에 대한 합의가 이루어졌고, 고위급 경제대화, 전략대화, 안보대화, 유엔 개혁문제에 대한 협의 등 다양한 수준의 대화 채널이 마련되었다.

원자바오는 중국 총리로서는 최초로 일본 국회에서 연설을 했는데, 특히 주목되었던 것은 중국이 역사문제에 대해 일본 정부가 침략을 인정하고 심각한 반성과 사죄를 여러 차례 한 것에 대해 적극적으로 평가했던 점이다. 또한 "평화적 발전의 길을 선택하고 세계의 주요한 경제대국이 되어, 국제사회에서 중요한 영향력을 갖는 국가가 되었다"라며 전후 일본의 행보를 높게 평가했다. 이를 통해 중·일관계는 1998년에 한국의 김대중 대통령이 일본을 방문했을 때에 행해진 '한·일 양국 사이의 역사적 화해'의 수준까지 드디어 다가서게 되었다.[28]

다. _ 옮긴이 주

[28] 1998년 10월 8일의 한·일 공동코뮈니케 「21세기를 향한 새로운 한국과 일본의 파트너십」은 역사적으로 기록되어 있는 문서이다. 일본은 "일본이 과거 한 시기에 한국 국민에 대해 식민지 지배를 통해 심대한 손해와 고통을 주었다는 역사적 사실을 겸허히 수용하며, 이에 대해 통한의 반성과 마음속으로부터 사죄를 하며"라고 밝혔다. 또한, 한국이 "비약적인 발전과 민주화를 달성하고, 번영하고 성숙된 민주주의 국가로 성장했다는 것에 경의"를 표했다. 한편, 한국 측은 전후 일본이 평화헌법 아래에서 전수방어(專守防衛) 및 비핵 3원칙을 포함하는 안전보장 정책이나 개발도상국에 대한 경제지원 등 일본이 수행해온 역할을 높게 평가했다.

2006년 이래 양국 지도자 간 교류의 왕복을 완성시킨 것은 2007년 12월경 후쿠다[29] 총리의 방중과 2008년 5월경 후진타오(胡錦濤) 국가주석의 방일이다. 일본 총리의 야스쿠니 참배, 중국위협론, '만두(餃子) 파동' 사태 등에 의해 양국 관계는 대단히 안정적이지 못했고, 상호 간의 불신감과 반감은 양국 국민 사이에서 증폭되었다. 그렇지만 다행스럽게 일본이 야스쿠니 참배의 결과를 통해 교훈을 얻고 중국도 2005년 반일 시위를 통해 교훈을 얻게 되어, 쌍방이 전략적으로 그리고 제도적으로 양국관계를 재정립하고자 했던 것은 현명한 것이었다고 할 수 있다. '대일(對日) 이분론'은 아직도 기능하고 있으며 역사적으로 사라지지는 않았지만, 일본에 대한 중국의 정책으로서는 2005년에 그 소임을 기본적으로 마쳤다고 볼 수 있다.

1970년대

일조선(一條線) 전략

1970년대 초반의 중국은 국내 정세나 리더십의 측면에서 모두 다소 불안정했다. 이런 가운데 마오쩌둥과 저우언라이는 미국과 소련, 두 나라를 상대로 동시에 정면으로 대항하는 작전에서 탈피하는 새로운 전략

---

29 후쿠다 야스오(福田康夫, 1936~), 일본의 자유민주당 소속 정치인으로 6선 의원이며, 2007~2008년에 총리를 지냈다. ─ 옮긴이 주

을 모색했다. 대미(對美) 접근을 통해 관계를 양호하게 유지하며 소련과의 본격적인 대결을 준비하는 일조선 정책이다. 아래에서는 1960년대 말 소련과의 관계악화, 대미 접근의 과정, 그리고 그 이후 중·미관계에 대해 '이조선(二條線)'에서 '일조선(一條線)'으로의 전략전환이라는 관점을 개관하여 설명하고자 한다.

1963년 7월에 모스크바에서 소련공산당의 수슬로프[30]와 중국공산당의 덩샤오핑이 동석한 회담이 격렬한 상호 비난으로 시종일관한 이후 양당 사이의 관계는 단절되었다. 1964년 말에 브레즈네프[31]가 이끄는 새로운 정권에 의해 중·소 국경지역에 대규모 병력을 배치한 이래, 양국 관계는 회복되기 어려운 상황에 직면했다. 이리하여 1960년대 후반부터 중국은 한편으로는 베트남 전쟁을 추진하는 미국과 바로 정면에서 대결하게 되었고, 다른 한편으로는 소련과 대치하게 되어 세계 초강대국 두 나라를 상대로 정면에서 작전을 수행해야 되는 이른바 '이조선(二條線) 전략'의 상황에 직면했다.

전환점은 1968년 8월에 왔다. 체코슬로바키아의 자유화 운동인 '프라하의 봄'을 소련군과 바르샤바조약기구 군대 20만 명이 제압하자 중국은 이에 대해 맹렬하게 반발했다. 8월 23일자 ≪인민일보≫는 소련의

---

30 미하일 수슬로프(Mikhail A. Suslov, 1902~1982), 소련의 정치가이며 흐루쇼프 및 브레즈네프 시기에 소련공산당의 이데올로기 담당 서기였다. _ 옮긴이 주
31 레오니트 브레즈네프(Leonid I. Brezhnev, 1906~1982), 소련의 정치가이며 1964~1982년에 소련 최고지도자였다. 재임 중에 아프가니스탄에 대한 침공을 결정했다. _ 옮긴이 주

주장은 "철두철미하게 도적떼의 논리"라고 비난했고, 저우언라이도 "소련 배신자 집단은 사회제국주의, 사회파시즘으로 전락해버렸다"라며 호되게 질타했다. 브레즈네프 독트린[32]에 대해 중국은 "상대방의 주권은 유한하지만 자신(소련)의 주권은 무한하다고 말하고 있는 것"으로 간주했다1969년 4월의 제9차 당대회에서 린뱌오(林彪)의 보고].

1969년 3월, 얼어붙어 있던 우수리 강에 위치한 전바오다오(珍寶島)/다만스키 섬에서 양국 국경경비대가 충돌했다. 8월에는 신장 지역에서도 충돌 혹은 국경선을 침범하는 사건이 빈발했다. 같은 해 10월 린뱌오[33] 국방장관(부주석)이 제시한「전쟁 준비를 강화하고 적의 갑작스러운 습격을 방어하는 것에 대한 긴급지시」를 마오쩌둥이 황급히 취소했던 상황이 보여주는 바와 같이, 이 시기에 중국이 소련에 대해 갖고 있던 위기감은 정점에 달했던 것으로 보인다.

한편, 대결과 단절의 관계를 변화시키고자 하는 비밀스러운 움직임이 1969년 봄부터 중국과 미국 양측 모두에 의해 시작되었다. 소련과 미

---

32 '브레즈네프 독트린'이란 1968년 11월 12일에 체코 침공을 정당하기 위해 브레즈네프가 제기했던 용어를 말한다. 즉, "어떤 나라의 사회주의 사업, 사회주의 공동체의 안전에 대해 위협이 발생했을 때, 그것은 이미 해당 국가와 인민의 문제일 뿐만 아니라 일반적인 문제이며 전체 사회주의 국가들이 우려하는 원인이 된다"는 내용이다.

33 린뱌오(林彪, 1907~1971), 본명은 린위룽(林育蓉)이며 후베이성 황강(黃岡) 출신의 군인 및 정치인이다. 중화인민공화국 국방장관, 국무원 부총리, 중국공산당 중앙위원회 부주석 등을 역임했다. 마오쩌둥에 의해 공식 후계자로 떠오르기도 했으나, 결국 '쿠데타 미수 사건' 등으로 인해 소련으로 비행기를 타고 망명하던 중 몽골 지역 상공에서 추락하여 사망한 것으로 알려져 있다. _옮긴이 주

국이라는 양대 적대국과 대치하고 있던 중국은 미국과의 관계를 개선하는 것을 통해 주요 적국인 소련에 대항하는 전략을 상정했다. 한편 미국의 새로운 닉슨(Richard Nixon) 정권은 괌 독트린[34]을 통해 아시아로부터의 철수, 베트남 전쟁으로부터의 '명예로운 철수', 그리고 베트남에 대해서는 대중(對中) 접근을 통한 유화전략을 고려했다.

중·미 양국 접근과 관련된 치열한 과정에 대해서는『닉슨 중국방문 기밀회담록』이나『저우언라이-키신저 기밀회담록』의 기록을 참조하기 바란다. 여기에서는 접촉 직전 양측이 지니고 있던 전략목표에 대해 정리하고자 한다. 1971년 5월 26일, 중국공산당 중앙정치국 회의에서 저우언라이가 제시한 제안(대미 8원칙) 중에는 "중·미관계 그리고 이에 관련된 타이완과 인도차이나 문제에서 중국은 아래와 같은 원칙을 고수해야 한다"라며, 다음과 같은 기본전략을 결정했다(沈 編,『中蘇關係檔案』).

• 타이완 및 타이완 해협으로부터 미국의 무장 군사력과 군사시설 모두를 일정 기간 내에 철수시키는 것이 관계 회복의 관건이다.
• '두 개의 중국', '한 개의 중국, 한 개의 타이완(一中一台)'에 반대한다.

---

[34] 1969년 7월 25일에 닉슨 대통령은 「괌 독트린」을 발표했다. ① 미국은 아시아·태평양 지역에서 중요한 역할을 수행한다, ② 미국 지상군을 아시아로부터 점차 철수시키고, 향후 지상군에 의한 직접적인 개입은 피한다, ③ 핵무기에 의한 위협 이외에, 아시아 국가들이 자조의 정신을 기초로 하여 문제를 자주적으로 처리해야 한다. 또한 닉슨은 이미 1967년에 아시아가 주도하여 "중국을 국제사회로 끌어 들인다"는 것 등을 제안했다. Richard Nixon, "Asia After Viet Nam," *Foreign Affairs*, Vol. 46, No. 1(October 1967), pp. 111~125.

- 중국은 인도차이나 3개국, 한반도, 일본, 동남아시아로부터 미국의 무장 군사력을 철수시킬 것을 주장한다.

한편 미국의 전략이 확실히 알려지게 된 것은 키신저가 비밀리에 중국을 방문하기 직전인 7월 1일에 행해진 닉슨, 키신저, 그리고 헤이그[35] 사이의 회담을 통해서이다. 중국과의 교섭 과정에서 다음과 같은 내용을 확인하고 있다(毛里·增田 監修, 2004: 解說 351).

- 미국의 군사력이 아시아로부터 철수하게 되면 일본의 호전성이 강화되는 등 일본의 잠재적 위협에 대해 중국이 관심을 기울이도록 강력하게 환기시킨다.
- 중국 국경지역에 대한 소련 위협의 중대성 등을 언급하면서 중국에게 공포감을 조성한다.
- 대통령의 중국 방문 이전에 미군 포로의 석방, 중국에 대한 곡물 수출, 베트남 전쟁에 대한 어느 정도의 진전을 실현시킨다.

요컨대, 미·중 간의 주요 이슈는 우선 '타이완 문제' 그리고 그 다음으로 베트남 및 인도차이나 문제였다. 1971년 7월에 키신저 안보담당 보좌관의 비밀 방중으로 타이완 문제와 관련된 '돌파구'가 마련되었다. 그

---

35 알렉산더 헤이그(Alexander M. Haig, Jr., 1924~2010), 미국의 군인 출신 정치인으로 닉슨 및 포드 정권에서 대통령 수석보좌관을 지냈고, 레이건 정권에서 국무장관을 지냈다. _ 옮긴이 주

는 회담 모두(冒頭)에서 저우언라이에게 다음과 같이 확실히 약속했다.

① 타이완에 주둔하고 있는 미군의 2/3는 인도차이나 전쟁이 종결되는 시점에 철수하며, 나머지 1/3도 미·중관계의 전전에 따라 점차 삭감한다.
② '두 개의 중국', '한 개의 중국, 한 개의 타이완'이라고 주장하지 않는다.
③ 타이완의 독립운동을 지지하지 않는다.

또한 제2기 닉슨 정권의 초반에 중국을 승인할 수도 있다고 시사했다.[36] 10월의 공식 회담에서는 키신저와 저우언라이가 베트남 문제와 코뮈니케 초안을 둘러싸고 매우 힘겨운 교섭을 했다. 타이완 문제와 관련하여 결국 가장 마지막에 이르러서는, "미국은 타이완 해협 양측의 모든 중국인이 중국은 오직 하나라고 주장하고 있는 것을 인정하며, 이에 대해 이의를 제기하지 않는다"라고 하자는 키신저의 제안에 대해 저우언라이가 "절묘한 발명이다"라며 호응하여 합의에 도달했다.[37] 인도차

---

[36] ≪로스앤젤레스 타임스(Los Angeles Times)≫의 제임스 만(James Mann)은 1971~1972년의 미·중 교섭은 닉슨과 키신저에 의한 용두사미와 같은 실패였다고 냉혹하게 비판하고 있다. "베이징에서 저우언라이와 진행된 최초의 회담에서, 키신저는 타이완의 독립 혹은 타이완의 독립운동을 미국이 지지하지 않을 것이라고 약속했다. 이와 같은 새로운 확약은 타이완에 주둔하는 미군을 삭감시키고, 베이징과 타이베이 두 정부 사이의 화해를 지원한다는 내용의 바르샤바 회담에서 제시한 약속을 훨씬 상회했다"(Mann, 1999: 54~55).
[37] 10월 회담이 종료되는 날에 유엔 총회는 중화인민공화국의 유일한 합법적 대표

이나 문제에 대해서는 저우언라이가 1971년 7월부터 1972년 2월에 걸쳐 진행된 일련의 대미 교섭에서 당사자의 문제라고 하며 미국에게 일절 언질을 주지 않았다.[38]

2월에 미국 대통령의 방중을 통해 합의된 '상하이 코뮈니케'에서 국교 정상화는 양측 모두의 이익이며 쌍방은 아시아·태평양 지역에서 패권을 추구하지 않는다는 것과 경제관계의 확대 및 연락사무소의 설치 등이 합의되었다. 그렇지만 2기 닉슨 정권 초반에 예정하고 있던 국교 수립은 1978년 12월 16일에 이르러서야 결국 합의가 될 수 있었다(1979년 1월 1일 국교 수립). 이는 '4인방'과의 격렬하며 은밀하고 미세한 권력투쟁, 그리고 워터게이트 사건에 의해 닉슨 대통령이 실각되는 양국의 국내사정 때문이었다.

'국교정상화 코뮈니케'는 1972년의 상하이 코뮈니케보다 중국 측의 주장에 힘이 더 실린 것이었다. "미국은 중화인민공화국 정부가 중국의 유일한 합법정부라는 점을 '인정'하며, 또한 미국정부는 중국이 단지 하

    권을 인정하고, 5개 상임이사국의 하나로서 환영하며, 타이완을 유엔 및 관련 여러 기관들로부터 배제한다는 것을 내용으로 하는 알바니아 결의안을 찬성 76표, 반대 35표, 기권 17표, 결석 3표로 채택했다. 중국 대표단이 유엔 총회 회의장에 처음으로 모습을 드러낸 것은 11월 15일의 일이다.

38 이와 같은 점에서, 북베트남 외교부가 『중국백서(中國白書)』(1979年 10月 4日)를 통해 비판한 내용인 "타이완 문제의 해결을 거래로 삼아, 베트남 인민의 피와 땀을 이용했다"는 사실과 맞지 않는다. 『중국백서: 중국을 고발한다, 최근 30년간의 베트남·중국 관계의 진실(中國白書: 中國告發するこの30年間のベトナム·中國關係の眞實)』(日中出版, 1979年 11月).

나이며 타이완은 중국의 일부라는 중국의 입장을 승인한다"라는 내용이 포함되었다.

　미국은 타이완과의 정부 간 관계를 완전히 단절했다. 미국과 중화민국 사이의「미화(美華) 상호방위조약」을 어떻게 할 것인가 하는 어려운 문제에 대해서는 국교정상화 1년 후에 동 조약을 종료시키는 것으로 처리하고자 했다. 그렇지만 타이완의 로비를 포함하여 미국의 국내 여론은 이것을 납득하지 못했다. 미국 하원은 4월 1일에「타이완 관계법」을 채택했고, '미국-타이완 관계'가 정지되는 것에 따른 조치로서 다음의 사항들이 결정되었다(『日中關係基本資料集, 1949~1997年』).

- 미·중 간의 국교수립은 타이완의 미래가 평화적인 수단에 의해 해결된다는 전제에 입각해 있는 것이다.
- 타이완의 평화와 안정은 미국의 국제적인 관심사이며, 비평화적인 수단으로 타이완의 미래를 결정하고자 한다면, 이는 서태평양의 평화와 안전에 대한 위협이며 미국의 중대한 관심사이다.
- 미국은 충분한 자위능력의 유지를 위해 필요한 수량의 방어용 물자 및 서비스를 타이완에 대해 제공한다.

　미국의 닉슨 정권은 국무부와 의회의 의사를 거스르며 은밀한 외교로 중국과의 화해를 달성했고, 중국도 마오쩌둥과 저우언라이와 같은 두 명의 지도자가 '반소(反蘇) 통일전선'이라는 전략적 고려에 의해 갑작스럽게 미국과 화해하는 것으로 방향을 바꾸었다. 아시아를 양극 구도로 나뉘게 했던 미·중 간의 냉전 종식은 아시아와 세계에 거대한 변동을 가져왔다. 그 결과 중·일 간의 국교정상화도 실현되었다. 그렇지만 이후의 중·미관계는 결코 평탄하지 않았다. 현재까지 계속되고 있는 중·미 간의 주된 이슈는 타이완, 인권, 그리고 지적재산권 이슈를 포함하는 경제적 마찰의 세 가지인데, 그 가운데 최대의 난제인 '타이완 이슈' 및 타이완에 대한 무기 판매에 대해 미국은 국내법을 방패로 삼아 중국과 상호 비난을 계속 주고받고 있다.

다음으로 '일조선(一條線) 전략'을 다시 살펴보자. 중국이 소련을 주요 적국으로 삼았던 것은 1971년의 일인데, '일조선 전략'이 명시화된 것은 중·미 사이에 화해가 이루어지고 중·일관계가 정상화된 이후인 1973년의 일이다. 2월 17일에 중국을 방문한 키신저 보좌관을 앞에 두고 마오쩌둥은 "우리는 당신들이나 유럽, 일본과 협력하는 것이 좋다. 어떤 문제를 놓고서는 격렬한 논쟁을 해도 상관이 없지만 근본적으로 협력이 필요하다. …… (소련의 위협이 갈수록 강화되고 있다. 국제적으로 소련을 고립시켜야 한다) 하나의 횡선(橫線), 즉 미국, 일본, 중국, 파키스탄, 이란, 터키, 유럽이 함께 가로선(의 협력라인)을 만들면 어떻겠는가?"라고 말했다(宮, 2002).

또한, 1974년 1월 5일에 중국을 방문한 오히라 마사요시[39]에 대해 마오쩌둥은 일조선(一條線)의 선에서 공간으로 확대하는 '일대편(一大片)

---

39 오히라 마사요시(大平正芳, 1910~1980), 일본의 관료 및 정치인이다. 중의원 의원, 내각 관방장관, 외무대신 등을 역임했으며, 1978~1980년에 총리를 지냈다.
— 옮긴이 주

구상'을 제기했다. 즉, 선 주변의 국가를 정돈하고 미국과 일본을 포함하는 모든 세력을 이용해 소련의 확장주의에 대항하자는 것이다(宮, 2002).

중국은 1970년대에 '일조선 전략'을 통해 강대국들과의 관계와 수많은 양국 사이의 관계를 처리했다. 이에는 소련과의 친밀도 여부가 가장 중요한 기준이 되었다. 중·일관계가 정상화된 이후에 평화우호조약의 체결을 위한 교섭이 난항을 겪었던 것도, 중국이 소련에 대한 공동대항을 의도하며 패권 조항을 삽입하자고 집요하게 주장했기 때문이다. "새로운 세계전쟁의 위험에 직면하고 있다. 무엇보다 위험한 전쟁의 발원지는 소련 패권주의이다. 무엇보다 광범위한 통일전선을 조직하여 소련 패권주의의 전략적 배치에 혼란을 야기함으로써 세계전쟁의 발발을 지연시키는 것이 필요하다"(曲, 2000: 376)라고 한 것처럼, 당시 중국에는 강력한 준(準)군사적인 사고가 존재했음을 알 수 있다. 이 전략은 중·미 접근이라는 좋은 결과도 만들어냈지만, 다른 한편 소련과 동맹조약을 체결하고 중국에 대항했던 베트남과의 대결인 중·월 전쟁(1979년 2~3월)이라는 큰 대가를 지불하게 만들었다.[40]

---

[40] '일조선 전략'에 대해 현재 중국은 다음과 같이 긍정적으로 평가한다. "1970년대의 특수한 역사적 조건 아래에서, 이 전략은 양면으로부터 적에 둘러싸였던 중국이 불리한 국면을 전환할 수 있도록 했고, 그 결과 중국은 자신의 실력을 더욱 제고시키고 높은 국제적 지위를 얻을 수 있었고, 세계의 모든 영역에 영향을 미치는 미국, 중국, 소련 간의 삼각관계라는 국제정치상의 격국(格局)을 만들어낼 수가 있었다"(宮, 2002).

3개 세계론

'일조선(一條線)'은 그 의도가 노골적인 전략론이었는데, 마오쩌둥은 이것을 더욱 장대한 세계체제론으로 발전시키고자 했다. 1974년 2월 22일에 잠비아의 카운다(Kenneth Kaunda) 대통령과 함께한 회견에서 마오쩌둥은 "내가 볼 때, 미국과 소련은 제1세계이다. 중간파의 일본, 유럽, 캐나다는 제2세계이다. 우리 아시아는 일본을 제외하고 모두 제3세계이다"라고 말했다(『建國以來毛澤東文稿』, 第13冊).

문화대혁명에서 다시 부활한 덩샤오핑이 1974년 4월 처음으로 미국을 방문하여, 유엔 자원특별총회에서 '3개 세계론'을 피력했다. 그는 "전후에 한 시기 존재했던 사회주의 진영은 사회제국주의(소련)의 출현으로 이미 사라지게 되었다"라고 밝히고, 제1세계인 미·소 초강대국이 현재 최대의 착취자이며 다른 국가들에 대해 지배, 전복, 간섭, 침략을 하고 있는데, 양자는 세계의 패권을 차지하기 위해 서로 경쟁하고 있으며 이러한 쟁탈전 자체가 전면적·장기적·절대적이라고 논했다. 이 견해에 따르면, 제2세계는 선진국으로 구성되지만 초강대국으로부터 지배, 위협, 모욕을 받고 있기 때문에 그러한 지배로부터 탈피하고자 하는 반면, 제3세계에 대해서는 식민지주의의 관계를 갖고 있는 등 양면성이 두드러진다. 또한, 발전도상국으로 구성되어 있는 제3세계는 억압을 받고 있기 때문에 식민지주의, 제국주의, 초강대국에 반대하는 주요 세력이며 국제체제를 변경시킬 수 있는 혁명적 원동력으로 간주된다.

'3개 세계론'은 다른 측면에서 보면 중간지대론의 사고방식을 계승하고 있다(〈그림 8-2〉 참조). 그렇지만 중간지대론이 이념적인 대립으로 세

그림 8-4 3개 세계론

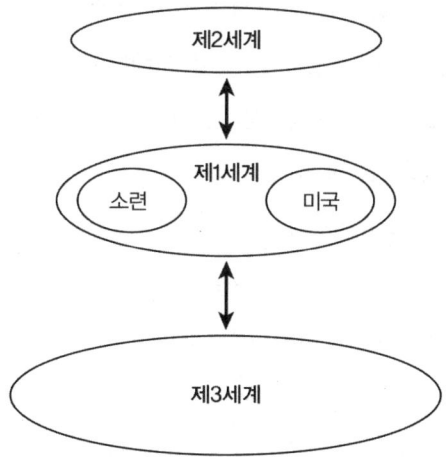

계를 양분하는 동서 간의 축을 잔존시키고 있던 것에 반해, 3개 세계론은 발전 수준을 기준으로 패권국과 피지배국으로 구분하는 남북 간의 축을 더욱 감안하고 있다. 1960년대부터 국제적으로 유행했던 '종속이론'의 영향도 느껴진다. 여기에서 주의해야 할 것은 당시 덩샤오핑이 중국은 발전도상국으로서 제3세계에 속하며 제3세계의 지도자라는 자기인식을 명확하게 밝혔던 사실이다.

그런데 1980년대 후반부터 중국은 '3개 세계론'으로부터 이탈해간다. 개혁·개방, 4대 현대화 노선이 확고해지는 가운데, 1983년 가을에 열렸던 세계경제신질서 심포지엄에서 제3세계의 '종속이론'에 대한 지지와 비판이 격렬하게 오고갔다. 중국의 경제학자 첸쥔루이(錢俊瑞)는 사미르 아민[41]을 예로 들면서 종속이론에 대해 다음과 같이 엄격하게 비판했다. "현재 선진국과 제3세계 사이의 관계는 단순한 지배와 피지배의 관계가 아니다. 주로 상호의존과 상호투쟁의 관계에 있다. …… 종속론자들은 제3세계가 영구적으로 종속에서 벗어나기 위해서는 국제경제와 세계시장으로부터 결별해야 한다고 말하는데, 이러한 것은 실제로 있을 수 없으며 매우 해로운 환상이다. …… 거꾸로 우리는 국제경제에 적극적으로 참가하고 세계시장에 진출하여 민족경제를 발전시켜야 한다"(錢, 1983). 다시 말해서, 중국은 개혁·개방 전략에 따라 자신을 '종속이론'으로부터 해방시켰다고 말할 수도 있다.

중국의 경제적 강대국화와 세계화가 진전되면서, 제3세계에 대한 중국의 정체성은 더욱 희박해져 가고 있다. 특히 1997년의 아시아 금융위기는 중국으로 하여금 '지역주의 외교'를 중시하게 만들었다(제10장 참조). 국제기구 차원에서 1990년대 말의 아세안(ASEAN)에 대한 접근이나 2001년의 중앙아시아 지역을 염두에 둔 상하이협력기구(SCO)의 설치가 이에 해당한다(毛里, 2005).

2002년에 개최된 제16차 당대회에서 장쩌민[42]은 대외방침과 관련하여 세계무역기구(WTO)에 가입한 이후 이제까지 견지해왔던 '도입'에서

---

41 사미르 아민(Samir Amin, 1931~), 이집트 출신의 경제학자이다. 『세계적 규모의 자본축적』 등을 통해서 중심과 주변의 양극화라는 세계자본주의 발전에 대한 이론을 제기했으며, 종속이론의 대표적인 주창자이다.
42 장쩌민(江澤民, 1926~), 장쑤성 양저우(揚州) 출신으로 1989~2002년에 중국공산당 총서기, 1993~2003년에 중화인민공화국 국가주석, 1989~2004년에 중국공산당 중앙군사위원회 주석, 1990~2005년에 중화인민공화국 중앙군사위원회 주석을 역임했다. ㅡ 옮긴이 주

'진출'로 대외개방의 수준을 한 단계 발전시킬 것을 제기하는 한편, 중국의 외교 대상국은 첫째가 선진국, 둘째가 인접국, 그리고 셋째가 제3세계라고 하면서 중점의 전환을 명백히 밝혔다. 이듬해 2003년에 상하이 국제문제연구소(SIIS)의 위신톈(兪新天)이 발표한 논문은, 개발도상국 중시정책으로부터 결별하고 새로운 지역외교와 선진국에 대한 외교를 전개할 것을 제기하고 있다는 점에서 매우 흥미롭다. 위신톈은 중국이 이제까지 제3세계를 하나의 총체로서 평등원칙에 의거하여 대우하며 중요한 전략적 의미를 부여해왔지만, 중국이 경제적으로 발전하고 (신흥공업국, 일반적인 발전도상국, 그리고 가장 발전이 지체된 국가 등으로) 제3세계가 분화됨에 따라 중국의 주요 협력파트너는 우선적으로 선진국, 그 다음으로 신흥공업 지역이 되었다고 한다. 아울러 위신톈은 세계화가 진행되는 가운데 주권의 개념도 변화하고 있다면서, 평화공존 5원칙에 대한 재검토마저 제안하고 있다(兪, 2003).

또 다른 논자는 제3세계가 세계화에 의해 실제적으로 주변부에 의해 추격당하고 있는 (대다수의 아프리카 국가들로 구성되어 있는) 제1주변부, 경제발전은 하고 있으나 지역화가 미숙한 (대다수의 아시아 국가들로 구성되어 있는) 제2주변부, 지역경제화와 민주화로 종합국력이 월등한 (주로 라틴아메리카 국가들로 구성되어 있는) 제3주변부의 '3층 구조'로 되어 있다고 분석한다(朱, 2002). 결국, 세계화가 중국의 '3개 세계론'을 무너뜨렸다고 할 수 있다.

제9장

개혁·개방 시기의 외교: 핵심어를 통한 독해

1980년대

격국(格局)

　이미 앞에서 논한 바와 같이, 중국의 지도자나 전문가들은 국제사회를 네 가지의 수준으로 구분하여 구조적으로 파악하는 것을 선호한다. 첫 번째 수준이 세계체제, 두 번째 수준이 시대상황, 세 번째 수준이 광의의 국제정치 시스템[系統], 그리고 네 번째 수준이 협의의 국제정치 시스템, 즉 '격국'이다. 1970년대 초, 중국은 소련에 대항하기 위한 대미 접근을 성사시키면서 '미국·중국·소련 대(大)삼각 관계'를 구상했는데, 이 시기 이후로 많이 사용되고 있는 용어가 '격국'이다. 1992년에 출간된 중국의 국제정치학 교과서에 의하면, 격국이란 "국제무대에서 주요 정치권력 사이에 어떤 일정한 시기의 상호관계 및 상호작용이 만들어내는 구조의 상태"이며, 격국의 주체는 "독립적으로 역할을 발휘할 수 있는 국제정치에 거대한 영향력을 지니고 있는 정치 단위체"이다. 말하자면, 격국이란 "어떤 의미에서 일종의 균형 상태"이며, "국제정치에서 주요 강대국 사이의 역학관계가 일정한 균형상태에 도달했을 때, 일정하게 상호 제약하는 관계가 조성되고 일정한 격국 상태가 만들어진다"라고 한다(馮·宋, 1992: 93). 요컨대, 격국이란 강대국 간의 '권력(power) 구조'인 것이다.

1980년대 초부터 줄곧 중국에서는 강대국 사이의 역학 관계를 통해 국제정치를 파악했으며, 격국이 국제정치의 향배를 결정한다고 보는 경향이 강하다. 이와 함께 동서 간의 대립축도 남북 간의 대립축도 거의 영향력을 잃고 있다. 덩샤오핑의 고문 역할을 했던 중국 국무원 국제문제연구센터 총간사 환샹[1]이 1984년에 강조했던 미국·중국·소련 '대삼각 관계'가 그 전형적인 예이다. "오늘날 세계에서 국제정세의 전개를 결정하고 있는 것은 미국, 중국, 소련의 3개국으로 구성되는 '대삼각 관계'이다. …… 남북관계 특히 제3세계 국가들이 직면하고 있는 고통스러운 상황도 세계정세의 발전에 커다란 영향을 미칠 수 있지만, 장래를 전망할 경우 상당히 장기간에 걸쳐 국제정세의 방향을 결정하는 것은 여전히 미국, 중국, 소련의 '대삼각 관계'뿐이다"라고 했다(宦, 1984: 1102). 환샹

---

[1] 환샹(宦鄕, 1919~1989), 구이저우성(貴州省) 출신으로 상하이교통대학을 졸업했고, 일본 와세다대학에서 유학했다. 1954년 주영국 임시대리 대사, 1964년 외교장관 보좌역, 1982년 국무원 국제문제연구센터 총간사, 전국인대 외사위원회 부주임, 중국사회과학원 고문 등을 역임했다. 개혁·개방정책과 외교의 중국 브레인으로 활동했다. ＿옮긴이 주

의 언급 가운데에서 현실주의와 권력에 대한 숭앙(崇仰)을 확실히 파악할 수 있다. 그는 다음과 같이 말하기도 했다. "서방측의 세력균형론은 세력균형을 통해 평화를 지키고자 하는 것인데, 우리는 이를 '부르주아 이론'이라고 하며 배척해왔다. 그런데 오늘날에 이르러 세력균형 이론을 부정할 수 없게 되었다. 이는 세계평화를 수호하는 것이 실제로 세력균형, 정치의 균형, 경제의 균형, 군사의 균형에 의존하고 있기 때문이다"(宦, 1988: 1477).

소련이 붕괴된 이후, 한동안 소련을 대신하여 일본이 '대삼각 관계'의 일원이 될 수도 있다는 기대감이 고조되었던 적도 있다. 예를 들면, 일본연구소의 허팡(何方)은, 미국·중국·일본 '신(新)삼각 관계'가 미국·중국·소련 '대삼각 관계'를 대신하여 "중요한 균형 작용을 수행하게 되었다"라며, 3자간의 상호의존과 상호제약 관계 속에서 중국은 적절하게 이에 대처해야 한다고 주장했다(何, 1993).

이상에서 살펴본 바와 같이, 특히 1980년대 이후 중국의 국제정치에 대한 인식은 국제사회가 평등한 주권국가 간의 관계에 기초하여 구축되어야 한다는 이념을 견지하면서, 구체적인 국제정치 현실에서는 권력(power)을 보유한 주권국가(강대국) 사이의 세력균형(power balance)이 귀추를 결정한다고 보는 것이 주된 시각이었다. 중국의 입장에서 볼 때, 국제정치의 주요한 행위자는 어디까지나 주권국가 그것도 힘을 갖고 있는 주권국가이며, 이것이 만들어내는 '격국'이 바로 중국이 대처해야 할 핵심적인 대상이었다.

독립자주

여기서 말하는 '독립자주'란 일반적으로 일컬어지는 독립자주의 개념이 아니다. 1982년 9월에 열린 제12차 당대회는, ① 덩샤오핑, 후야오방,[2] 자오쯔양[3]의 리더십 확정, ② 20세기 말까지 국민총생산(GDP) 규모를 4배로 증가시키는 계획, ③ '독립자주'의 대외정책 채택의 세 가지 측면에서 획기적이었다. ③은 '대외정책상의 중대한 조정'으로 일컬어지며, 소련을 주요 적국으로 삼고 미국과 준(準)전략적인 관계를 맺어온 외교정책을 어떤 강대국과도 전략관계를 맺지 않는 독립자주, 전방위(全方位) 외교로 변경한 것을 의미한다.

1979년 9월부터 소련의 아프가니스탄 침공에 의해 좌절되었던 소련과의 관계조정을 위한 교섭이 소련 측에 의해 제기되었다. 1982년 3월 23일, 브레즈네프 서기장이 타슈켄트에서 중국과의 관계 정상화에 대해 의욕을 보였다. 그는 중국이 사회주의 국가라는 점을 확인하면서 아무런 전제조건 없이 중국과의 관계개선을 위한 조치를 취할 용의가 있다고 말했다. 중국도 이 제안을 수용하여, 같은 해 8월에 양측은 정치협상

---

2 후야오방(胡耀邦, 1915~1989), 후난성 류양(瀏陽) 출신으로 1933년에 중국공산당에 가입했다. 1952년 10월에 중국신민주주의청년단 중앙서기를 맡았고, 1977년에 중국공산당 중앙당교 및 중국공산당 중앙조직부장에 임명되었다. 1980~1982년에 중국공산당 중앙서기처 서기, 1981~1982년에 중국공산당 중앙위원회 주석, 1982~1987년에 중국공산당 총서기를 역임했다. _옮긴이 주

3 자오쯔양(趙紫陽, 1919~2005), 허난성 화현(滑縣) 출신으로 1987~1989년에 중국공산당 중앙군사위원회 제1부주석, 1980~1987년에 중화인민공화국 국무원 총리, 1987~1989년에 중국공산당 총서기를 역임했다. _옮긴이 주

의 개시에 대해 합의했다.

한편, 미국과의 관계도 '조정'되었다. 카터(Jimmy Carter) 정권 시기의 '준(準)동맹'은 순식간에 종결되고, 레이건(Ronald Reagan) 대통령을 수반으로 하는 공화당 정권이 등장하자 중·미관계는 냉각되었다.[4] 특히 타이완에 대한 무기 수출을 빈번하게 추진하는 미국에 대해 중국은 비판의 강도를 높였다. 이와 같이 관계가 악화된 상황을 '조정'하기 위해 양국 간의 접촉이 수차례에 걸쳐 이루어졌고, 1982년 8월에 모종의 합의를 보았다. 8월 17일의 코뮈니케는 미국은 중화인민공화국이 중국의 유일한 합법정권이라는 점을 '인정하고', 타이완이 중국의 일부라는 것을 '인정'하고 있는 중·미 국교수립 코뮈니케를 재차 확인하고, 미국은 타이완에 대한 무기 판매를 단계적으로 감소시키고 최종적으로 이 문제를 해결하기로 약속했다(제6항).[5] 아마도 상당히 힘겨운 교섭이었을 것

---

4 제1기 레이건 정권 시기의 중·미관계는 마찰이 끊이지 않았다. 그것은 레이건 정권이 보수적인 성향을 갖고 있었고 정권 내부에 친(親)타이완파가 많았기 때문이다. 주요 이슈는 타이완에 대해 FX전투기를 포함한 무기를 판매하는 문제, 이른바 후광 철도채권(1911년)에 대해 미국이 배상을 청구한 것 등의 사안들이다. 중국은 후에 이 시기를 '레이건 정권의 친(親)타이완 정치역류'라고 부르고 있다(曲, 2000: 461).

5 "미국 정부는 타이완에 대해 무기를 판매하는 정책을 장기적인 정책으로 삼지 않으며, 타이완에 판매하는 무기는 성능, 수량의 면에서, 중·미 간에 국교가 수립된 이후 최근 수년간의 수준을 초월하지 않으며, 타이완에 대한 무기의 판매를 단계적으로 줄이고, 일정 기간이 지난 이후에는 최종적으로 이 문제를 해결할 용의가 있다는 점을 밝힌다"라고 했다(타이완에 대한 무기 판매와 관련한 중·미 코뮈니케, 1982년 8월 17일).

으로 여겨지지만, 중국외교의 한 성과로서 평가할 수 있는 문서이다. 또한 이 '8·17 코뮈니케'는 1972년의 '상하이 코뮈니케' 및 1978년의 '국교수립 코뮈니케'와 함께 현재의 중·미관계를 뒷받침하는 3대 문서 중의 하나이다.

위와 같은 '조정'을 거쳐, 후야오방은 제12차 당대회 보고를 통해 다음과 같이 '독립자주'를 중국외교의 일관된 원칙으로서 주장했다. "건국 이래 33년 동안 중국은 그 어떤 강대국 혹은 그 어떤 국가집단에도 결코 의존하지 않았으며, 또한 그 어떤 강대국의 압력에도 결코 굴복하지 않는다는 것을 실제 행동을 통해 세계에 보여주었다." 1950년대의 '소련에 대한 일변도'가 '독립자주'였다는 것은 상당히 무리한 주장이지만, 중국이 일관되게 강대국의 압력에 굴복하지 않았다는 사실은 그 누구도 부정할 수 없다.

'독립자주' 정책으로의 조정은 '국제적 격국(格局)'이 미·소 간의 대치로 변했다고 하는 판단, 레이건 정권의 타이완에 대한 접근, 소련이 사회주의 국가라는 재인식 등에 의해 발단이 된 것이며, 이에 더하여 중국의 실력이 미국과 소련 두 초강대국의 수준에 상당히 미치지 못하고 있는 것으로 전략적인 판단을 했기 때문으로 보인다. 1984년 5월경 덩샤오핑은 브라질의 주앙 피게이레두[6] 대통령에게 "중국의 대외정책은 독립자주이며, 이것은 바로 진정한 비동맹이다. 중국은 미국 카드를 꺼내

---

6 주앙 피게이레두(João Figueiredo, 1918~1999), 브라질의 군사 지도자 및 정치인으로 1979~1985년에 브라질 대통령을 역임했다. ― 옮긴이 주

지도 않으며 소련 카드도 꺼내지 않는다. 또한 다른 사람이 중국 카드를 갖고 노는 것도 허락하지 않는다"라고 말했다(『鄧小平文選』, 第3卷: 57). 1986년 3월에는 자오쯔양 총리가 "중국은 그 어떤 초강대국에게도 의존하지 않으며, 그 어떤 국가와도 동맹 혹은 전략적 관계를 맺지 않는다"라고 논했다(「제7차 5개년 계획에 대한 보고」, ≪人民日報≫, 1996.4.14.). 이로부터 이것이 하나의 원리원칙이기보다는 전략적인 측면이 있음을 살펴볼 수 있다.

요컨대, 중국은 하나의 그룹으로 움직인다는 태도를 표명한 것이다. 소련과의 '동맹 실패' 그리고 1970년대 말의 미국에 대한 과도한 '전략적 의존'이 자국을 자유롭게 행동할 수 없게 했다는 점을 통감한 결과일 것이다. 그 이후 오늘날까지 평화공존 5원칙과 '독립자주' 노선은 중국외교의 양대 기본원칙으로 존속되고 있다.

평화와 발전의 시대

마오쩌둥 시기와 덩샤오핑 시기를 나뉘게 하는 최대의 차이점은 바로 시대에 대한 인식이다. 마오쩌둥은 한평생을 '전쟁과 혁명의 시대'로 간주하고 국내에서는 계속혁명을, 대외적으로는 준전시 상태를 상정하는 전략을 채택했다. 덩샤오핑 시대에 진입하여 시대에 대한 인식이 결정적으로 변화하게 된 것은 1980년대 중반의 일이다. 1985년 3월에 당 중앙군사위원회 주석이었던 덩샤오핑은 '평화와 발전'이 지금 세계가 현재 직면하고 있는 두 가지 큰 과제라고 제기했다. 그리고 이어서 6월에 개최된 당 중앙군사위원회 회의에서 전쟁에 대한 '지도 사상의 전략적 전환'을 다음과 같이 밝혔다. "과거 우리는 줄곧 전쟁이 불가피하며 급박한 것으로 여겨왔다. …… 따라서 최근 수년 동안의 정세를 자세히 검토한 결과, 세계전쟁을 일으킬 수 있는 나라는 두 개의 초강대국인데 그 어느 쪽도 과감하게 전쟁을 일으키지 않을 것이라는 생각에 이르렀다. …… 대단히 장기간에 걸쳐 대규모의 세계전쟁은 일어나지 않을 것이며, 세계평화는 유지될 것으로 전망된다"(『鄧小平文選』, 第3卷: 104~105, 126~127). 이리하여 당 중앙군사위원회는 건국 이후 처음으로, '전시 군대'에서 '평시 군대'로 전환하기 위해 100만 명 규모의 병력 삭감과 대군구(大軍區)의 개편을 실시하기로 결정했다. 이후 약 10년 동안 중국의 군대건설은 경제의 현대화에 종속된다.

현실적으로는 이미 1970년대 말부터 외자도입, 차관도입, 경제특구 등의 개발조치가 추진되었다. 이론이 현실을 따랐다. 1984년에는 환샹(宦鄉)의 '한 개의 시장론'이 등장하여 스탈린이 주장한 '두 개의 시장론'이 확실히 부정되었다. "이제까지 한 개의 사회주의 시장과 한 개의 자본주의 시장, 즉 두 개의 시장이 병존하고 있다는 이론이 쇄국정책의 근원이었다. …… 세계적으로 볼 때, 세계는 하나의 통일된 시장이며 중국도 그 일부이다"(宦, 1984). 이와 같은 이론적 '돌파'를 계기로 개방이 가일층 추진되었고, 레닌은 공개적으로 비판받았으며 자본주의론도 크게 변했다. 허팡(何方)은 현대 자본주의가 국제화와 상호의존에 의해 변질되었다고 지적하며, "실제로는 1950년대부터 혁명과 전쟁의 시대는 끝났고 평화와 발전의 시대에 진입하게 되었다"라고 논했다(何, 1988).

'한 개의 시장론'이나 '전쟁은 피할 수 있다'라는 테제는 패러다임의

대전환이었다. 이제 더 이상 주요 적국을 설정할 필요도 준전시 체제를 유지할 필요도 없게 되었다. 1982년에 '독립자주' 노선으로 정책을 조정함으로써 중국외교가 질적인 전환을 시작하게 되었고, 전쟁이 불가피하다는 기존의 사고로부터 벗어나게 됨으로써 전체 과정이 완료된다. 평시의 환경이라는 인식을 하게 되면서 경제건설에 전념할 수 있게 되었다. 1986년부터 중국은 아시아개발은행 참여, GATT(관세 및 무역에 관한 일반협정)로의 복귀를 위한 공식 신청, 태평양경제협력회의(PECC)에 대한 참가 등 국제경제와 다국 간의 협력에 참여하는 발걸음을 가속화하게 되었다. 전쟁과 평화, 시장과 자본주의 등에 대한 이론적 '돌파'가 이를 촉진시켰다는 것은 의심할 여지가 없다.

1990년대

평화적 전복[和平演變]

1989년 5월에 고르바초프 소련공산당 서기장이 중국을 방문하여 30여 년간 지속된 상호 대립에 종지부를 찍음으로써 중국외교는 순조롭게 전개될 것으로 여겨졌다. 그런데 천안문 광장의 민주화 운동에 대해 중국 인민해방군이 무력으로 진압을 하면서 생각하지도 못한 좌절을 맞게 된다. 이에 대해 '인권탄압'이라며 반발한 서방에 의해 중국은 경제적 제재에 직면했고, 또한 국제적으로 고립되는 냉엄한 상황에 내몰렸다. 이러한 고립은 동유럽에 이어서 소련이 최종적으로 붕괴하는 소용돌이가 몰아

친 1992년까지 계속되었다. 이 위기의 한 가운데에서 중국이 여러 차례 주장했던 것이 바로 '평화적 전복'에 대한 논의인데, 이는 평화적인 수단으로 중국을 전복시키려는 음모를 서방이 진행하고 있다는 판단이다.

1989년 9월 29일에 장쩌민 신임 총서기는 건국 40주년 기념식에서, "국제적인 반동세력은 무력간섭에 실패한 이후, 1950년대 후반부터 정책의 중점을 '평화적 전복'으로 옮겨 정치적·경제적·문화적 수단을 통해 사회주의 국가들이 일시적으로 어려움을 겪거나 개혁을 실시하고 있는 기회를 틈타 침투를 자행하고 영향력을 증대시키고 있으며 …… 서방에 대해 맹목적 숭배를 하도록 선동하고 있으며, …… 침투와 침투에 대한 저항, 전복과 전복에 대한 저항, '평화적 전복'과 '평화적 전복'에 대한 저항 등의 투쟁은 장기간에 걸쳐 진행될 것이다"라고 호소했다(≪北京週報≫, 第41호, 1989). 또한, '평화적 전복'의 구체적인 사례로서 상정되었던 것은 ① 사회주의 정치제도 및 경제제도의 변경, 공유제에서 사유제로의 변화, 의회민주제와 자유시장경제, ② 공산당의 지도가 프롤레타리아와 광범위한 노동인민의 근본적 이익을 대표할 수 없도록 변화시키는 것, ③ 마르크스주의가 지도이념이 되지 않게 되는 것 등이다(舒, 1989).

덩샤오핑이 느낀 위기감은 특히 강했다. 11월 23일에 탄자니아의 니에레레[7] 대통령과 행한 회담에서 그는 다음과 같이 말했다. "현재 두 가

---

[7] 줄리어스 니에레레(Julius K. Nyerere, 1922~1999), 탄자니아의 초대 대통령이다. _ 옮긴이 주

지의 냉전이 시작되고 있는 것 같다. 하나는 남방 세계, 즉 제3세계에 대한 것이며, 다른 하나는 사회주의에 대한 것이다. 서방 국가들은 연기가 나지 않는 제3차 세계대전을 일으키고 있다. 연기가 나지 않는다는 것은 사회주의 국가들에 대해 '평화적 전복'을 추구하고 있기 때문이다"(『鄧小平文選』, 第3卷: 344~346). 덩샤오핑은 마음속에 외부로부터의 전복활동에 더하여, 정치적 개혁을 요구하는 국내의 압력에 대해서도 강한 경계심을 갖고 있었음에 틀림없다. 이러한 국제적인 고립 속에 중국은 '국가이익'과 '일국(一國) 지향'을 강화해간다. 1990년 9월경 첸치천[8] 외교장관은 중국이 지향하는 국제정치질서를 새로운 '5개의 원칙'을 통해 설명했는데, 그중에서도 타국의 내정에 대한 불간섭이 특히 강조되었다(≪人民日報≫, 1990.9.29.).

그렇지만 '평화적 전복'에 대한 논의는 1992년 봄 무렵에 덩샤오핑이 남순강화(南巡講話)를 통해 시장화를 더욱 가속화하라는 지침을 제시하여 중국 경제가 성장 프로세스에 맹렬하게 진입함에 따라, 그리고 미국 등의 국가들이 중국에 대한 제재를 중도에서 멈추게 된 덕분에 모습이 사라졌다. 이런 맥락에서 대다수의 관찰자들은 중국 자신이 스스로의 손으로 '평화적 전복'을 행하고 있는 것은 아닌가 하는 생각을 하기도 했다.

---

8   첸치천(錢其琛, 1928~), 톈진(天津)에서 출생한 중국의 외교가로서 소련에서 유학을 했으며, 1942년에 중국공산당에 가입했다. 1988~1998년에 중화인민공화국 외교장관, 1993~2003년에 국무원 부총리를 역임했다. 주요 저서로 『열 가지 외교 이야기(外交十記)』가 있다. _옮긴이 주

도광양회(韜光養晦)

국제사회로부터 고립되었던 이 시기에 출현했던 또 하나의 핵심어가 '도광양회', 즉 '자신의 힘을 숨기고 때를 기다린다'는 것이다.[9]

천안문 사건이 일어난 지 3개월 후인 1989년 9월 4일에 덩샤오핑은 중앙의 지도자들에게 다음과 같이 말했다. "국제정세에 대해서는 다음과 같이 세 마디의 말로 개괄할 수 있다. 우선 첫째 냉정하게 관찰할 것, 다음으로 사안에 따라 진용을 확고히 갖출 것, 그리고 세 번째가 침착하게 대응하는 것이다." 이러한 발언에 이어, 이듬해 12월 24일에 행한 담화는 "현재의 국제정세는 예측할 수 없는 요소가 많으며, 모순이 갈수록 심화되고 있다. …… 제3세계의 일부 국가는 중국이 앞장서야 한다고 말하는데, 우리는 절대로 선두에 서지 않는다. 이것은 근본적인 국책 사항이다. 우리는 선두에 서지 않는다. 국력이 충분하지 않으며, (선두에 서는 것도) 결코 좋은 일이 아니며 주도권을 많이 잃게 될 수도 있다"라고 강조했다(『鄧小平文選』, 第3卷: 363). 이 내용은 이후에 첸치천 외교장관에 의해서, '냉정관찰(冷靜觀察), 온주진각(穩住陣脚), 침착응부(沈着應付), 도광양회(韜光養晦), 선어수졸(善於守拙), 결부당두(決不當頭), 유소작위(有所作爲)'의 28자 방침[10]으로 정리되었다(錢, 1996: 7). 이 방침은

---

9 『삼국지』에서 기원하는 '도광양회'의 의미는 『사해(辭海)』 등에 따르면, "자신의 재능을 숨기고 다가올 때를 기다리는 것"으로 해석된다. 중국의 공식적인 영어 번역문은 "hide our capability, bide our time"이다.

10 이 28자 방침의 의미는 다음과 같다. "냉정하게 관찰하며[冷靜觀察], 사안에 따라 진용을 확고하게 갖추며[穩住陣脚], 침착하게 대응하고[沈着應付], 힘을 숨기

그 이후 '도광양회, 유소작위'로 간략하게 일컬어지고 있다.

어떤 설명에 따르면, '도광양회'에는 '네 가지의 부정[四不]'과 '두 가지의 초월[兩超]'이 포함되어 있다고 한다. 구체적으로 네 가지의 부정은 "깃발을 세우지 않는다, 선두에 서지 않는다, 대항하지 않는다, 적을 만들지 않는다"라는 내용이고, 두 가지의 초월이란 "이데올로기를 초월한다, 관계가 없는 바는 초월한다"라는 것을 말한다(曲, 2000: 527).

'도광양회'는 "강대국이 되어도 결코 패권을 추구하지 않는다"라는 말과 함께 1990년대에 많이 사용되었다. 한편으로는 냉엄한 국제환경을 잘 극복해야 하며, 다른 한편으로는 중국의 강대국화를 경계하고 있는 미국이나 동남아시아 국가들이 제기한 '중국위협론' 등에 대해 "패권에 도전하지 않는다"라는 내용의 메시지를 보내는 것이기도 했다. 그렇지만, 새롭게 21세기에 들어서면서 '도광양회'가 이제는 시대에 뒤쳐진 논의가 아닌가 하는 이의가 중국 국내에서 제기되어 격렬한 논쟁을 유발했다. 예를 들면, 자유주의자로 분류되는 왕이저우(王逸舟)는 덩샤오핑 시대에 국내문제의 해결에 중점을 두고 국제문제와 관련해서는 도광양회의 태도를 취했으나, 1990년대 후반부터 중국이 '책임 있는 강대국'이 되어 적극적인 역할을 수행하고 있다고 주장했다(王, 2003). 혹자는 도광양회가 일시적인 책략인데, 도광양회 그 자체가 사람들에게 『삼국지』에 묘사되어 있는 '와신상담(臥薪嘗膽)'을 연상시켜 모종의 위협감을

고 때를 기다리며[韜光養晦], 자신의 뛰어남을 드러내지 않는 것을 견지하고[善於守拙], 결코 우두머리가 되지 않고[決不當頭], 때가 되면 일부 공헌을 한다[有所作爲]"이다. ― 옮긴이 주

줄 수도 있다고 논했다. 특히 중국 베이징대학의 예쯔청(葉自成)은 덩샤오핑이 도광양회를 제기한 것은 ① 소련의 붕괴로 인해 국내외적으로 모두 대혼란에 직면했던 시기였으나 지금은 상황이 크게 변했으며, 중국은 '강대국'으로서의 마음가짐을 가져야 하고, ② '도광양회'라는 표현은 일시적인 전술이라는 오해를 쉽게 만들어낼 수 있기 때문에 표현방식을 고쳐야 하며, ③ 도광양회를 초월하여 강대국 외교를 적극적이고 과감하게 추진해야 한다고 논했다(葉, 2002; 葉, 2004).[11] 이리하여 2000년대에 들어서면서 '도광양회'라는 표현을 사용하는 빈도는 격감했고, 이를 대신하여 등장한 슬로건이 '책임 있는 강대국', 그리고 '평화적 부상'이다.

남순강화(南巡講話)

마오쩌둥 이후 시기의 대외개방은 4단계를 거쳐 추진되었다. 제1기는 1978년부터 1984년까지, 특히 1978년부터 1980년의 기간 동안 '개방' 전략을 향한 돌파가 있었고 외자도입, 정부차관 도입, 경제특구의 개설, 그리고 국제통화기금(IMF), 세계은행 등 국제경제기구에 대한 가입이 일거에 이루어졌다. 제2기는 1984년부터 1992년까지 14개의 연해도시에 대한 개방에 이어, 창장(長江) 연안 등에서 상하이의 푸둥신구(浦東新區) 건설 등에 이르기까지 연해지역 전체로 개방이 파급된 시기이다. 제

---

11 아울러 도광양회를 둘러싼 2000년대의 논쟁에 대해서는 자오샤오춘(趙曉春, 2006: 24~27)을 참조하기 바란다.

3기는 1992년부터 2002년까지의 시기로서 덩샤오핑이 "시장화를 가속하라"는 지시를 내리면서 외자의 유입이 급격하게 증가되고, 개방이 내륙부와 성도(省都)로 확대된 시기로 개혁·개방은 제2단계에 진입했다. 제4기는 2002년 이후의 시기이다. 세계무역기구(WTO)에 대한 가입을 실현한 중국은 2002년 10월의 제16차 당대회 보고에서 밝힌 바와 같이, 도입에서 '대외 진출'로 개방전략을 제3단계로 격상시켰다. '글로벌 강대국'으로서의 중국이 세계화에 대응하는 전략을 펴고 있는 시기이기도 하며, 개혁·개방은 새로운 단계에 진입했다고 할 수 있다.

제2단계를 개척했던 것은 1992년 봄에 있었던 덩샤오핑의 남순강화(南巡講話, 중공중앙 2호 문서)이다. 덩샤오핑은 1월 18일부터 2월 21일까지 개방의 최전선 지역인 선전(深圳), 주하이(珠海), 상하이(上海) 등을 순회하며, 시장화와 개방을 가속할 것을 내용으로 하는 격문을 당 전체에 보냈다.[12]

이 무렵 중국은 중대한 위기에 직면하고 있었다. 천안문 사건으로 인해 국제적으로 고립되었고, 더욱이 동유럽에 이어 소련이 순식간에 붕괴하여 국제사회는 '사회주의가 패배했다'라는 결론을 내렸다. 중국 국

---

12 덩샤오핑의 남순강화는 중국을 다시 자본주의화한 하나의 호령으로서 역사에 기억될 것이다. 분권개혁으로 인해 궁핍해진 중앙의 재정을 재건하기 위해 1994년부터 분세제(分稅制) 개혁이 행해졌는데, (당시 재정부장은) 남순강화를 "실로 봄의 날벼락과 같이 사람들의 생각을 해방시켰다"라고 평가하고 있다. 류중리(劉仲藜),「1999년 재정세제 체제개혁에 대한 회고(1999年財稅制體制改革回顧)」(구술자료), ≪百年潮≫, 第4期(2009), pp.15~22.

내에서는 개혁·개방을 지속하면 소련처럼 붕괴로 이어지기 때문에 예전의 노선으로 되돌아가야 한다고 주장하는 보수파 세력이 득세했다. 1991년 8월에 소련에서 발생한 군부 등에 의한 쿠데타 사건과 관련하여, 중국의 보도는 상당히 혼란스러운 모습을 보여주고 있다. 이렇게 된 데에는 보수파가 상당히 영향을 미쳤던 것으로 보인다. 이와 같은 위기를 돌파하기 위해 덩샤오핑은 개혁·개방의 최전선 지역을 직접 방문하고 그 성과를 호소했던 것이다. 이는 덩샤오핑의 '유언'이 되었다.

"경제를 건설하기 위해 개혁·개방과 4항 기본원칙을 내용으로 하는 '하나의 중심, 두 가지의 기본점'[13]은 100년간 지속되어야 한다. 결코 동요되어서는 안 된다. …… 개혁·개방의 성과가 없었다면 우리는 6·4(천안문 사건)를 극복할 수 없었을 것이며, 이는 극복해야만 하는 내전이었다", "개혁·개방은 과감하게 해야 한다. 전족을 한 여자를 보는 것처럼 하면 안 된다. 옳다고 생각한 것은 바로 과감하게 시도하고, 대담하게 해보는 것이다. 선전(深圳)이 보여준 귀중한 경험은 바로 이와 같은 과감성이다", "사회주의의 본질은 결국 모두가 풍요롭게 되는 것에 있는 것이 아닌가?" 이러한 발언들 속에는 모든 어려움을 극복하고 경제를 발전시키고자 하는 덩샤오핑의 강렬한 결의가 배어 나오고 있다(≪月刊 Asahi≫, 1992.5.). 이 남순강화가 그 이후의 시장화에 결정적인 의미를

---

13 '한 가지의 중심'은 경제건설, '두 가지의 기본점'이란 개혁·개방과 '4항 기본원칙'이다. 4항 기본원칙은 사회주의 노선, 프롤레타리아 독재, 공산당의 영도, 마르크스·레닌주의와 마오쩌둥 사상의 네 가지를 견지하는 것을 말한다. 좌와 우의 편중을 우려한 방책으로 1979년 3월에 덩샤오핑이 제기했다.

그림 9-1 **중국 경제의 실적**(1982~2006년)

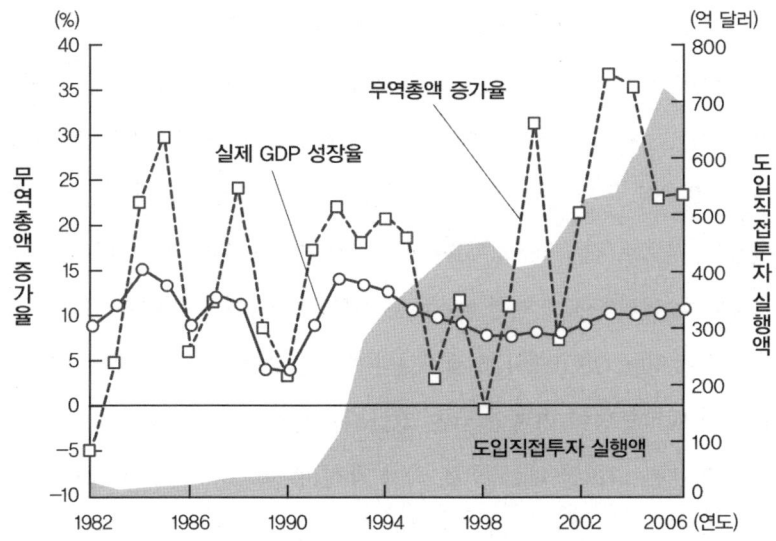

준 것은 이를 계기로 하여 외자가 중국에 유입된 것으로부터 알 수 있다 (〈그림 9-1〉 참조). "지금 돌이켜보면, 나의 커다란 과오는 4개의 경제특구를 설치했을 때 여기에 상하이를 추가하지 않았던 것이다"라는 후회도 역시 덩샤오핑다운 것이다. 상하이 푸둥지구의 개발은 선전 등의 지역에 비해 10년 정도 늦었다.

국가이익

덩샤오핑에 의한 시장화 가속의 지시, 경제의 급성장, 미국과 아시아 국가들에 의해 '중국위협론'이 제기됨에 따라, 이제까지 부정되어왔던 '국가이익'을 정면으로부터 인정하는 논의가 출현했다. 이로부터 현재에 이르기까지 중국에서는 그 누구에게나 '국가이익'은 불가침이자 수호해야 하는 신성한 것이 되었고, 모두 현실주의자가 되었다.

1993년에 현실주의자로 알려진 옌쉐퉁(閻學通, 당시 현대국제관계연구소 소장) 등은 "국가이익에 대한 우리의 관념이나 표현방식은 잘못되었다. 부르주아 국제정치학의 기본 개념, 부르주아 국가의 대외정책에 봉사하는 것으로 간주하고 (이를) 배격해왔다", 그런데 "국가이익은 대외관계와 국제업무에서 객관적으로 존재하는 불가피한 것이며, 강력하게 수호해야 하는 것이다"라고 제기했다(閻學通·兪曉秋·陶堅, 1993). 1989년 10월에 덩샤오핑이 미국의 닉슨 전임 대통령에게 말한 "국가와 국가 사이의 관계를 고려할 때는 주로 국가 자신의 전략적 이익으로부터 출발해야 한다. …… 당신도 나도 자국의 국가이익을 최고의 준칙으로 삼아 문제를 처리한다는 점에 입각하여 흉금을 털어놓고 서로 대화를 할 수 있다"라는 내용이 1994년에 최초로 공개되었다.

1997년에 출판된 옌쉐퉁의 『중국의 국가이익 분석(中國國家利益分析)』은 현실주의 관점으로 인해 독자들의 큰 주목을 받았고, 중국 학계에서도 시끄러운 논쟁을 불러일으켰다. 옌쉐퉁의 주요 논점은 아래와 같다.

- 국민국가(nation-state)의 국가(state)에는 계급성이 없다. 국가이익은 하나의 민족이 공유하는 이익이기 때문에 그 자체로 계급성은 띠지 않는다.
- 국가이익이 구체적인 개인이익으로부터 구성되는 이상, 국가이익과 개

인이익은 대립하지 않으며 일치한다. 따라서 국가이익의 수호와 개인이익의 수호는 모순되지 않으며 상호의존하는 관계에 있다.
- 국제이익은 국가이익이 변형된 것으로서 그 토대는 국가이익이다. 국제이익은 집단이익의 한 형식으로서 국가이익을 체현한다.
- 국가이익은 내용과 범위에서 모두 발전하고 변화한다. 네 가지의 요소들(① 안보상의 이익, ② 경제적 이익, ③ 인권과 주권 등 정치적 이익, ④ 문화적 이익)도 시기에 따라 중점은 변한다. 1950년대에는 안보상의 이익이 가장 우선시되었으나, 1990년대에는 경제적 이익이 주요한 이익이 되고 있다.
- 국가이익에는 중요성에 따라 (긴급한 이익, 중요한 이익, 일반적 이익 등) 우선순위가 존재한다.

이와 같이, 옌쉐퉁은 국가이익을 '국민국가 모든 구성원의 물질적·정신적 필요를 만족시키는 것'으로 정의하고 있다(閻, 1997).

위의 소개를 통해서도, 옌쉐퉁의 국가이익론이 현실주의 가운데에서도 상당히 고전적인 것이라는 것을 알 수 있다. 국가는 최고의 존재로 간주되고 있으며, '국가'와 '권력' 그 자체에 대한 의문제기, 누구를 위한 국가이익인가 등과 같은 질문이나 국가이익이 갖는 주관적인 성격에 대한 '유보적인 견해' 등은 살펴볼 수 없다. 그는 양국 간의 협력과 협의보다는 다국 간 및 집단안전보장 메커니즘을 높게 평가하는데, 그 이유는 "안전보장은 생명보험과 유사하다. 한 개인의 보험보다 단체보험 쪽이 저비용으로 만들 수 있다"는 것에 다름 아니다.

그렇지만 중국의 학계 내부에서 옌쉐퉁의 이와 같은 논의에 대한 문제제기와 비판도 제기되고 있다.[14] 가장 일반적인 비판으로서 중국인민대학 쑹신닝(宋新寧) 교수의 것이 대표적이다. 쑹신닝은 다음과 같이 지적한다.

① 국가의 내용은 다양하며, 국가이익이라고 할 때 여기서 말하는 국가는 실제적으로 정부이다. 국가이익 개념은 근대 시기 이래로 그 내용이 변화했다.
② 국가이익은 추상성, 구체적 실재성, 주관성을 갖는 모호한 개념이며, 이를 단순화하는 것은 위험한 것이다.
③ 상호의존이 심화되고 있는 현재 그 어느 나라의 국가이익도 다른 나라의 국가이익을 희생시키는 것을 통해서는 실현될 수 없다.
④ 현대 세계는 다양한 형태로 국가이익에 대해 도전하고 있고, 또한 이를 제약하고 있다.[15]

---

14 옌쉐퉁의 서적이 출판된 직후에 중국에서는 진귀한 일이지만, 저명한 국제정치 학자들이 서평회를 개최했고 옌쉐퉁 본인도 함께 관련 논의를 했다. 이와 관련된 개략적인 내용에 대해서는, 「주요 서평: 옌쉐퉁『중국의 국가이익 분석』(主要書評: 閻學通『中國的國家利益分析』)」, ≪中國社會科學季刊≫, 第20期(香港: 1997년 秋季号)를 참조하기 바란다.
15 이것은 류진즈(劉金質)와 량서우더(梁守德)가 엮은, 『국제정치 대사전(國際政治大辭典)』(中國社會科學出版社, 1994)에서 제기된 관점으로서 중국 학계의 주류 관점이다.

자유주의적 입장에 가까운 중국 베이징대학 왕지쓰(王緝思)의 발언은 짧지만 시사하는 바가 매우 크다. 왕지쓰는 옌쉐퉁의 서적은 이론이 아니라 '책론(策論)'이라고 언급한 뒤에, 국가이익의 개념을 이와 같이 광범위하게 설정해도 좋은지의 여부에 대해 근본적인 의문을 제시한다. 모겐소[16]는 국가이익의 개념을 추상적인 도덕성 및 이데올로기와 준별하는 의미에서 한정적으로 사용했는데, 옌쉐퉁의 주장에 따르면 문화와 이데올로기도 국가이익의 범주에 포함되어버리기 때문이다.

중국에서 가장 자유주의적 경향을 보이는 중국사회과학원의 왕이저우[17]는 종합안전보장과 세계주의(globalism)의 입장에서 블랙박스와 같은 국가이익론에 대해 비판한다. "영토에 대한 불가침뿐만 아니라 국민과 개인의 권리가 간섭받지 않도록 보장하고, 사회의 여러 세력이 상호 보조를 맞추어 국가와 사회가 공존한다"는 것 자체가 국제정치학의 새로운 과제라고 주장한다(王, 1999).

그렇지만 이와 같은 비판은 중국 학계의 일부 시각에 지나지 않는다. 필자가 볼 때 정책결정에 가까울수록 현실주의자에 속하며, 세계화가 진전되면 될수록 국가이익은 더욱 지켜져야 하는 것으로서 강조되는 추

---

16 한스 모겐소(Hans J. Morgenthau, 1904~1980), 유대계 독일인으로 미국 시카고 대학 교수로 재직했으며 고전적 현실주의 국제정치이론의 정립에 큰 기여를 했다. 주요 저서로 *Politics Among Nations* (1948) 등이 있다. _옮긴이 주
17 왕이저우(王逸舟), 현재 중국 베이징대학 국제관계학원 부원장으로 재직 중이다. 최근 저서로 『창조적 개입: 중국외교의 새로운 방향(創造性介入: 中國外交新取向』(北京大學出版社, 2011) 등이 있다. _옮긴이 주

세에 있다.

파트너십(동반자 관계)

특히 주요 국가들과의 관계에서 1990년대 후반부터 자주 사용되고 있는 용어가 '파트너십[伙伴]'이다. 파트너십에 대해 중국의 한 학자는 "서로 상대방을 적으로 삼지 않고, 평등하게 서로 존중하며, 상대국의 내정에 간섭하지 않으며, 공통의 정치경제적 이익을 추구하며, 쌍방의 관계를 양호하게 발전시키고자 하는 관계"로 정의한다(蘇格, 2000).

중국은 우선 러시아와 '전략적 파트너십' 관계를 구축했다. 1996년 4월에 중국을 방문한 러시아의 옐친(Boris Yeltsin) 대통령과 장쩌민 국가주석 사이의 공동성명은, 「평등과 신뢰를 취지로 하는, 21세기를 향한 전략협력 파트너십을 발전시키기 위한 결의」를 천명했다. 이듬해 4월에 러시아를 방문한 장쩌민은 러시아 연방의회에서 '전략협력 파트너십'이란 ① 양국 간의 장기적인 협력, ② 국제적 사안에 대한 협의와 협조, ③ 국제관계의 완화와 안정 등을 위한 협력을 내용으로 한다고 설명했다 (≪人民日報≫, 1997.4.24.). 1997년 10월에 미국과의 공동성명에도, "중·미 양국의 건설적인 전략적 파트너십의 확립을 위해 함께 노력을 경주한다"라는 한 개의 조항이 들어가 있다. 중·일 사이에는 1998년 11월에 장쩌민이 일본을 방문하여 '우호협력 파트너십'이 제시되었고, 2006년에 아베 신조(安倍晋三) 전임 총리가 방중하여 '전략적 호혜관계'를 구축해 나가는 것에 대해 합의가 이루어졌다.

중국은 1990년대에 러시아를 포함하여 모두 14개국과 파트너십을 체결했다. 2000년에 들어서는 아프리카를 제외하고 아시아, 동유럽, 라틴아메리카, 동남아시아 등 세계 전역으로 확대되고 있다.[18]

그런데 다음의 측면에 주의해야 할 필요가 있다. 첫째, '파트너십'에는 준(準)동맹으로서의 상호 마찰과 불신의 관계까지 포함되어 있으며, 대단히 광범위한 관계를 포함하고 있다는 점이다. 소극적인 의미에서 볼 때, "동맹을 맺지 않는다, 대항하지 않는다, 제3자를 겨냥하지 않는다"는 내용의 '삼불(三不) 관계'라고 말할 수도 있다(Joseph Y. S. Chung and Zhang Wankun, 2002).

둘째, 파트너십에는 전략적 협력, 선린우호, 건설적, 전면적 협력 등의 다양한 수식어가 붙어 있다. 이것은 멀고 가까운 친근감의 차이라기보다는 상호 협력의 영역, 정도, 방식상의 차이를 나타낸다(王, 2002). 다만 '건설적'이라는 수식어가 의미하는 것은 전략목표 등 중요한 문제에서 의견 차이가 존재하고 있기 때문에, (미국, 일본, 인도 등과 같이) 아직 진정한 파트너의 관계라고 할 수 없는 단계를 지칭한다. 전반적으로 볼 때, '협력 파트너십'이 가장 높은 수준이다. 중·러 양국 간의 '전략협력

---

18 아래에서 1990년대에 체결된 파트너십 관계를 제시해보겠다. 중·러 전략협력(1996년 4월), 중·프랑스 포괄적(1997년 5월), 중·미 건설적 전략(1997년 11월), 중·캐나다 포괄적(1997년 12월), 중·멕시코 포괄적(1997년 12월), 중국·아세안 선린(1997년 12월), 중·인 건설적 협력(1997년 12월), 중·파키스탄 포괄협력(1998년 2월), 중·유럽연합 건설적(1998년 4월), 중·영국 포괄적(1998년 10월), 중·일 우호협력(1998년 11월), 중·남아프리카 건설적(1999년 2월), 중·이집트 21세기를 향한 전략(1999년 4월), 중·사우디아라비아 전략협력(1999년 10월) 파트너십 관계 등이 있다.

파트너십'에 대해 중국외교대학(中國外交學院)의 쑤거(蘇格)는 일치된 전략목표, 광범위한 공통의 이익, 중대 사안에 대한 일치된 혹은 유사한 견해, 근본적인 이해충돌의 부재, 민감한 군사부문을 포함해 광범위한 협력분야를 갖고 있는 것으로서 대단히 깊은 의미를 지니고 있으며 '파트너십 외교'의 핵심이라고 한다(蘇, 2000). 또한, 예쯔청(葉自成)은 중국이 독립자주 원칙의 아래에서 '유연한 준(準)동맹 전략'을 채택하는 편이 낫다고 주장하는데, 그가 기대하고 있는 것은 러시아와의 준(準)동맹 수립이다(葉, 2000).

셋째, 1990년대부터 보이고 있는 중국외교의 기본인 하나의 그룹을 기반으로 진행되는 것을 전형적으로 보여주는 대단히 실리적인 용어라는 점이다. 중국의 한 연구자는 파트너십 외교가 ① 강대국과 관계를 조정할 때 주도적 위치에 서게 하며, ② 주변 국가들과의 관계를 안정적으로 도모할 수 있게 하고, ③ 개발도상국과의 전통적 우호관계를 강화할 수 있다는 장점을 갖고 있으며, "중국의 국가이익을 최대한으로 실현하는 것"에 목적을 두고 있음을 밝히고 있다(王, 2002).

다만 일반적으로 중국이 일컫는 '전략관계'란 이익의 일치를 전제로 삼지 않는다. 관계가 장기적이고, 글로벌한 의제를 다루며, 전면적인 관계라는 세 가지 조건이 있으며, 상대방을 '강대국'이라 인식할 경우 중국은 전략적 파트너십 관계를 체결하고자 한다. 2000년에 들어서서 중국은 프랑스와 '전면적 전략 파트너십'(2004년 1월), 독일과 '세계적인 책임을 지는 파트너십'(2004년 5월), 영국과 '전면적 전략 파트너십'(2004년 5월) 관계를 구축했다. 또한 2003년에 관계를 전면 회복했을 뿐인 독일과도

'평화와 번영을 위한 전략협력 파트너십' 관계를 서로 확인했다(2005년 4월). 그리고 중국이 일본에 대해 '전략대화'를 제기했던 것은 이미 2005년 봄의 일인데, 이듬해 9월에 아베 신조 총리가 중국을 방문했을 때 처음으로 '전략적 호혜관계'의 수립에 대한 합의가 이루어졌다. 양국 간의 관계에서 '전략'이라는 용어가 사용되는가의 유무는 중국이 상대방을 파트너로서 인식하고 있는가의 여부를 판단하는 하나의 관건이다.[19]

탈냉전 시기에 중국이 1990년대 후반부터 10년간 꾸준하게 파트너십 외교를 전개했던 것은 '격국(格局)'의 향배를 파악할 수 없게 되면서 강대국에 대해 각각 개별적으로 대응하고자 한 것에서 기인하며, 다른 한편 '다극화'를 추진하고자 했다는 두 가지의 이유를 들 수 있다. 단적으로 말하자면, 실리적인 양국 간의 관계를 파트너십이라는 말로 수식한 '중국식 외교술'이다.

2000년대

책임 있는 강대국

중국경제의 비약적인 발전이 계속되면서, 특히 1997년의 아시아 금융위기를 계기로 하여 제기된 새로운 핵심어가 '책임 있는 강대국'에 대한

---

[19] 한·중관계는 1992년 수교 이후 '우호협력관계'(문민정부 시기), '협력 파트너십[동반자 관계]'(국민의 정부 시기), '전면적 협력 파트너십'(참여정부 시기)에 이어 현재 '전략적 협력 파트너십'을 유지하고 있다. ― 옮긴이 주

논의이다. 2001년에 세계무역기구의 가입이 실현되자, 중국은 강대국이기 때문에 "도광양회에 입각한 논의는 이제 시대에 뒤처진 것이 아닌가?", "국제사회에서 역할을 수행해야 하는 것은 아닌가?"라는 견해가 강력하게 부각되었다. 이 과정에서 국제사회에 참여하고, 도전하며, 선두에 서는 '강대국 외교전략'을 전개해야 한다는 논의가 나왔다. 그 대표적인 논자가 예쯔청(葉自成)이다. 그는 다음과 같이 주장한다(葉, 2000).

① 중국은 이미 일정한 종합국력을 갖추고 있으며 세계 강대국의 조건을 구비하고 있는 국가이기 때문에 강대국으로서의 외교전략을 구비해야 한다.
② 이를 위해서는 우선 과거 '굴욕의 100년'에 대한 기억과 피해자 의식을 불식시키고 강대국으로서의 정상적인(normal) 정신을 구비해야 한다.
③ 국제체제에 참가하여 도전함으로써 동아시아에서 주도권을 확보해야 한다.

중국에서 '책임 있는 강대국' 논의가 다루어진 중요한 계기는 세계무역기구(WTO) 가입으로 인한 것으로 보인다. 2001년 9월에 미국 뉴욕에서 첸치천 국무위원은 세계무역기구 가입절차의 진전에 기대를 걸고, "중국은 책임 있는 강대국으로서 체결한 국제적 협의에 대해서는 언행일치의 입장에서 확실히 엄수해왔다"라고 강조했다(≪新華每日電訊≫, 2001.3.21.). 2003년의 사스(SARS)에 의한 재앙도 중국의 '책임' 있는 자세를 요구했다.

일부 연구자는 '책임 있는 강대국' 외교란 구체적으로 ① 주요 강대국 및 국가집단과 형식 및 내용 모두에서 다양한 파트너 관계를 구축하는 것, ② 개발도상국과의 관계를 처리하는 데에서 고유한 국제적 책임을 수행하는 것, ③ 다국 간의 협력기제에 전면적으로 참여하는 것, 그리고 ④ 아시아·태평양지역의 주변 국가들과 관계를 구축하는 것이라고 지적한다(李·徐, 2006).

이와 같이 중국의 '강대국 자화상'이 출현하자, '도광양회, 유소작위'를 토대로 한 전략은 당시의 특수한 배경 속에서 나온 '대외활동의 방식'이며 '권모술수적인 의미'가 강해서 오해를 낳을 수도 있다는 이유로 경원시되고 언급하지 않게 되었다(朱, 2006). 현실주의자인 칭화대학의 옌쉐퉁(閻學通)도 도광양회를 통해 중국이 고립으로부터 벗어났지만, 1994년부터 '중국위협론'이 강력하게 제기되어 제대로 된 효과를 거두지 못했다는 점에서 '평화적인 부상'의 논의가 더 낫다고 논하고 있다(閻外, 2004).

중국으로 하여금 '책임 있는 강대국'에 대한 인식을 자극시킨 것은 당시 국무부 부장관으로 2007년부터 세계은행 총재[20]로 재직하고 있던 로버트 죌릭(Robert Zoellick)이 2005년 5월 10일에 미국 하원 국제관계위원회에서 제기한 '책임 있는 이익상관자(responsible stakeholder)'에 대한 논의이다. 죌릭은 "책임 있는 이익상관자란 중국을 국제체제에서 강력

---

20 현재 세계은행 총재는 미국 다트머스대학 총장을 역임한 김용(Jim Yong Kim)이다. ─ 옮긴이 주

한 영향력을 지닌 행위자로 간주하며, 중국에 유럽연합이나 일본과 마찬가지로 세계경제와 국제안보에 대해 책임을 갖도록 촉구하는 정책 체계"라고 말한다. 즉, 이제까지 서방은 중국을 국제사회에 관여시키는 것에 다소 머뭇거려왔는데, 중국에 대해 내부자로서의 역할과 자각을 요구했던 것이 죌릭의 이 발언이며 미국 정부의 의도이기도 하다. 이러한 가운데 '도광양회를 보완하고 조정'하기 위해서 제기된 것이 바로 '평화적 부상론'이다.

평화적 부상과 조화세계

강대국이 된 중국이 세계를 향해 강조하는 바는 역사적으로 볼 때 신흥국가의 대두가 특히 세계대전을 비롯한 국제질서의 대변동을 초래했지만, 중국의 부상(浮上)은 결코 그렇지 않고 평화적이며 현상유지의 성격을 보여주고 있다는 것이다. 2004년부터 '평화적 발전[和平發展]'으로 바뀌어 일컬어지게 되는 '평화적 부상[和平崛起]'이나 '조화로운 세계[和諧世界]'도 이를 위해 제기된 핵심 슬로건이다.

'평화적 부상'이라는 용어가 최초로 제기된 것은 후진타오의 브레인들 중의 한 명인 중국개혁개방포럼 이사장 정삐젠[21]이 2003년 11월에 열린 '보아오 포럼'[22]에서 행한 연설 「중국의 평화적 발전을 향한 길」을

---

21 정삐젠(鄭必堅, 1932~), 쓰촨성 푸순(富順) 출신으로 1952년에 중국공산당에 가입했다. 1954년 중국인민대학 정치경제학과 대학원을 졸업했으며, 중국공산당 중앙선전부 부부장, 국무원 국제문제연구센터 부총간사(副總干事), 중앙당교 상무부교장, 개혁개방포럼 이사장 등을 역임했다. ㅡ 옮긴이 주

통해서이다. 그는 어떤 강대국이 부상하는 과정에서 국제적인 격국(格局)의 격변이 일어나고 이어서 큰 전쟁이 초래되었던 근대사의 전철을 중국이 결코 밟지 않을 것이라고 주장했다. 또한 경제와 정치체제의 개혁을 통해 평화적 부상을 뒷받침하고 인류의 문명사적 성과와 중화문명을 흡수하여 평화적 부상의 정신적인 지주로 삼을 것이며, 경제·사람·자연 사이의 조화로운 발전을 지향한다고 명확히 밝혔다. 그는 2004년부터 2005년의 기간 동안에 같은 취지의 논문들을 ≪르 피가로(Le Figaro)≫와 ≪포린 어페어스(Foreign Affairs)≫ 등에 발표하여 세계를 향해 이를 전파했다(鄭, 2004).

그렇지만 이 주제와 관련해 특집논문을 수록한, 중국인민대학에서 발간되는 ≪교학과 연구(敎學與硏究)≫ 학술지의 논쟁이 시사하고 있는 바와 같이, '평화적 부상'에 대해서는 중국의 학계에서도 다양한 의견이 제시되고 있다. 자유주의자의 입장에 가까운 왕지쓰(王緝思)는 '평화적 부상'은 학술적 논의가 아니라 정치적인 명제에 해당하며 또한 "강력한 소망이자 목표이다"라고 논했다. 한편, 현실주의자인 옌쉐퉁은 부상하는 강대국과 패권국 간의 국력(power) 격차가 줄어들었을 때 양자 간에 싸움이 일어나는 것은 일반적인 것이며, 타이완이라는 난제를 갖고 있는 중국이 "무기를 사용하지 않는다는 전제 아래에서 타이완의 독립을

---

22 보아오 포럼(Boao Forum for Asia; 博鰲亞洲論壇), 스위스의 다보스에서 개최되는 세계경제포럼에 상응하여 중국정부의 전면적 지원 아래 구상되어 2001년 2월 27일 호주를 포함해 아시아의 26개국에 의해 설립되었다. 2002년 4월 제1차 회의가 열린 이래 하이난성(海南省)의 보아오(博鰲)에서 개최되고 있다. _ 옮긴이 주

저지할 수 있겠는가?" 그리고 "타이완을 상실한 중국에게 '부상(浮上)'이라는 것이 있을 수 있겠는가?"라는 표현으로 '평화적'이라는 것에 대해 의문을 제기했다(編輯部, 2004).

2007년 10월에 개최된 제17차 당대회는 중국이 국내적으로 조화로운 사회를, 국제적으로 조화로운 세계를 지향하고 있음을 세계에 알렸다. 후진타오 총서기가 처음으로 '조화로운 세계'를 언급했던 것은 2005년 9월의 유엔 창설 60주년 기념총회에서의 연설을 통해서이다. 제17차 당대회에서 "우리는 각국 인민과 협력하여 항구적인 평화, 공동의 번영을 토대로 한 조화로운 세계의 건설을 위해 노력할 것을 주장한다"라고 말했다.

그런데 '조화로운 세계'의 구체적인 내용은 명확하지 않다. 어떤 논자는 중국문화는 전통적으로 '화(和)를 귀히 여긴다'는 등의 내용을 조화로운 사상의 핵심으로 하며, 20세기 중엽에 중국이 '평화공존 5원칙'을 제기했는데 이는 「유엔 헌장」의 정신과도 합치되며, 평화적인 방식과 국제법에 의한 분쟁의 해결, 경제적인 공동이익과 공동번영, 문화적으로 서로 다른 문명 간의 대화와 공존을 그 내용으로 한다고 주장한다(鄭 編, 2008: 29~31). 그렇지만 조화로운 세계를 위해서 중국이 무엇을 할 것인가에 대한 외교정책과 전략이 제시되어 있지는 않다. 왕지쓰(王緝思)가 말한 바와 같이, 이는 중국의 주관적 소망인 것이다.

'책임 있는 강대국론'과 '평화적 부상론'은 모두 중국이 '중국위협론'을 혐오하고 있으며, 국제적인 지위나 이미지에 대해 대단히 유의하고 있다는 점을 보여준다. '도입'에서 '대외 진출'로의 정책 변화를 제기했던 장쩌민의 제16차 당대회 보고는 2020년까지 중국 전략의 기본 목표를 '4s'로 개괄했다. 즉, 주권(sovereignty), 안전(security), 안정(stability), 그리고 국제적인 지위(status)이다.

이제까지 1950년대부터 현재에 이르는 동안 핵심어의 변화를 통해서 중국의 외교사상, 전략 및 정책의 변천과정을 살펴보았다. 이 과정에서 두 가지 측면에 놀라게 된다. 우선, 중국외교는 거의 매 10년마다 변화를 했는데, 마찬가지로 핵심어도 10년을 단위로 하여 흥망성쇠를 겪었다는 사실이다. 그 다음으로 경이로운 것은 국제적인 상황이나 국내정책의 변화에 대응하여 대외전략, 정책 및 대외선전을 임기응변해왔던 실용주의와 강인함이다.

자유주의자로 분류되는 중국의 국제정치학자 왕이저우(王逸舟)가 논하는 바와 같이, 중국은 다양한 얼굴과 속성을 지니고 있다. 중국은 유엔 안보리 상임이사국이자 '핵 강대국'이지만 다른 한편으로 개발도상국이고, 거대한 인구와 오래된 문명을 갖고 있는 강대국이면서도 침략을 받았던 기억이 선명하게 남아 있는 국가이며, 세계화를 통해 최대의 이익을 누리는 국가이자 최대의 경제규모를 갖추고 있는 강대국 등의 다양한 면모를 지니고 있다(王, 2007). 이와 같은 다양한 속성으로 인해 중국은 이후에도 위에서 분석한 다양한 핵심어를 구분하여 사용하거나 새로운 용어를 활용하면서, 자국 국가이익의 극대화를 도모할 것임에 틀림없다.

제10장

세계화와 '글로벌 강대국' 중국

변수로서의 중국

　경제적인 급성장과 세계무역기구 가입을 통해 중국과 세계의 관계는 새로운 단계에 진입했다. 이제까지 중국은 국제환경에 어떻게 자신을 통합시킬 것인가를 중심 과제로 삼아왔고, 국제사회도 중국이 결국 세계에 적응하여 안정적인 세력이 될 것인가의 여부에 주목해왔다. 그런데 21세기에 접어들면서 상황은 크게 변했다. 중국이 국제환경에 의해 크게 제약받고 있는 것은 사실이지만, 그 이상으로 중국이 세계의 움직임을 크게 변화시킬 수 있는 행위자가 되는, 즉 세계가 중국에 의존하게 되는 상황이 발생하게 된 것이다.

　1980년대부터 세계시장에 비약적으로 진입한 중국은 현재 경제대국으로서 아시아뿐만 아니라 세계의 운명에 직접적인 영향력을 보유하고 있는 행위자이다. 이미 앞에서 논한 바와 같이, 중국은 세계의 현행 국제체제에 대해 반(反)체제적인 행위자로서의 접근(1950년대), 체제변혁적인 접근(1960년대), 선택적인 체제변혁의 접근(1970년대), 체제를 유지하며 활용하는 접근(1980년대)을 취해왔고, 1990년 이래 신중하게 '체제구축을 위한 접근'으로 정책방향을 전환하고 있다(毛里, 1995b).

세계화를 주도하고 있는 미국을 제외할 경우, 한편으로 세계화의 흐름에 가장 적극적으로 편승하고 있는 것은 중국이다. 중국은 특히 경제의 세계화를 기회와 도전으로 인식하고 16년간 세계무역기구에 가입하기 위해서 과감한 투쟁을 벌여왔으며, 또한 아시아 지역의 자유무역협정(FTA) 체결에 대단히 의욕적인 모습을 보이고 있다. 1998년 봄에 장쩌민 주석은 경제의 세계화는 회피할 방법이 없다며 이에 대한 대처를 본격적으로 하도록 지시했다. 그리고 제16차 당대회에서는 자금, 기술, 노동력 등의 부분에서 기존의 도입을 중시하는 기조에서 대외진출을 추진하여 대외개방의 수준을 한 단계 제고하는 전략을 제기했다.

그런데 세계화는 무엇보다도 탈냉전 시기의 세계자본주의화의 흐름이며 경제 영역뿐만 아니라 정치와 문화의 영역에서 국경선을 모호하게 만드는 총체적인 움직임이다.[1] 이로 인해 중국은 전체 영역에 걸쳐 근본

---

[1] 세계화란 무엇인가에 대해 다양한 이해와 설명이 있지만, 필자는 세계화를 시장의 세계화를 토대로 한 경제, 정치, 문화 등 모든 영역에서의 전 세계적인 일체화 상황과 과정이라고 본다. 구체적으로 진전되는 세계화는 경제영역의 시장화, 정치영역의 민주화와 반(反)테러주의, 문화영역의 정보가 전자화되면서 수반되는 영어의 국제화이다. 물론, 이로부터 발생하는 마찰, 저항, 일탈의 움직임도 세계화 개념에 포함된다. 또한 세계화, 즉 물품, 돈, 사람, 정보의 전 세계 규모의 일체화는 그것을 주도하는 측과 그것을 수용하는 측이라는 기본적 구조를 지닌다.

적인 영향을 받을 수밖에 없다. 아래에서는 중국이 세계화를 어떻게 인식하고 이에 대해 어떻게 대응하고 있는가에 대해서, ① 세계화를 둘러싼 중국 학계의 동향, ② 세계화에 대응하기 위한 신지역주의 채택, ③ 중국은 제국이 될 것인가 등의 세 가지 관점에서 논해보겠다.

세계화를 어떻게 수용할 것인가?

일반적으로 개혁·개방 이래 중국은 서방의 새로운 이론들에 대단히 민감하게 반응해왔는데, 세계화에 대해서는 그와 같은 경향이 더욱 강하다. 1980년대 말에 서방에서 세계화에 대한 논의가 제기되자 그 흐름은 바로 중국 학계에 파급되었다. 1990년대 후반부터는 인문·사회과학의 전 분야에 걸쳐서 세계화를 둘러싼 논의가 활발하게 진행되었다.

좀 더 자유주의적인 입장에 입각해 있는 것으로 평가받았던 당시 중국사회과학원 부원장 리선즈(李愼之)는 1994년에 세계화에 대한 연구를 본격적으로 추진하자고 학계에 호소했다. 그 이후 논의를 주도했던 사람은 중국공산당 중앙편역국(中央編譯局)의 위커핑[2]이다. 아래에서는 위커핑이 정리한 내용을 기초로 중국의 세계화에 관한 논의를 살펴보겠다(兪, 1999).

---

2   위커핑(兪可平)은 2006년 10월에 민주주의를 계몽적으로 선전하는 「민주는 좋은 것이다(民主是個好東西)」를 발표하여 일약 유명해졌다.

논점-1 세계화를 어떻게 정의할 것인가?
이에 대해서는 아래와 같은 세 가지의 견해가 있다.

① 지역과 국가를 초월해 인류 생활의 일체화가 추진되는 과정이라고 할 수 있다.
② 세계화는 자본주의화 혹은 자본주의의 새로운 발전 단계라고 볼 수 있다.
③ 서방화, 미국화 이외에 다름이 아니라고 할 수 있다.

필자의 입장에서 볼 때, 기본적으로 ①의 견해로 수렴되고 있는 것 같다.
그런데 위커핑 본인은 다음과 같은 점을 특히 중시한다. 첫째, 세계화의 규칙을 제정하고 전체 과정을 주도하고 있는 것은 서방이다. 둘째, 세계화 자체가 보편성과 특수성, 단일성과 다양성, 정합성과 파괴성, 집중과 분산, 국제화와 현지화(토착화)가 동시에 진행되는 프로세스이다. 따라서 위커핑에 의하면, 세계화는 "그 자체로 합리적인 모순"인 것이다 (兪可平, 1999).

논점-2 세계화는 어떤 영역에서 진행되는가?
중국정부나 학계도 당초에는 경제 영역의 세계화만을 상정했다. 경제의 세계화는 중국의 '용(用)', 즉 수단의 측면에서 이익을 가져오지만, 정치문화 영역에서의 세계화는 중국의 '체(體)', 즉 사회주의의 견지에서 볼 때 바람직하지 않은 사정이 있기 때문이다. 그렇지만 최근에 들어서는 전체 영역에 걸친 세계화가 당연한 것으로 논의되고 있다. 자유주의파 경향의 정치학자 류쥔닝(劉軍寧)은 "세계화는 정치 영역에서 볼 때 민주화와 동의어이다", "민주정치와 세계적인 가치가 일체화되는 것이 세계화이다"라고까지 말한다(劉軍寧, 1998). 또한 2001년 말에 중국이 세계무역기구에 가입한 이후 법률 영역에 대해 세계화가 가져온 충격은 대단히 심대했으며 인권, 물권법, 노동법 등에 대한 활발한 논의가 현재 진행 중이다.³

논점-3 세계화는 중국에 어떤 영향을 미칠 것인가?

당초에 중국 당국은 세계화가 자본과 기술의 흡수, 경제협력의 추진 등을 통해 중국에게 기회를 제공할 것으로 낙관적으로 전망했다. 그런데 1997년의 아시아 금융위기로 세계화의 가공할 만한 힘에 직면하면서, 세계화에 선택적으로 동참하는 것이 낫다거나 중국의 경제적 안전

---

3 중국은 1997년과 1998년 「인권에 관한 국제규약 A(사회 및 문화적 권리)」, 「인권에 관한 국제규약 B(공민의 권리와 정치적 권리)」에 조인했다. 이 가운데 규약 A에 대해서 2001년 2월에 전국인대 상무위원회가 일부 보류하여 비준했다. 그렇지만 결사에 대한 권리, 인권, 알 권리 등에서 중국 국내법과 격차가 크고, 현재 법학자 중 일부는 노동법이나 기밀보호법의 개정 등을 강하게 요구하고 있다. 이에 대해서는 두강젠(杜鋼建), 「국가인권 공약과 중국 헌법 개정(中國人權公約與中國憲法修改)」, ≪南方窓(South Wind)≫ 인터넷판 http:// www.nfcmag.com(2002.8.2.); 차이딩젠(蔡定劍), 「비밀보호가 우선인가 아니면 공개가 우선인가?(保密優先, 還是公開優先?)」, ≪財經網≫(2009.6.30.) 등을 참고하기 바란다.

이 위협을 받고 있다거나 혹은 국가주권이 침식되고 있다는 등의 우려들이 제기되었다. 그렇지만 현실적으로 중국은 전체 영역에서의 세계화에 대응하지 않을 수 없다. 위커핑에 따르면, "중국과 같은 개발도상국의 입장에서 볼 때, 세계화에 참여하는 것은 바람직한 것인가의 여부 문제가 아니라 참여의 시기와 방식을 어떻게 선택할 것인가에 대한 문제이다"(兪可平, 1999).

또 한 가지의 흥미로운 점은 세계화와 국가의 관계이다. 자유주의파 경향의 국제정치학자인 스인훙(時殷弘)은 세계화가 진행되는 과정은 균형을 이루고 있지 않기 때문에, 국가는 다음과 같이 세 가지의 유형으로 분류될 수 있다고 한다(時, 2002).

① (유럽과 같은) 탈근대국가의 길
② 개발도상국은 세계화의 과정에서 국가성(國家性)이 강화된다.
③ 취약하고 미성숙한 국가는 세계화에 침식되어 국가능력을 상실하고 '파경 국가'로 전락할 수도 있다.

새로운 대외전략: 지역주의로의 전환

세계화를 통해 중국은 대외전략을 크게 변화시키고 있다. 이미 논한 바와 같이, 제16차 당대회는 '세계를 향해 진출한다'라는 새로운 대외경제 전략을 제기했고 이로써 개혁·개방은 제3단계의 국면에 진입했다. 대외전략의 변화는 우선 1990년대 말에 협력적 안전보장을 토대로 하는 '신안전관(新安全觀)'이 제기됨으로써 명확해졌다. 또 다른 하나의 변화는 중국과 인접해 있는 지역에 대한 지역주의 접근을 통한 새로운 전개이다.

1980년대 이래 중국은 외부 세계에 대해 양국 간의 관계를 중시하는 양자주의와 유엔을 중심으로 하는 다자주의를 통해 대응해왔는데, 그중에서도 중점은 양자주의에 두었다. 주변 국가들에 대해서도 지역에 기반을 둔 접근이라기보다는 양자주의를 통해 대응했다.[4] 그런데 1990년대 후반부터 북방(러시아·중앙아시아), 동남방(동남아시아), 남방(인도 및 남아시아) 지역에 대해 전개되고 있는 중국의 적극적인 지역외교는 주목된다.

동아시아 지역에 대한 접근

중국이 '동아시아'를 아시아 전략의 중심으로 삼고 아세안(ASEAN)과 아세안 지역포럼(ARF)을 전략적으로 대단히 유용한 지역기구로 고려하게 된 것은 2000년 후반부터의 일이다. 그것은 자국을 '강대국'으로 인식하게 된 것과 깊은 관계가 있다. ≪환구시보(環球時報)≫에 따르면,

---

4 필자는 지금까지 "중국외교에 주변은 있었지만 지역은 없었다"라고 평가해왔다. 국제정치학자 왕지쓰(王緝思)도 중국의 아시아 및 동아시아에 대한 개념은 일반적인 개념과는 다르며, 이른바 동아시아와 남아시아, 중앙아시아, 몽골, 러시아 등을 더한 지역을 '주변 국가'의 개념으로 개괄하고 있다고 지적하고 있다. Kokubun Ryosei and Wang Jisi, *The Rise of China and a Changing East Asian Order*, p.7.

2000년 8월경 중국의 국제문제 전문가들이 참가하여 '세계 속의 중국'을 주제로 한 좌담회가 개최되었다. 이 자리에서 중국은 글로벌 강대국인가, 지역 강대국인가, 발전도상국에 불과한 일반적인 국가인가 등에 대한 격론이 진행되었다. 매우 흥미로운 것은 옌쉐퉁이 자신은 세계를 강대국을 중심으로 한 '극(極)'으로 구분하지 않고 지역을 단위로 하여 구분한다고 강조했다는 점이다. 또한 그는 객관적인 영향력, 이익이 미치는 범위, 그리고 발휘할 수 있는 역할 등에 입각해서 볼 때 '중국은 지역강대국'이며 중국의 속성은 '동아시아의 한 국가'라고 언급하여, 대외정책의 중점을 국제적 사무가 아니라 지역적 사안에 두어야 한다고 명쾌하게 말했다(《環球時報》 編輯部, 2000).

2002년 가을에 중국의 현대국제관계연구원이 보고한 정책 제언인 「중국의 아세안 정책 연구보고서」는 아세안을 핵심으로 하는 동남아시아 지역에 대한 기본전략이 굳어졌음을 보여주고 있다. 동 보고서는 ① 1997년의 아시아 금융위기가 촉매제가 되어 역내 경제협력이 급진전되고 있고, ② 아세안 + 3(중국, 한국, 일본)이 동아시아 경제협력의 기본적 틀이며, ③ 중국의 새로운 안보관을 아세안이 수용하고 있기 때문에 지역협력을 통해 아세안이 수행하는 특수한 역할을 그 어떤 강대국도 변경시킬 수 없으며, 상당히 장기간에 걸쳐 동아시아의 협력은 '아세안이 핵심이며 중국은 엔진의 역할을 할 것'이라고 논했다. 동 보고서는 또한 미국의 동남아시아 지역에 대한 이익, 역내 경제협력에서 일본이 수행하고 있는 중요한 역할, 인도의 아세안에 대한 접근 등을 고려할 때, 중국의 동아시아 지역에 대한 새로운 외교는 '개방적'이어야 한다고 강조하고 있다(現代國際關係硏究院課題組, 2000).

이와 함께, 중국판 '동아시아 안보공동체' 구상도 제시되었다. 중국 칭화대학의 옌쉐통과 류장융(劉江永)은 2004년 초에 아세안 정상회의가 "2020년까지 동아시아 공동체를 구축한다"는 것에 합의했던 것을 토대로 하여 '동아시아 안보공동체(EASC)' 구상을 제기했다. 이 공동체의 목표는 전쟁의 방지, 외부로부터의 위협 감소, 내부충돌의 회피를 통해 '지속적인 안전'을 실현하는 것으로 상정되었다. 또한 핵심 이념은 지속적인 안전, 규칙, 제도화로 삼고 다양성의 존중, 일방주의에 대한 제한 등 국제관계의 민주화, 분쟁의 평화적 해결, 주권국가의 생존과 안전을 기본원칙으로 내세웠다(劉·閻, 2004).

중국에 '새로운 아시아 지역주의'가 출현했다고 할 수 있을 것이다. 그런데 유라시아의 대륙국가로서 거대한 경제규모를 지니고 글로벌 강대국이 되어가고 있는 중국은 전략적인 지역기구인 상하이협력기구(SCO)를 설립했다. 남아시아 지역에 대해서는 강대국 인도를 중심으로 하여 '남아시아 지역협력기구(SAARC)'와 향후 어떻게 연대할 것인지를 모색 중이다. 중국의 지역주의 외교의 대상은 물론 넓은 아시아 지역이며, 자국을 중심으로 방사상(放射狀)으로 펼쳐져 있고 또한 전방위 외교를 구사하고 있다.

중앙아시아 및 러시아에 대한 접근

특히 주목되는 것은 중국이 지역외교를 최초로 전개했던 중앙아시아 지역이다. 소련이 붕괴하고 이슬람 원리주의운동이 과격해지자 중국은 중앙아시아 국가들의 불안정이 서부 국경지역을 위협하고 있다는 것을 주로 우려하게 되었다. 1996년 이래 러시아 및 중앙아시아 지역의 국가들과 국경선을 획정하고 군사력의 삭감을 추진했다. 또한, 역내 5개국 간의 정상회의를 정례화하고 제도화했으며, 2001년에는 중국, 러시아, 카자흐스탄, 키르기스스탄, 타지키스탄, 우즈베키스탄 등의 6개국으로 구성된 상하이협력기구(SCO)를 출범시켰다.

상하이라는 지명을 붙이고 있는 것이 보여주는 바와 같이, 상하이협력기구에 대한 중국의 주도권과 리더십은 압도적이다. 중국 푸단대학(復旦大學)의 자오화성(趙華勝)은 상하이협력기구가 "중국의 제안과 추진에 의해 설립될 수 있었던 조직"이며, 중국은 상하이협력기구를 '자신의 조직'으로 간주하고 있음을 솔직하게 언급하고 있다(趙華勝, 2008: 82~83). 2004년에는 사무국이 베이징에 설치되었고, 초대 사무국장으로 주러시아 대사 장더광[5]이 임명되었다. 자금 운용의 측면과 관련해서도 2004년경 회원국들에 대해 총 9억 달러 규모의 우대차관을 제공했고, 2007년 키르기스스탄의 비슈케크(Bishkek)에서 개최된 정상회의에서 후진타오는 추가자금 제공을 약속한 바 있다.

탈냉전 시기 중국과 러시아 사이의 관계는 안정적이다. 우선 1996년 4월에 '전략협력 파트너십'을 구축했다. 4,300km에 이르는 국경선은

---

5 장더광(張德廣, 1941~), 산둥성(山東省) 지닝시(濟寧市) 출생으로 1965년 베이징외국어대학 러시아어과를 졸업했다. 1987~1992년에 주미대사관 참찬(參贊), 1995~2001년에 중화인민공화국 외교차관, 2001~2003년에 주러시아대사를 역임했다. 2004년 1월 15일부터 상하이협력기구 사무총장에 취임했다. ― 옮긴이 주

1990년대에 획정했고, 2005년 6월의 동부 국경선에 관한 보충협정을 통해 완전히 타결이 되었다. 2001년 7월에는 '선린우호협력조약'을 체결하고, 평화 5원칙의 준수와 "선린, 우호, 협력, 평등, 신뢰의 전략협력 파트너십을 약속하며"(제1조), 일방의 이익이 침탈되거나 침략의 위협에 직면했을 때 "즉시 접촉과 협의를 한다"(제9조)라고 규정했으며, "테러, 분리주의, 극단주의에 대한 대처에서도 협력"(제20조)을 약속했다.

국경을 접하고 있는 카자흐스탄, 키르기스스탄, 타지키스탄 등과는 국경선 협정이나 보충협정 등을 통해 국경지대를 안정시키고, 선린우호협력조약을 통해 각각 '유사 사태시의 협력'을 약속하고 있다.

에너지 자원을 둘러싼 움직임도 주목된다. 중립주의를 표방하여 아직 상하이협력기구에 가입하지 않고 있는 투르크메니스탄과는 2006년 4월에 「테러, 분열주의, 극단주의의 퇴치를 위한 협력협정」을 체결하는 한편, 천연가스 파이프라인을 부설하고 2007년 7월경에는 천연가스 매각협정도 체결했다. 이 협정에 따르면, 2009년부터 30년 동안 투르크메니스탄은 중국에 매년 300억m³의 천연가스를 제공하게 된다. 실제적으로 중국의 에너지 사정은 매우 어려운 상황에 처해 있다. 국가발전개혁위원회(NDRC) 산하 에너지연구소의 계산에 의하면, 중국의 석유에 대한 대외의존도는 2010년까지 55%, 2020년까지 65%에 이르게 될 것으로 추정하고 있다.[6]

2000년대에 들어서 중국-중앙아시아 관계에서 또 한 가지 중요한 사

---

6 ≪人民日報≫ 인터넷판(人民網) 일본어판(2009.7.29.).

항은 군사협력과 많은 국가들이 참가하는 공동 군사훈련이다. 9·11 테러 사건으로 상징되는 국제테러주의와 중앙아시아 지역에 대한 미국의 군사적인 진출이 이를 촉진시키고 있다. 반(反)테러를 위한 공동 군사훈련은 2002년 10월에 중국과 키르기스스탄 사이에서 시작되었다. 이는 중국이 건국된 이래 처음으로 자국의 국경선을 넘어 이루어진 군사훈련이었다. 그 이후 군사훈련은 다국 간 및 양국 간에 행해지고 있는데, 특히 러시아와의 공동 군사훈련으로서 2005년 8월에 이루어진 '평화 미션 2005'와 2009년 7월에 시행된 '평화 미션 2009'는 규모가 커서 미국 등에 의해 큰 주목을 받았다.[7]

상하이협력기구는 현재 중앙아시아의 지역기구로서 그 존재감을 더해가고 있다. 중국이 지향하는 상하이협력기구의 모습은 '이익공동체, 책임공동체, 행위공동체'라고 한다(趙華勝, 2008: 436). 이 지역에 대해 중국의 관여가 확대되는 모습을 놓고 볼 때, 상하이협력기구가 탈냉전 시기 중국외교가 거둔 커다란 '성과' 중의 하나라는 점은 부정할 수 없다.

그렇지만 중앙아시아에 대한 중국의 지역주의 접근은 동남아시아에 대한 것과는 상당히 다른 것이다. 첫째, 군사적 안전보장의 측면이 상하이협력기구 및 지역협력에서 우선적인 기능이다. 둘째, 만약 지역주의를 ① 역사적·문화적 귀속의식에 의해 뒷받침되고 있는 유형, ② 어떤

---

7 2005년 8월에 행해졌던 중·러 공동 군사훈련(평화 미션 2005)은 양국 육·해·공군 1만 명이 각각 참가한 대규모의 훈련이었다. 반(反)테러와 관계가 적은 보하이만(渤海灣)에서 행해졌기 때문에, 타이완 유사 상황을 상정한 훈련이라는 의구심을 자아내며 큰 화제가 되었다.

외부의 압력이나 강대국에 대응하고자 하는 정체성에 의해 발로된 형태, ③ 경제협력과 환경협력 등의 명확한 기능을 설정하고 있는 정체성에 기반을 두는 것 등의 세 가지 종류로 나누어본다면, 상하이협력기구는 ①과 같은 귀속의식을 거의 지니고 있지 않으며 ②의 유형에 속한다고 할 수 있다. 셋째, 아세안이 40여 년에 걸친 역사적 과정을 통해 내부적으로 성숙할 수 있었던 것에 반해, 상하이협력기구는 바로 중국이 '만들어낸 것'이라는 사실이다. 이와 같은 세 가지 측면에서 상하이협력기구는 아세안 등의 다른 지역기구와 근본적으로 성격이 다른 것이다. 역내의 일부 강대국이 영향력과 이익의 극대화를 도모하기 위해 설립한, 그리고 군사력을 전제로 하는 낡은 사고의 산물이며 '구형(舊型) 지역주의'라고 할 수 있을 것이다. 어쨌든 중국은 2004년에 9억 달러 규모의 차관을, 그리고 2007년에 우대차관을 추가적으로 제공하기로 약속한 바와 같이, 이 지역 최대의 경제선진국이며 상하이협력기구를 가장 많이 지원하고 있는 국가이기도 하다.[8]

요컨대, 1997년의 아시아 금융위기를 통해 세계화의 조류가 우선적

---

8 중국은 현재 아시아, 아프리카 지역에 대해 전폭적인 원조를 하고 있는 국가이다. 중국의 원조정책은 1990년대 후반에 이념을 중시하는 것으로부터 경제협력이나 투자를 전제로 한 '일본형 원조'로 크게 변모했다. 2005년 말에 공표된 『백서: 중국의 평화적 발전의 길』에 의하면, 개발도상국 11개국과 지역기구에 2,000개 항목 이상의 경제적 원조를 제공하고 있으며, 개발도상국 44개국에 대해 총액 166억 위안의 채무감면 조치를 취했다고 한다. 2006년 11월에는 '중국-아프리카 협력 포럼'을 열고 '아프리카 발전을 위한 새로운 파트너 계획'에 대해 지원을 약속하는 등 글로벌 강대국인 중국의 면모를 보여주고 있다.

으로 지역을 습격한다는 것을 학습하게 된 중국은 세계와 전체 국가들 사이의 중간에 완충지대로서 '지역'을 설정함으로써, 세계화의 막강하고 파괴적인 충격을 완화시키고자 한 것으로 여겨진다.

일본과 중국 양국 모두 큰 목소리로 아시아에 대해 말하지 않고 도외시했던 과거를 갖고 있다. 중국의 아시아 의식, 특히 동아시아 의식은 극히 최근에 일어나고 있는 현상이다. 가장 큰 문제는 미래에 중국이 아시아 속의 한 구성원으로서 아시아와 함께 걷는다는 것을 확실히 보장하기 어렵다는 점이다. 현재 중국의 일각에서는 초강대국을 지향하고자 하는 급진적인 민족주의가 대중들 사이에서 인기를 끌고 있다. 중국의 경제력은 세계적인 수준이며 핵무기를 포함한 군사력은 세계 일류급이다. 이와 같은 중국이 중국인민대학의 팡중잉(龐中英)이 기대하는 것처럼 "주변부를 지역으로 승화시키고 중국을 지역 가운데 융합하고 지역과 중국을 융합시켜서, 전통적인 중화사상에 입각하여 자신과 주변을 구별하지 않고 (양국 간의) '선린우호'에서 탈피하여 '지역융합'을 강조하는 정책으로 발전시킨다"(龐, 2004)는 것이 실제로 가능할 것인가?

세계 속의 중국: '제국론'의 관점에서

'글로벌 강대국' 중국의 출현으로 인해 '중국위협론'이나 '중화제국 부활론'도 제기되고 있다. 그런데 중국이 향후 세계질서 속에서 어떤 위치를 차지할 것인가, 세계질서를 어떻게 변화시킬 수 있을 것인가, 그리고

그림 10-1 중국과 외부세계 인식 개념도

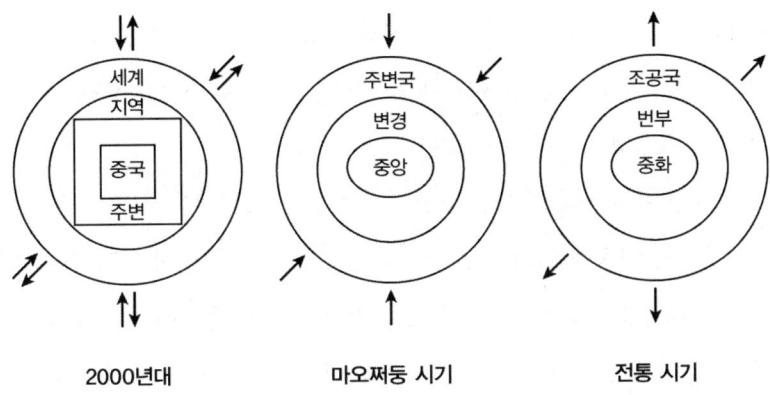

이것이 일본을 포함한 주변국가에게 어떤 의미를 갖는가를 고려해볼 때 좀 더 깊게 생각해볼 필요가 있다.

우선 외부 세계와 중국의 관계에 대해 전통 시대의 중국, 마오쩌둥 시기의 중국, 그리고 현대 중국을 서로 비교하여 검토해보겠다. 〈그림 10-1〉은 전통 시대의 중국과 마오쩌둥 시기의 중국, 그리고 현대 중국의 외부 세계에 대한 인식을 묘사하고 있는 개념도이다. 중화제국 시대에는 하늘·황제·인민 사이에는 계층적인 관계가 있으며, 이것이 외부의 주변지역과 민족들에게도 적용되는 것으로 여겨졌다. 역사에서는 중국을 중심으로 형성된 광역적이며 중층적인 종주(宗主), 주변(周緣), 조공국(朝貢國) 사이의 관계를 '동아시아 책봉체제'라고 부른다. 이때 벡터(vector)가 모두 외부로 향하고 있다는 것이 특징이다. 주의해야 할 점은 외부를 향한 벡터에는 군사적인 것뿐만 아니라, 예(禮)나 인(仁)을 포함하는 유교적인 가치도 포함된다는 것이다. 그런 의미에서 볼 때, 중화제

제10장 세계화와 '글로벌 강대국' 중국 257

국은 '문화(文化) 팽창주의'였다. 또한 중심, 주변, 번부(藩部), 조공국의 관계는 형식적으로는 계층적이었지만 실질적으로는 일정한 경제적 합리성이 작동하고 있었다. 이와 같은 '유연성'이 중화제국을 장기간에 걸쳐 존속시킨 것으로 볼 수도 있다.[9]

민족주의와 혁명을 핵심적인 가치로 삼은 마오쩌둥 시기의 중국은 외부세계를 어떻게 인식했을까? 단적으로 말하자면, 국내적으로는 이념적인 국민국가의 실현을 목표로 삼으면서, 주변부에 대해서는 강력하며 균질적인 통합을 추구하고자 했다. 대외적으로는 주변의 벡터를 조성함으로써 민족주의와 혁명을 침탈하려는 외부 세계로부터의 압력을 물리치고자 했다. 외부 세계는 끊임없는 위협과 침범자로서 인식되었다. 말할 필요도 없이, 벡터는 강력하게 내향적으로 움직였다. 물론, 냉전이라는 국제환경이 중국의 이와 같은 세계 인식을 만들어내기도 했다.

한편, 이미 논한 바와 같이 개혁·개방을 거쳐 21세기를 눈앞에 두고 중국은 세계화를 과감하게 받아들이기 시작했다. 국제적인 '인권 레짐'에 대한 참여와 세계무역기구에 대한 가입을 거치면서 현대 중국은 새

---

[9] 이 책 164쪽의 〈표 7-1〉에서 살펴 본 바와 같이, 2008년 현재 중국의 국민총생산(GDP) 총액은 세계 제3위이며 비중은 7.3%이다. 비중이 10%를 넘어서는 것도 그렇게 멀지 않은 일일 것이다. 그로닌겐대학(University of Groningen)의 경제사학자 매디슨(A. Maddison)의 추산에 따르면, 1~19세기 초까지 세계 국민총생산(GDP) 가운데 중국이 차지하는 비중이 약 22~33%였고, 절정기는 1820년이었다고 한다(A. Maddision, *World Economy: Historical Statistics on Cd-rom*, 2005). 그런데 아편전쟁 이후 중국경제가 쇠퇴하고 파경을 맞이하면서 중국은 '굴욕의 100년'을 경험하게 된다.

로운 지역외교를 전개하는 것과 함께, 국제체제 속에서 자신을 상대적인 견지에서 인식하는 단계에 진입했다. 중국은 국제사회에서 완결적이며 안정적으로 자리 잡고 있으며, 벡터는 내부와 외부 모두를 향하고 있다(〈그림 10-1〉 참조).

요컨대, 현대 중국은 국제체제 속에 편입되어 있는 거대하면서도 '보통의 국민국가'인 것이다. 타이완을 '통합'하고 있지 못한 점이 근대화의 미완성과 함께 국민국가를 기반으로 한 세계인식의 근거가 되고 있으며, 이러한 경향은 앞으로도 계속될 것이다.

다음으로 '제국론'에 대한 논의이다. '제국'에 대한 접근법은 다양하게 존재할 수 있다. 그중의 하나는 어떤 국가의 성격이나 존재양태가 '제국'인가의 여부를 둘러싼 논의이다. 또한 세계질서를 담지하는 행위자로서 제국을 논하는 흐름도 있다.

전자의 접근을 취하고 있는 마이클 도일(Michael Doyle)에 따르면, 제국이란 어떤 정치적 실체가 다른 정치적 실체의 국내외 정책 및 국내정치의 틀 전체에 대해 정치적인 통제를 가함으로써 지배자가 결정되고 그 지배자가 무엇을 할 수 있는지가 외부에 의해 통제를 받는 상황(통제하는 측이 대도심부, 통제를 받는 측이 주변부)을 말하며, 식민지를 보유한 '공식적인 제국'과 식민지를 보유하지 않는 '비공식적인 제국'으로 구별된다(Doyle, 1986; 藤原, 2002: 32).

후지와라 기이치(藤原歸一)는 후자의 접근을 취하면서 9·11 테러 사건 이후의 미국을 이러한 의미에서의 제국 개념으로 다시 파악한다. 그는 동서고금의 여러 '제국'을 검증하면서, 기본적으로 9·11 테러 사건 이후의 미국을 '비공식적인 제국'으로 규정하고 있다(藤原, 2002).

국제정치경제학의 관점에서 '새로운 제국론'을 제시하고 있는 논자는 안토니오 네그리(Antonio Negri)와 마이클 하트(Michael Hardt)이다. 제국을 질서개념으로 간주하는 네그리는 탈냉전 이후의 세계화, 시장주의, 정보화 속에서 "세계적인 질서, 지배의 새로운 논리와 구조, 즉 한 마디로 다시 말하자면 새로운 주권의 형태가 출현하고 있다"라고 주장한다. "이러한 글로벌 교환을 효과적으로 조정하는 정치적인 주체이며, 지금의 세계를 통치하고 있는 주권 담지체로서의 권력", "단일한 지배논리 아래에서 통합된 일련의 국가적이며 초국가적인 조직체로 구성되는" 주권형태가 바로 '제국'이라고 한다. 또한, 네그리는 이와 같은 '제국'은 영토적으로나 시간적으로나 그 어떤 경계선도 갖고 있지 않으며, 그 지배는 사회생활의 전체 영역과 사회질서의 전체 영역에 미치는 것으로 본다(Negri and Hardt, 2003: 3~4).

이상의 논의에 입각하여, 실체와 개념의 두 측면을 응시하여 살펴보면 제국에 대해 적어도 다음과 같이 정리할 수 있다. 첫째, 압도적인 영역과 사람들을 지배하는 국가, 다민족을 지배하는 국가로서의 고전적 제국이다. 로마 제국, 수(隋) 왕조와 당(唐) 왕조 등의 전통적인 중화제국이 이에 해당하며, 제1차 세계대전에 의해 해체되는 오스만 제국, 로마노프 제국, 그리고 합스부르크 제국 등도 이 부류에 속한다. 둘째, 근대적 제국이다. 자국 영토 이외에 식민지를 보유하는 열강으로서, 19세기 말부터의 영국, 프랑스, 미국, 그리고 1930~1940년대의 일본, 독일이 이에 해당한다. 전자와의 가장 큰 차이점은 국민국가의 체계를 전제로

하고 있다는 점이다. 셋째, '패권적 제국'이라고 할 수 있는데, 후지와라 기이치가 분석한 9·11 테러 사건 이후의 미국으로 대표되는 '비공식적인 제국'이다. 넷째, 네그리 등의 신(新)마르크스주의자에 의해 제기된 새로운 세계체제로서의 '새로운 제국'이다. 국민국가와 대극(對極)에 위치해 있는 개념으로서 첫 번째의 고전적 제국과도 다르다.

이상과 같은 논의에 입각하여 향후 중국을 '제국'이라는 맥락에 비추어 고찰해보면, 다음과 같은 판단 기준을 제시할 수 있다.

① 세계에 '공공재'를 제공할 수 있는가의 여부
② 제국으로서의 요건 중 하나인 문화력(文化力, 지배적 가치)을 제공할 수 있는가의 여부
③ 주변부에 자립적 국민경제를 허락하지 않는 글로벌한 경제력을 제공할 수 있는가의 여부
④ 세계질서의 대도심부인 '제국'이 되고자 하는 욕망을 갖고 있는가의 여부

다시 말해서 미래에 '신(新)중화제국'이 출현할 가능성에 대해 고려할 때, 이와 같은 기준을 만족시키고 있는가의 여부를 우선 확인해봐야 할 것이다. 상당히 먼 미래의 시기에 이르기까지 중국이 이와 같은 기준들을 만족시킬 수 있을 것으로는 여겨지지 않는다. 또한, 네그리가 주장하는 '제국'은 무엇보다 주권국가를 전제로 하고 있지 않다.

이와 같은 입장에서 볼 때, 세계화에 대한 중국의 대응 및 '제국' 논의

를 포함하여 향후의 '글로벌 중국'을 '제국화'의 맥락에서 논하는 것은 이론적으로 근거가 대단히 취약하다는 것을 알 수 있다. 실제로 거대한 중국은 외부의 압력은 물론이고 내부의 압력에 대해서도 대단히 취약하다. 특히 급격한 경제적 성장이 초래하고 있는 다양한 왜곡과 분쟁을 처리하는 메커니즘의 구축을 개혁·개방이 추진되어 30년에 이르고 있는 오늘날에도 제대로 마련하지 못하고 있기 때문에, 국내적인 위기를 끊임없이 배태하고 있는 실정이다.

그렇지만 거대한 중국은 규모가 거대하다는 측면만 놓고 보아도 단순하게 하나의 국민국가가 아니라는 것도 역시 사실이다. 세계질서의 측면에서 보면 '제국'도 아니고 그렇다고 해서 일반적인 국민국가도 아닌 이와 같은 '거대 중국'의 출현에 주변과 외부 세계는 과연 어떻게 대처해야 할 것인가? 이것은 이론적으로나 현실적으로나 대단히 대응하기 어려운 문제이다.[10]

---

10 본 절의 내용은 이미 발표한 「세계화와 중국: '제국론'의 시각에서(グローバリゼイションと中國—'帝國論'の視覺から)」, ≪現代中國研究≫, 第16호(中國現代史研究會, 2005.3.), pp.20~22를 대폭 수정한 것이다.

결론

모두 중국을 제대로 파악하지 못하고 있다

　중국을 어떻게 인식할 것인가, 중국의 의도를 어떻게 간파해낼 것인가, 세계 속에서 중국의 위치를 어떻게 부여할 것인가는 언제나 대단히 해결하기 어려운 퍼즐이었다. 그 어떤 나라의 연구자들도 모두 중국의 '허상(虛象)'에 계속적으로 미혹되고 있다. 그 하나의 예로서, 세계에 내놓을 만한 중국연구를 수행하고 있는 미국의 중국에 대한 인식을 살펴보겠다.

　미국 존스홉킨스대학의 램턴(David Lampton)은 1950년대 이래 미국의 정책결정자는 적어도 두 차례에 걸쳐 중국의 힘을 과소평가하는 오류를 범했다고 주장한다. 우선 한국전쟁과 관련하여 1950년 가을에 미국의 정책 담당자들은 (내전 등 장기간에 걸친) 전쟁으로 인해 피로감이 축적되었던 '베이징 정부'가 한반도 통일에 대한 미국의 공세에 저항하기 위해 개입할 가능성을 염두에 두지 않았는데, 이것은 틀린 것이었다. 이것과 기타 잘못된 판단 등으로 인해 한국전쟁에 대한 베이징의 개입을 초래했고 중국, 미국, 한반도의 모든 사람들에게 막대한 대가를 지불하게 만들었다. 그 다음의 오류는 클린턴(Bill Clinton) 정권 시기에 일어났다. 램턴은 1993년에 클린턴 대통령도 중국의 힘을 과소평가하여 최혜국 우대 조치와 인권문제를 연계시켰다고 한다. 그런데 중국은 예상했던 것 이상으로 매우 강경한 반응을 보였다. 클린턴 정부는 양자를 분리하겠다고 하며 '꼴사나운 유턴'을 했는데, 그 결과 베이징 정부에게 워싱턴의 인권에 관한 강경한 자세는 미사여구에 불과하며 워싱턴에게 인권은 전략적 이익과 경제적 이익보다 하위에 있다는 확신을 갖게 만들어버렸다.[1]

한편, 한반도에 대한 6자회담과 같이 중국의 힘을 과대평가하는 오류도 범했다고 한다. 예를 들면, 중국의 북한 및 한반도에 대한 영향력은 실제적으로는 대단히 제한적이라는 것이 램턴의 관찰이다. 또한, 미국은 중국을 판매자 및 수출국가로서 평가하고 있을 뿐이며 도입자, 구입자, 투자자로서는 과소평가하고 있고, 문화력과 연성권력(soft power)의 측면에서도 과소평가하는 기미가 있다고 한다. 어쨌든 중국의 힘과 의도를 어떻게 제대로 평가할 것인가는 대단히 어려운 사안이라는 램턴의

---

[1] 국교가 정상화된 이후 중·미관계의 주요 이슈는 타이완, 인권, 경제의 세 가지이다. 민주당의 클린턴 신정권은 1993년 9월 중국을 인권으로 흔들어보고자 미국 국적의 민주활동가 해리 우(吳弘達)의 석방 등을 요구했다. 중국 인권상황의 개선을 감안하여 매년 중국에 대한 경제적 최혜국대우(MFN)를 연장하겠다는 연계 작전에 나섰다. 그러나 미국 재계의 불만 등에 의해 미국 클린턴 정권은 결국 1994년 5월에 양자를 분리했고, 무기한으로 최혜국대우를 할 수밖에 없었다.

말에는 기묘한 설득력이 있다(Lampton, 2007).

1970년대부터 1980년대 초까지 미국은 중국을 '차기 초강대국'으로 간주하고, 이에 기반을 두고 소련과 중국에 대한 정책을 구축하고자 했다. 그 전형적인 예가 1971년부터 1972년에 이르는 시기에 진행된 '중·미 화해'(키신저 보좌관의 방중 및 닉슨 대통령의 방중)이다. 그렇지만 실제로 이는 중국의 힘을 과대평가한 결과로서 여기에는 '거대한 국가' 중국이 방대한 물질적 잠재력을 보유하고 있다는 미국의 선입관과 함께 자국을 실제 실력 이상으로 연출했던 중국외교의 '세련된 예술'이 크게 주효했다. 이리하여 중국은 미국의 관점에서 볼 때 '물질적 능력을 대단히 초월하는 세계정치에 대한 영향력'을 계속적으로 발휘했던 것이다. 미국, 그중에서도 특히 미국 민주당의 중국정책 형성에 영향력을 미쳤던 미국 조지워싱턴대학의 하딩(Harry Harding)은 1980년대 초 당시의 '중국은 다음의 초강대국'이라는 견해에 대해 "중국의 강점에 대해 과대평가하는 흐름이 있는데 한편으로 중국이 보유한 자원의 한계성을 살펴보지 못하고, 다른 한편으로 미래의 잠재적 가능성을 지나치게 강조했다", "중국외교의 술책에 당했다"라고 비판적으로 재검토한 바 있다(Harding, 1984).

1989년의 천안문 사건도 미국 연구자들의 기존 관점을 뒤엎는 것이었다. 이 사태가 발생한 이후 미국의 많은 연구자들이 모두 반성을 했다고 한다. 균형적인 관점과 탁월한 분석력으로 저명했던 미국 미시건대학의 고(故) 옥센버그(Michel Oksenberg)는 천안문 사건 직후에 "수많은 나의 동료들도 같은 생각을 하고 있겠지만, 나는 이전의 교훈을 되새기고 있는 중국 관찰자"라고 말했다. 그는 또한 중국 지도부 내의 심각한 분열, 상층부의 정치개혁이 실제로는 표면적인 것에 불과했던 점, 그리고 "지도자들 사이의 세대 간 격차가 이와 같이 심했던 점 등을 간과해 버렸다"라며 고뇌에 찬 고백을 할 수밖에 없었다(Newsweek, June 19, 1989). 미국의 중국연구자들은 자오쯔양 전임 총서기를 포함한 개혁파 리더와 바오퉁[2] 및 옌자치[3] 등의 지식인 브레인들이 제기한 개혁구상이 순조롭게 실현될 것으로 낙관했고, 미국형 민주주의가 결국 중국에서도 뿌리를 내리게 될 것으로 기대하기도 했다. 또한 인권을 중시하는 미국 콜롬비아대학의 네이선(Andrew Nathan)은 닉슨 시대의 중국에 대한 과대평가와 1980년대 개혁·개방을 추진한 중국에 대한 환상 등 중국에 대한 미국의 인식이 어떤 때에는 미국의 전략적인 요청에 의해서, 그리고 어떤 때에는 미국 사회의 원칙에 입각하여 중국을 보았기 때문에 환상을 만들어내어 객관성을 결여한 것이 많았다고 평가했는데, 이는 자기

---

2 바오퉁(鮑彤, 1932~), 상하이에서 성장했으며 1964년 중국공산당 중앙조직부 연구실 부주임을 맡았고, 1980년에 국무원 총리 자오쯔양의 '정치 비서'가 되었다. 1987년에 중국공산당 중앙 정치체제개혁연구실 주임이 되었으나 1989년 '천안문 사태' 와중에 직위에서 해제되고 체포되었다. '국가비밀 누설죄'와 '반(反)혁명 선전선동죄'로 징역 7년을 언도받고 수감되었으며, 만기 출옥한 이후 가택연금 상태에 있다. ─ 옮긴이 주

3 옌자치(嚴家其, 1942~), 장쑤성 우진(武進) 출생으로 1964년 중국과학기술대학을 졸업하고 중국과학원 철학연구소를 거쳐 중국사회과학원 정치학연구소 소장을 맡았다. 1986~1987년에 자오쯔양의 지도 아래 '정치개혁 판공실'에서 일을 했으며 1989년 '천안문 사건' 이후 미국으로 망명했다. 주요 저서로『수뇌론(首腦論)』(上海人民出版社, 1986) 등이 있다. ─ 옮긴이 주

자신에 대한 일종의 비판이라고도 할 수 있다(Nathan, 1990).

중국 자체도 복잡하지만, 미국의 세계전략과 미국적 가치관이 중국을 보는 시야를 가렸을 것이다. 일본에는 미국과는 다른 중국에 대한 인식상의 '함정'이 있다. 특히 1970년대까지의 마오쩌둥 시대에 이와 같은 흐름은 매우 현저했다. 한 가지는 20세기 초에 '중국을 침략했다'라는 죄의식에 의한 속죄감이며, 또 다른 한 가지는 '사회주의 중국'에 대한 주관적인 기대감이다. 이러한 것들은 중국을 미화시키고 주관적인 중국연구를 하도록 만들었으며, 특히 대약진운동이나 프롤레타리아 문화대혁명을 독해할 때 심각한 편향성을 낳게 했다. 그렇지만 1980년대부터 중·일관계가 '정상화'되어 보통의 두 나라 사이의 관계로 바뀌고 또한 개혁·개방으로 '사회주의로부터의 이탈'이 진행됨에 따라, 이와 같은 '함정'에 의한 중국에 대한 오인(誤認)은 거의 사라졌다. 그런데 이번에는 중국 자체의 변모가 대단히 격렬하고 다양한 벡터를 갖게 되었기 때문에, 중국을 객관적으로 파악하는 것이 이전보다 매우 어렵게 되었다. 이 때문에 모두 중국을 제대로 보지 못하는 것이다.

가장 잘못 판단한 예를 들자면, 1978년부터 '개혁·개방'이 시작되어 30년 후에 중국이 매년 10%의 경제성장을 지속하며 이렇게 빠른 속도로, 그리고 무엇보다도 1989년의 천안문 사건을 제외하면 큰 비용을 지불하지 않고 '글로벌 강대국'으로 비약하고 있는 것을 그 누구도 예측하지 못했다는 점일 것이다.

이미 논한 바와 같이, 중국이 거대화하고 다원화되면 될수록 현대 중국에 대해 객관적으로 인식하는 것은 어려워진다. 베이징을 기준으로 중국을 말하거나 간쑤(甘肅) 지역을 기준으로 중국을 말하거나 중국 전체상을 다루는 것은 결코 같은 것이 될 수 없다. 연구자 개인의 세심한 노력, 구체적인 조사, 그리고 장기간 연구의 축적으로 70만~80만 개의 촌(村), 5만 개의 향(鄕), 3,000개의 현에 대한 연구에 착수할 수 있겠는가? 또한, 우리가 부지런한 손놀림으로 압도적인 물량작전 속에 전 세계적으로 전개되고 있는 중국외교를 추적하고 이를 분석할 수 있겠는가? 또한 중국이 보여주는 것들이 '경험적인 법칙'에서 지속적으로 벗어나고 있기 때문에, 사회과학적 법칙을 그대로 적용하면 된다는 자세를 고수해서는 안 된다. 요컨대, 개혁·개방 30년과 이를 살펴보며 대처해온 중국연구자로서 향후의 중국연구에 대해 불안감과 의구심을 느끼지 않을 수 없다.

그런데 2년 전 '이와나미쇼텐(岩波書店)'의 시리즈인 '총서 중국적 문제군(中國的問題群)'에 참여하면서 편집 계획을 마련했는데, 그 과정에서 새롭게 느끼게 된 것이 세 가지였다. 우선 첫째, 현대 중국의 변화를 이해하기 위해서는 적어도 19세기 후반부터 시작되는 근대 중국의 시기 이래 150년간의 중국을 시야에 넣고 주목해야 한다는 것이다. 그리고 이러한 150년의 시야는 현대 중국을 이해하고 분석할 때 날카로운 무기를 우리에게 제공할 것임에 틀림없다는 확신이다. 예를 들면, 이 책이 다루고 있는 중국외교에 대해 말하자면 21세기 초에 중국이 달성한 것, 즉 '글로벌 강대국화'는 실제로 중국의 입장에서 볼 때 150년 전부터 추구해왔던 끊임없는 비원(悲願)이 결국 실현된 것이다. 이러한 150년의 과정은 왕조가 교체되든지 정권이 교체되든지 지도자가 바뀌든지에 상관없이 보기 좋게 지속되고 있는 것이다.

둘째, 이것도 중국외교의 측면에서 말하자면 현대 중국외교에 대한 연구 인력이 일본에 결코 풍부하게 있다고 말할 수는 없지만, 150년의 기간을 놓고 본다면 훌륭한 연구역량을 갖춘 인재들을 다수 확보할 수 있다는 점을 다시 한 번 확인했다는 점이다. 아마도 이것은 외교 이외의 영역에도 적용될 수 있을 것이다. 특히 현대 시기에 대한 중국연구는 미국이 주도하고 있는데, 150년을 대상으로 삼는다면 일본의 중국연구는 실제로 '세계 최고'라고 할 수도 있을 것이다. 근대 중국의 소양을 몸에 습득하고 150년의 역사를 염두에 둔 중국연구자들이 일본에서 육성되고 있다는 점을 기쁘게 생각하며, 일본의 중국연구가 이와 같은 장점을 더욱 살리기를 바란다.

셋째, 역사연구와 사회과학적인 중국연구를 어떻게 '절충'할 것인가의 문제이다. 이것은 이 책의 지은이 후기에도 다루고 있는 바와 같이, "말하기는 쉽지만 행동하기는 어려운" 작업이다. 이 책에 관련지어 말하자면, 젊은 역사연구자가 다양한 공부를 해가며 '절충'을 시도했던 것이 아니었을까 한다. 어쨌든 현대와 역사의 학문적 대화는 연구자들 사이뿐만 아니라, 개별 연구자 자신의 깊은 내부에서도 이루어져야 한다고 생각한다.

참고문헌

일본어 문헌

カプリオ・マーク(Mark Caprio)(編), 中西恭子(譯). 2006. 『近代東アジアのグローバリゼーション』. 明石書店.

ジェイムス・マン(James Mann)(著), 鈴木主税(譯). 1999. 『米中奔流』. 共同通信社.

ネグリ・ハート(Antonio Negri and Michael Hardt)(著), 水嶋一憲(等譯). 2003. 『帝國』. 以文社.

ベトナム社會主義共和國外務省(著), 日中出版編集部(譯). 1979. 『中國白書: 中國を告發する この30年間の ベトナム・中國關係の眞實』. 日中出版.

ボリソフ(Oleg Borisov)・コロスコフ(Boris Koloskov)(著), 瀧澤一郎(譯). 1979. 『ソ連と中國: 友好と敵對の關係史』, 上・下. サイマル出版會.

家近亮子. 2002. 『蔣介石と南京國民政府: 中國國民黨の權力浸透に關する分析』. 慶應義塾大學出版會.

加藤陽子. 2006. 「政辭考(まつりごとのことば): 政治家の文章と昭和史(4)アメリカ中立法と陸軍の內部對立」. ≪現代≫, 40-2호.

岡本隆司. 2004. 『屬國と自主のあいだ』. 名古屋大學出版會.

_____. 2007a. 『馬建忠の中國近代』. 京都大學學術出版會.

_____. 2007b. 「'朝貢'と'互市'と海關」. ≪史林≫, 90卷 5号(9月).

_____. 2008. 『世界のなかの日淸韓關係史: 交隣と屬國, 自主と獨立』. 講談社.

岡本隆司・川島眞(編著). 2009. 『中國近代外交の胎動』. 東京大學出版會.

岡部達味(編). 1983. 『中國外交: 政策決定の構造』. 日本國際問題研究所.

_____. 1975. 「中國外交の基本的性格."岡部達味(編). 『中國の對日政策』. 東京大學出版會.

_____. 2000. 「中國外交の50年,"岡部達味(編). 『中國をめぐる國際環境』. 岩波書店, pp.1-39.

工藤章・田嶋信雄. 2008. 『日獨關係史 1890-1945』. 東京大學出版會.

久保亨(編). 2006.『1949年前後の中國』. 汲古書店.

_____. 1997.「日中關稅協定と1930年關稅」.≪東洋史研究≫, 56卷 1号.

堀川哲男. 1962.「辛亥革命前の利權回收運動」.≪東洋史研究≫, 21卷 2号(9月).

吉野作造. 1921.『第3革命後の支那』. 內外出版株式會社.

吉澤誠一郎. 2003.『愛國主義の創成: ナショナリズムから近代中國をみる』. 岩波書店.

東田雅博. 1998.『圖像のなかの中國と日本: ヴィクトリア朝のオリエント幻想』. 山川出版社.

藤原歸一. 2002.『デモクラシーの帝國』. 岩波書店.

瀧口太郎. 1994.「不平等條約體制と'革命外交'」. 宇野重昭・天兒慧(編).『21世紀の中國: 政治變動と國際契機』. 東京大學出版會.

廖敏淑. 2009.「清代の通商秩序と互市: 清初からアヘン戰爭へ」. 岡本隆司・川島眞(編著). 2009.『中國近代外交の胎動』. 東京大學出版會.

毛里和子. 1995a.「改革開放時代の中國外交: 外交思想を中心に」. 岡部達味(編).『グレーター・チャイナの政治變容』. 勁草書房, pp.121~149.

_____. 1995b.「世界システムのなかの中國」.≪國際問題≫, 第418号(1月).

_____. 2005.「'東アジア共同體'と中國の地域外交」. 山本武彦(編).『地域主義の國際比較』. 早稻田大學出版部.

_____. 2006.『日中關係: 戰後から新時代へ』. 岩波書店.

毛里和子・毛里興三郎(譯). 2001.『ニクソン訪中機密會談錄』. 名古屋大學出版會.

毛里和子・增田弘監(譯). 2004.『周恩來・キッシンジャー機密會談錄』. 岩波書店.

茂木敏夫. 1997.『變容する近代東アジアの國際秩序』, 世界史リブレット41, 山川出版社.

服部龍二(編著). 2002.『滿洲事變と重光駐華公使報告書: 外務省記錄'支那ノ對外政策關係雜纂'革命外交'に寄せて』. 日本圖書センター.

_____. 2008.『廣田弘毅: '悲劇の宰相'の實像』. 中央公論社.

濱下武志. 1990.『近代中國の國際的契機: 朝貢貿易システムと近代アジア』. 東京大學出版會.

濱下武志·小瀨一. 1993. 「中國近代經濟史に關する統計資料について」. 小島晋治·並木賴壽 (編). 『近代中國研究案內』. 岩波書店.

森田吉彦. 2009. 「日淸關係の轉換と日淸修好條規」. 岡本隆司·川島眞(編著). 『中國近代外交の胎動』. 東京大學出版會.

緒方貞子·半澤朝彥(編著). 2007. 『グローバル·ガヴァナンスの歷史的變容: 國聯と國際政治史』. ミネルヴァ書房.

西村成雄(編著). 2004. 『中國外交と國聯の成立』. 法律文化社.

松本重治. 1974. 『上海時代』. 中央公論社.

松浦正孝. 1995. 『日中戰爭期における經濟と政治』. 東京大學出版會.

岸本美緒(責任編集). 2006. 『東洋學の磁場. 岩波講座 '帝國' 日本の學知』. 岩波書店.

岸本美緒·浜口允子. 2003. 『東アジアの中の中國史』. 放送大學教材, 放送大學教育振興會.

歷史學研究會(編). 2006. 『世界史史料』(20世紀世界I 二つの世界大戰). 岩波書店.

鈴木智夫. 2007. 『近代中國と西洋國際社會』. 汲古書院.

外交時報(編). 1936. 『支那および滿洲關係: 條約及公文書』. 外交時報社.

外務省(編). 1966. 『日本外交年表竝主要文書(下)』. 原書房.

外務省アジア局中國科(監修). 1998. 『日中關係基本資料集 1949~1997年』. 霞山會.

外務省調査部(編). 1967. 『孫文全集(上)』. 原書房.

牛軍(著), 眞水康樹(譯). 2007. 『冷戰期中國外交の政策決定』. 千倉書房.

劉傑. 1999. 『中國人の歷史觀』. 文藝春秋.

陸奧宗光. 1896. 『蹇蹇錄』. 岩波書店.

林曉光. 2004. 「中國共産黨の對日政策の變容」. 王敏(編). 『'意'の文化と'情'の文化: 中國における日本研究』. 中央公論新社.

笠原十九司. 1979. 「ワシントン會議と國民外交運動: 中國全國國民外交大會に關する研究ノート」. ≪宇都宮大學教育學部紀要 第一部≫, 29号(12月).

_____. 1997. 『日中全面戰爭と海軍: パナイ号事件の眞相』. 靑木書店.

張香山(著). 鈴木英司(譯). 2002. 『日中關係の管見と見證: 國交正常化30年の步み』.

三和書籍.

田嶋信雄. 2008. 「親日路線と親中路線の暗闘: 1935-36年のドイツ」. 工藤章·田嶋信雄. 日獨關係史 1890-1945. (II 樞軸形成の多元的力學) 東京大學出版會.

朝日新聞社. 1992. 「極秘文書·保守派が震撼する鄧小平'2号文件'の全貌」. ≪月刊Asahi≫ 5月, pp.60~68.

佐藤公彦. 1999. 『義和團の起源とその運動: 中國民族ナショナリズムの誕生』. 研文出版.

佐々木揚. 1977. 「日淸戰爭後の淸國の對露政策」. ≪東洋學報≫, 59卷 1·2号.

_____. 1979. 「1895年の對淸·露佛借款をめぐる國際政治」. ≪史學雜誌≫, 88卷 7号.

朱建榮. 1992. 「中國はなぜ賠償を放棄したか」. ≪外交フォーラム≫, 10月.

織田萬(編). 1905-1915. 『淸國行政法: 臨時臺灣舊慣調査會第一部報告』, 第6卷. 臨時臺灣舊慣調査會.

川島眞(編). 2007a. 『中國の外交』. 山川出版社.

_____. 2004. 『中國近代外交の形成』. 名古屋大學出版會.

_____. 2007b. 「中華民國の國際聯盟外交: '非常任理事國'層から見た聯盟論," 緒方貞子·半澤朝彦(編著). 『グローバル·ガヴァナンスの歷史的變容: 國聯と國際政治史』. ミネルヴァ書房.

_____. 2008. 「近代中國のアジア觀と日本: '傳統的'對外關係との關聯で」. 高原明生(外編). 『越境(現代アジア研究 1)』. 慶應義塾大學出版會.

_____. 2009a. 「東アジア國際政治史: 中國をめぐる國際政治史と中國外交史」. 日本國際政治學會(編), 李鍾元·田中孝彦·細谷雄一(責任編集). 『日本の國際政治學』. 有斐閣.

_____. 2009b. 「戰後の國際環境と外交」. 飯島渉·久保亨·村田雄二郎(編). シリーズ20世紀中國史3『グローバル化と中國』. 東京大學出版會.

_____. 2009c. 「領域と記憶: 租界·租借地·勢力範圍をめぐる言說と制度」. 貴志俊彦·谷垣眞理子·深町英夫(編). 『摸索する近代日中關係: 對話と共存の時代』. 東京大學出版會.

_____. 2009d. 「外務の形成: 外務部の成立過程」. 岡本隆司·川島眞(編). 『中國近代 外交の胎動』. 東京大學出版會.

川島眞·服部龍二. 2007. 『東アジア國際政治史』. 名古屋大學出版會.

川島眞·淸水麗·松田康博·楊永明. 2009. 『日台關係史 1945~2008』. 東京大學出版會.

千葉功. 2008. 『舊外交の形成: 日本外交 1900-1919』. 勁草書房.

靑山瑠妙. 2007. 『現代中國の外交』. 慶應義塾大學出版會.

太田勝洪(編譯). 1975. 『毛澤東外交路線を語る』. 現代評論社.

土田哲夫. 1997. 「1929年の中ソ紛爭と'地方外交'」. ≪東京學藝大學紀要 第3部門 社會科學≫, 48号(1月).

坂野正高. 1970. 『近代中國外交史硏究』. 岩波書店.

_____. 1973. 『近代中國政治外交史: ヴァスコ·ダ·ガマから五四運動まで』. 東京大學出版會.

平野聰. 2004. 『淸帝國とチベット問題: 多民族統合の成立と瓦解』. 名古屋大學出版會.

海野芳郎. 1972. 『國際聯盟と日本』. 原書房.

後藤春美. 2007. 「國際聯盟の對中技術協力とイギリス 1928~1935年: ライヒマン衛生部長の活動と資金問題を中心に」. 服部龍二·土田哲夫·後藤春美. 『戰間期の東アジア國際政治』. 中央大學出版部.

영어 문헌

Cheng, Joseph Y. S. and Zhang Wankun. 2002. "Patterns of Dynamics of China's International Strategic Behaviour." *Journal of Contemporary China*, 11(31), pp. 235~260.

Department of State. 1943. *FRUS*, 1928. Vol. II, Washington, D.C.: Government Printing Office.

_____. 1948. *FRUS*, 1932. Vol. III, Washington, D.C.: Government Printing Office.

_____. 1956. *FRUS*, 1942. China, Washington, D.C.: Government Printing Office.

Doyle, Michael. 1986. *Empires*, Ithaca: Cornell University Press, 1986.

Fairbank, John King, eds. 1968. *The Chinese World Order: Traditional China's Foreign Relations*, Harvard East Asian Series, Cambridge: Harvard University Press.

Gerth, Karl. 2003. *China Made: Consumer Culture and the Creation of the Nation*, Cambridge, Mass.: Harvard University Press.

Harding, Harry. 1984. "China's Changing Roles in the Contemporary World." in Harry Harding, ed., *China's Foreign Relations in the 1980s*, Yale University Press. pp.177~223.

Hsieh, Winston. 1962. "The Ideas and Ideals of a Warlord: Ch'en Chiung-ming (1878~1933)." *Papers on China*, Harvard University East Asia Research Center, 16.

Kawashima, Shin. 2009. "China's Re-interpretation of the Chinese 'World Order', 1900~1940s." in Anthony Reid and Zheng Yangwen, eds., *Negotiating Asymmetry: China's Place in Asia*, National University of Singapore Press, pp. 139~158.

Kim, Sumuel. 1994. "China's International Organizational Behaviour." in Thomas W. Robinson and David Shambaugh, eds., *Chinese Foreign Policy: Theory and Practice*, Clarendon Press, Oxford.

Kuhn, Philip A. 1970. *Rebellion and Its Enemies in Late Imperial China: Militarization and Social Structure, 1796~1864*, Cambridge: Harvard University Press.

Kokubun, Ryosei and Wang Jisi. 2004. *The Rise of China and a Changing East Asian Order*, Tokyo: Japan Center for International Exchange.

Lampton, David. 2007. "Three Faces of Chinese Power." *Foreign Affairs*, Vol. 115 (Winter), pp.115~127.

Morse, H. B. 1910~1918. *The International Relations of the Chinese Empire*, 3 Vols.,

Shanghai, etc.

Nathan, A. 1990. *China's Crisis*, Columbia University Press, pp.71~81.

Nathan, A. and Robert S. Ross. 1998. *The Great Wall and the Empty Fortress*, W. W. Norton & Company Ltd., pp.1~10.

Perdue, Peter C. 2005. *China Marches West: The Qing Conquest of Central Eurasia*, Cambridge: Belknap Press of Harvard University Press.

Pollard, Robert T. 1933. *China's Foreign Relations 1917~1931*, New York, Macmillan Company.

Sheridan, Jamese E. 1966. *Chinese Warlord: The Career of Feng Yu-hsiang*, Stanford: Stanford University Press.

Shiroyama, Tomoko. 2008. *China during the Great Depression: Market, State, and the World Economy, 1929~1937*, Cambridge, MA: Harvard University Press.

Stuart, John Leighton. 1954. *Fifty Years in China: The Memoirs of John Leighton Stuart, Missionary and Ambassador*, New York: Random House.

Wang, Dong. 2005. *China's Unequal Treaties: Narrating National History*, Oxford, Lexington Books.

Wang, Hui. 2009. *The End of the Revolution: China and the Limits of Modernity*, Verso Books.

Wolff, David. 2004. *New Russian and Chinese Evidence on the Sino-Soviet Alliance and Split, 1948~1959*, CWIHP, Working Paper, No. 30, D.18.

Xu, Guoqi. 2005. *China and the Great War: China's Pursuit of a New National Identity and Internationalization*, Cambridge University Press.

Yu, Maochun. 2006. *The Dragon's War: Allied Operations and the Fate of China, 1937~1947*, Washington, D.C.: Naval Institute Press.

Zhang, Yongjin. 1991. *China and the International System, 1918~1920: The Middle Kingdom at the Periphery*, London: Macmillan Press Ltd.

중국어 문헌

甘懷眞·貴志俊彦·川島眞(編). 2006. 『東亞視域中的國籍, 移民與認同』. 台灣大學出版中心.

顧維鈞(著), 中國社會科學院近代史研究所(譯). 1987. 『顧維鈞回憶錄』, 第5分冊. 中華書局.

曲星. 2000. 『中國外交50年』. 江蘇人民出版社.

宮力. 2002. 「從中美緩和到實行'一條線'的路線: 20世紀60年代末, 70年代初中國對外戰略的轉變」. ≪中共中央黨校學報≫, 第6卷第2期(5月), pp.71~74.

唐啓華. 1998. 『北京政府與國際聯盟 1919~1928』. 東大出版社.

_____. 2006. 「1924年'中俄協定'與中俄舊約廢止問題: 以'密件議定書'爲中心探討」. ≪近代史研究≫, 第3期.

唐啓華. 2007. 「1924~1927年中俄會議研究」. ≪近代史研究≫, 第4期.

陶文劍. 2004. 『中美關係史』, 上中下. 上海人民出版社.

鄧小平. 1993. 『鄧小平文選』, 第3卷. 人民出版社.

羅平漢. 2000. 『中國對日政策與中日邦交正常化』. 時事出版社.

馬立誠. 2002. 「對中關係新思惟: 中日民間之胆憂」. ≪戰略與管理≫, 第6期.

茅海建. 1995. 『天朝的崩潰』. 三聯書店.

_____.. 2005. 『戊戌變法史事考』. 三聯書店.

龐中英. 1998. 「半個世紀的中國外交」. ≪國際經濟評論≫, 第5·6期.

_____.. 2004. 『中國與亞洲: 觀察·研究·評論』. 上海社會科學出版社.

舒玉. 1989. 「西側の平和的轉の手口を評す」. ≪北京週報≫, 第43号(10月24日).

蘇格. 2000. 「中國外交的'伙伴關係'框架」. ≪中國外交≫, 第6期.

孫文(著), 國民黨黨史史料編纂委員會(編). 1957. 『國父全集』. 中央文物供應社.

時殷弘. 2002. 「全球化中的國家」. ≪國際政治≫, 第10期.

_____. 2003. 「中日接近與'外交革命'」. ≪戰略與管理≫, 第2期.

沈志華(編). 2000. 『中蘇關係檔案』.

_____. 2009. 「從西栢波到莫斯科: 毛澤東宣布向蘇聯'一邊倒': 關于中蘇同盟建立之背景和基礎的再檢討(之二)」. ≪中共黨史研究≫, 第4期.

梁啓超. 1901.「中國史通論」.『飮氷室合集』.

閻學通(等). 2004.「'大國崛起與中國的選擇'筆談」.≪中國社會科學≫, 第5期.

_____. 1997.『中國的國家利益分析』. 天津人民出版社.

閻學通·俞曉秋·陶堅. 1993.「90年代中國的國家利益」.≪人民論壇≫, 第5期.

葉自成. 2000.「中國實行大國外交戰略勢在必行: 關于中國外交戰略的幾点思考」. ≪世界經濟與政治≫, 第1期.

_____. 2002.「關于韜光養晦和有所作爲: 再談中國的大國外交心態」.≪太平洋學報≫, 第1期.

_____. 2004.「中國外交需超越韜光養晦」.≪國際先驅導報≫(1月1日).

葉惠芬(編). 2001.『中華民國與聯合國 史料彙編』(籌設編). 國史館.

吳學文. 20002.『風雨陰晴 我所經歷的中日關係』. 世界知識出版社.

王建朗. 2000.『中國廢除不平等條約的歷程』. 江西人民出版社.

王巧榮. 2002.「論20世紀90年代中國的伙伴關係外交」. 當代中國研究所.

王逸舟. 1998.「論綜合的安全」.≪世界經濟與政治≫, 第4期.

_____.. 2007.「中國外交30年: 對進步與不足的若干思考」.≪中國外交≫, 第12期; ≪世界知識≫, 2007年 5月号, pp.11~12.

王兆銘(編). 1920.『巴黎和議後之世界與中國』. 亞東圖書館.

王鐵崖(編). 1962.『中外舊約章彙編』. 第3冊. 三聯書店.

俞可平. 1999.「研究全球化的中國的視角」.≪戰略與管理≫, 第3期.

劉江永·閻學通. 2004.「關于建立東亞安全共同体的戰略設思」.≪國際政治≫, 第7期.

劉軍寧. 1998.「全球化與民主政治」.≪當代世界與社會主義≫, 第13期.

俞新天. 2003.「中國應轉變對發展中國家的戰略」.≪戰略與管理≫, 第3期.

劉彦. 1911.『中國近時外交史』. 中國近時外交史發行所.

應俊豪. 2002.『公衆輿論與北洋外交: 以巴黎和會山東問題位中心的研究』. 國立政治大學歷史系.

李健民. 1986.『五卅慘案後的反英運動』. 中央研究院近代史研究所.

李寶俊·徐正源. 2006.「冷戰後中國負責任大國身份的建構」.≪教學與研究≫, 第1期.

李恩涵. 1963. 『戰略的回收礦權運動』. 中央研究院近代史研究所.

_____. 1995. 『北伐時期的革命外交』. 中央研究院近代史研究所.

張啓雄. 1995. 『外蒙主權歸屬交涉 1911~1916』. 中央研究院近代史研究所.

張力. 1999. 『國際合作在中國』. 中央研究院近代史研究所.

張小明. 1997. 「冷戰時期新中國的四次對外戰略決擇」. ≪當代中國史研究≫, 第5期.

蔣廷黻. 1954. 『中國近代史』. 初版(1938年). 商務印書館.

錢其琛. 1996. 「深入學習鄧小平外交思想, 進一步做好新時期的外交工作」. 王泰平(主編), 『鄧小平外交思想研究論文集』. 世界知識出版社.

錢俊瑞. 1983. 「第3世界與國際經濟新秩序」. ≪世界經濟≫, 第10期.

鄭啓榮(編). 2008. 『改革開放以來的中國外交 1978~2008』. 世界知識出版社.

鄭必堅. 2004. 「中國和平崛起新道路和亞洲的未來」. 南方網(4月5日); Zheng Bijian, "China's 'Peaceful Rise' to Great-Power Status." *Foreign Affairs*, September/October 2005, pp. 18~24.

趙華勝. 2008. 『中國的中亞外交』. 時事出版社.

趙曉春. 2006. 「淺析有關'韜光養晦'戰略的爭論」. ≪國際關係學院學報≫, 第5期.

朱國芬. 2006. 「試論從'韜光養晦'到'和平崛起'的外交戰略」. ≪江蘇教育學院學報≫(社會科學版), 第2卷第6期(12月).

朱新光. 2002. 「自主, 還是依存? 對全球化與第3世界'邊緣化'的思考」. ≪當代世界≫, 第11期.

中共中央文獻研究室(編). 1992. 『建國以來毛澤東文稿 1958年1月-1958年12月』, 第7冊.

中華民國重要史料初編編輯委員會(編). 1981. 『中華民國重要史料初編: 對日抗戰時期』, 第3編, 戰時外交(2), 中國國民黨中央黨史委員會.

編集部. 2004. 「教學與研究論壇: 中國和平崛起的國際環境與國際戰略」. ≪教學與研究≫, 第4期, pp. 5~18.

馮特君·宋新寧. 1992. 『國際政治概論』. 中國人民大學出版社.

何方. 1988. 「重視和加强國際問題研究正確認識我們所處的時代」. ≪世界知識≫, 第3期, pp. 118~120.

_____. 1993. 「冷戰後亞太地區的大國關係」. ≪理論動態≫, 1090号, 7月10日.

現代國際關係研究院東盟課題組. 2002. 「中國對東盟政策研究報告」. ≪現代國際關係≫, 第10期.

環球時報編集部. 2000. 「中國在世界的位置」. ≪環球時報≫, 8月25日.

宦鄕. 1988. 「關于建立國際關係學的幾個問題」. 『宦鄕文集』, 下, 世界知識出版社, pp.1474~1478.

_____. 1988. 「關于國際外交格局和戰略格局」. 『宦鄕文集』, 下, 世界知識出版社, pp.1102~1107; 原載 ≪世界經濟導報≫, 1984年7月9日.

기본서 안내

여기에서는 우선 근대 중국외교와 중국을 둘러싼 국제관계에 관한 일본어 문헌을 중심으로 소개하고자 한다.

연구 입문서

근대 중국외교사를 연구하는 데 어떤 의미에서 이상적인 모델을 제시한 것으로서 반노 마사다카(坂野正高)의 「정치외교사: 청나라 말기의 기본 자료를 중심으로(政治外交史: 清末の根本資料を中心として)」, 반노 마사다카 외 엮음, 『근대 중국연구 입문(近代中國硏究入門)』(東京大學出版會, 1974)을 우선 추천한다. 연구자를 지망하는 경우 이 글 하나를 읽으면 도망갈 수도 있지만, 항상 되돌아가야 할 출발점으로서 삼을 수 있는 가장 좋은 안내문이다. 또한, 반노 마사다카의 「한 외교사가의 회한(一外交史家の齒ぎしり)」, ≪歷史學月報≫, 第5号(1951/1952)는 비록 짧은 글이지만 읽으면 외교사 연구자의 일상과 무대의 이면을 알 수 있다. 다음으로, 도나미 마모루(礪波護)·기시모토 미오(岸本美緖)·스기야마 마사아키(杉山正明) 엮음, 『중국역사연구 입문(中國歷史硏究入門)』(名古屋大學出版會, 2006)의 해당 부분, 특히 오카모토 다카시(岡本隆司)의 「세계

속의 중국사(世界の中での中國史)」를 들고 싶다. 상당한 자극을 받으면서 연구 동향과 문제점을 이해하고 정리할 수 있을 것이다.

중국외교사 연구의 커다란 흐름에 대해서는, 자화자찬이지만 가와시마 신(川島眞)의 「동아시아 국제정치사: 중국을 둘러싼 국제정치사와 중국외교사(東アジア國際政治史: 中國をめぐる國際政治史と中國外交史)」, 일본국제정치학회(日本國際政治學會) 엮음, 이종원(李鍾元)·다나카 다카히코(田中孝彦)·호소야 유이치(細谷雄一) 책임편집, 『일본의 국제정치학(日本の國際政治學)』(有斐閣, 2009) 등을 들 수 있다.

개설서 및 통사적인 서적

일본어 문헌으로서 우선 들 수 있는 것은 반노 마사다카(坂野正高)의 『근대 중국정치외교사: 바스코 다 가마에서 5·4운동까지(近代中國政治外交史: ヴァスコ·ダ·ガマから五四運動まで)』(東京大學出版會, 1973)이다. 오다 요로즈(織田萬)의 『청국 행정법(淸國行政法)』을 의식한 제도에 대한 개괄적인 설명에서부터, 일반적으로 명 왕조 및 청 왕조 시기부터 민국 초기의 중국외교를 1970년대까지 이루어진 연구 동향에 입각하여 정확하게 기술하고 있으며 지금도 표준 서적으로서 충분히 활용될 수 있는 책이다. 그렇지만 민국 시기 이후의 내용은 비교적 충분하지 않으며, 이 점은 우에다 토시오(植田捷雄)의 『동양외교사(東洋外交史)』上·下(東京大學出版會, 1969/1974)를 통해 어느 정도 보완할 수 있다. 이 밖에 다무라 고사쿠(田村幸策), 『최근 중국외교사(最近支那外交史)』上·中(外交時報社, 1938/1939), 야노 진이치(矢野仁一), 『근세 중국외교사(近世支那

外交史)』(弘文堂書房, 1930) 등의 전쟁 이전 시기에 집필된 저작도 동시대의 분위기를 이해하는 데 중요하다.

또한 국제관계사의 시각에서 쓰인 통사적인 개설서로서는 에토 신키치(衛藤瀋吉), 『근대 동아시아 국제관계사(近代東アジア國際關係史)』(東京大學出版會, 2004), 오노 시게아키(宇野重昭), 『중국과 국제관계(中國と國際關係)』(晃洋書房, 1981) 등이 있으며, 현재의 연구동향을 반영하고 있는 개설서로는 가와시마 신(川島眞)·핫토리 류지(服部龍二), 『동아시아 국제정치사(東アジア國際政治史)』(名古屋大學出版會, 2007)가 교과서로서 유용하다.

이 밖에 중국의 외교가 결국에는 '중국' 그 자체의 유지를 목적으로 했다는 것을 명확하게 지적한 저작으로서, 류제(劉傑), 『중국인의 역사관(中國人の歷史觀)』(文藝春秋, 1999)을 들고자 한다.

대외사상사의 분야에서는 사사키 요(佐々木揚), 『청나라 말기 중국의 일본관과 서양관(淸末中國における日本觀と西洋觀)』(東京大學出版會, 2000)이 청조 말기 중국 지식인의 대외관을 전통적인 관점에서 다루고 있으며, 사토 신이치(佐藤愼一), 『근대 중국의 지식인과 문명(近代中國の知識人と文明)』(東京大學出版會, 1996)이 청나라 말기부터 민국 시기의 지식인들이 지니고 있던 근대(문명)에 대한 인식을 통해 대외관을 정리하고 있다.

영어 문헌으로는 중국의 대외관계 연구를 개척한 H. B. Morse, *The International Relations of the Chinese Empire*, 3 Vols.(Shanghai, etc., 1910~1918)를 들 수 있다. 해관(海關)의 직원이었던 모스(H. B. Morse)의

이 저작은 선교 관계자에 의해 집필된 중국 관련 서적과 함께 중국의 대외관계를 다룬 기본서이며, 또한 '해관학파(海關學派)'의 효시가 되기도 했다. 미국 하버드대학의 페어뱅크(J. K. Fairbank) 교수도 우선 이 저작을 시작으로 하여 중국의 대외관계 연구에 착수했다.

중국어 문헌으로는 1930년대 초에 칭화대학 역사학과 교수로 활동하며 중국에서 외교사 연구를 개척했던 장팅푸(蔣廷黻), 『중국근대사(中國近代史)』(商務印書館, 1938)가 그 내용 하나하나 시사해주는 바로 가득하다. 또한, 천티창(陳體强), 『중국 외교행정(中國外交行政)』(國立西南聯合大學行政硏究室叢刊, 商務印書館) 등은 중국의 외교제도사 분야에서 현재까지도 기본서이다. 현재 중국외교사를 제목으로 하고 있는 적지 않은 문헌들이 중국에서 공간되어 사항의 정리를 파악하는 데에서는 유용하지만, 외교문서나 연구되고 있는 상황 전체를 반영하고 있는 것이 아니기 때문에 상당히 만족스러운 것은 아니다. 아래에서는 시기별로 나누어 관련 기본서를 제시하고자 한다.

청조 말기의 대외관계

청나라 말기의 대외관계는 계속하여 중국의 의례를 매개로 한 책봉과 조공을 토대로 하는 관계와 서양과의 조약에 기초한 여러 관계들 가운데의 상극, 갈등, 혹은 '이중기준(double standard)' 가운데의 상황 등이 연구되었다. 이와 관련해서는 우선 니시지마 사다오(西嶋定生), 『일본역사의 국제환경(日本歷史の國際環境)』(東京大學出版會, 1985), 페어뱅크(John K. Fairbank), 『중국: 사회와 역사(中國: 社會と歷史)』上·下(東京大

學出版會, 1972), John K. Fairbank, ed., *The Chinese World Order* (Cambridge, Mass: Harvard University Press, 1968) 등을 우선 들 수 있다. 전통적 조공제도와 근대적 조약체제 사이의 갈등과 충돌을 통해서 '전통적'인 이해를 습득할 수 있다. 다음으로, 하마시타 다케시(濱下武志), 「조공무역 시스템과 동아시아(朝貢貿易システムと東アジア)」, ≪國際政治≫ 82号(1986), 하마시타 다케시, 「동아시아 국제체제(東アジアと國際体系)」, 야마모토 요시노부(山本吉宣) 엮음, 『국제이론(國際理論)』(東京大學出版會, 1989) 등의 일련의 저작은 조공 행위가 동아시아 역내의 경제관계와 밀접하게 관련되어 있으며, 서양 국가들도 이와 같은 조공무역의 네트워크에 참가하여 진입했다는 견해를 제시하고 있다. 또한, 모테기 도시오(茂木敏夫), 『변용하는 근대 동아시아의 국제질서(變容する近代東アジアの國際秩序)』(山川出版社, 1997)는 1880년대에 청 왕조가 조선과의 전통적인 관계를 어떻게 근대적으로 재편했는지를 보여준다. 그리고 현 단계의 연구 가운데 최전선의 성과를 보이고 있는 것으로서 오카모토 다카시(岡本隆司), 『속국과 자주의 사이에서: 근대 청·한 관계와 동아시아의 운명(屬國と自主のあいだ: 近代淸韓關係と東アジアの運命)』(名古屋大學出版會, 2004)과 후마 스스무(夫馬進) 엮음, 『중국 동아시아 외교교류사 연구(中國東アジア外交交流史の硏究)』(京都大學學術出版會, 2007)를 들 수 있을 것이다. 전자는 1880년대부터 1890년대까지의 청·한 관계를 추적함으로써, 예의에 토대를 둔 속국과 주권국가로서의 자주 사이의 관계를 일본, 중국, 조선(한국), 러시아의 시각에 입각하여 규명한 것이다. 후자는 호시(互市)로 일컬어진, 청나라가 행했던 예의를 수반하

지 않는 관리무역의 존재와 그 의의를 지적하고 있는 이와이 시게키(岩井茂樹)의 논문을 수록하고 있다. 영어 문헌으로는 Anthony Reid and Zheng Yangwen, eds., *Negotiating Asymmetry: China's Place in Asia* (National University of Singapore Press, 2009)에 수록되어 있는 논문들이 현재 진행되고 있는 중국의 부상(浮上)에 입각하여 19세기 후반의 책봉과 조공을 포함한 대외관계에 대해 논의하고 있다.

이 밖에 청 왕조의 국제사회에 대한 참여를 근대화론의 관점에서 논했던 일련의 저작들이 있다. Immanuel C. Y. Hsü, *China's Entrance into the Family of Nations: The Diplomatic Phase, 1858~1880* (Cambridge, Mass.: Harvard University Press, 1960)과 반노 마사다카(坂野正高), 『중국의 근대화와 마젠중(中國近代化と馬建忠)』(東京大學出版會, 1985) 등이 그 대표적인 예일 것이다. 또한 오카모토 다카시(岡本隆司), 『마젠중의 근대(馬建忠の近代)』(京都大學學術出版會, 2007)는 반노 마사다카가 저술한 저작의 오마주(hommage)이기도 하다. 한편, 청 왕조 내부의 맥락을 중시한 연구들도 존재한다. 오카모토 다카시(岡本隆司)·가와시마 신(川島眞) 편저, 『근대 중국외교사 연구(近代中國外交史硏究)』(東京大學出版會, 2009)에 수록된 하코다 게이코(箱田惠子)와 아오야마 하루토시(靑山治世)의 논문 등이 그 대표이며, 중국에서는 마오하이젠(茅海建), 『천조의 붕괴(天朝的崩壞)』(三聯書店, 1995)가 청 왕조의 관점에서 바라본 아편 전쟁에 대해 평가하며 기술하고 있다.[1]

---

1 청조 말기의 외교사에 대한 중국의 연구로는 양궁쑤(楊公素), 『청조 말기 외교

민국 시기 외교사

청나라 최후의 10년에 걸쳐 행해졌던 광서신정(光緒新政)의 시기부터 민국시기에 이르는 동안은 19세기 후반 이래 대외관계의 연속성을 배태하면서도, 이른바 근대적인 주권국가로서의 외교가 명확하게 나타나고 불평등조약의 개정과 국제적 지위의 향상을 추구했던 시기였다.

민국시기를 통시적으로 검토하고 있는 일본어 문헌은 결코 많지 않은데, 민국 초기에 대해서는 가와시마 신(川島眞), 『중국 근대외교의 형성(中國近代外交の形成)』(名古屋大學出版會, 2004), 민국정부 시기에 대해서는 장슈저(張秀哲), 『국민정부의 외교 및 외교행정(國民政府の外交及外交行政)』(日支問題研究會, 1935) 등이 있고, 중국공산당에 대해서는 다카하시 노부오(高橋伸夫), 『중국혁명과 국제환경: 중국공산당의 국제정세 인식과 소련, 1937~1960년(中國革命と國際環境: 中國共産黨の國際情勢認識とソ連, 1937年~1960年)』(慶應義塾大學出版會, 1996)이 있다. 그런데 장슈저의 저작이 개설서인 것에 반해, 다른 두 책은 포괄적이지 않다. 영어 문헌으로는 R. T. Pollard, *China's Foreign Relations 1917~1931* (New York: The Macmillan Company, 1933)이나 Carl Crow, *China Takes Her Place*, 1st ed.(New York: Harper & Brothers, 1944)이 국권회수 등 주권국가로서 중국이 행한 외교를 동시대사적인 관점을 통해서 다루고 있다. 중국어 문헌으로는 사실을 비교적 포괄적으로 망라하고 있는 참고서로서 스위안화(石源華), 『중화민국 외교사(中華民國外交史)』(上海人民

사(晚清外交史)』(北京大學出版社, 1991)를 참고하기 바란다. ─ 옮긴이 주

出版社, 1994)가 있는데 실증연구에 충분히 입각한 것은 아니다.

중국의 조약개정에 대해서는 조약개정 외교와 혁명외교가 연구의 초점이 되고 있다. 이 분야에는 탕치화(唐啓華),「민국 초기 베이징 정부의 '조약개정 외교'의 맹아, 1912~1918(民國初年北京政府的「修約外交」的萌芽, 1912~1918)」, ≪興大文史學報≫, 28号(1998年 6月), 탕치화(唐啓華),「1919년 베이징 정부의 '조약개정 외교'의 형성과 전개(1919年北京政府「修約外交」的形成與展開)」≪興大歷史學報≫, 8号(1998年 6月), 그리고 리언한(李恩涵),『북벌전쟁 이후의 '혁명외교', 1925~1931년(北伐戰後的 '革命外交', 1925~1931)』(中央研究院近代史研究所, 1993) 등이 기초적인 문헌이다. 국민정부 시기의 국권회수와 민족주의를 다룬 것으로서 Wang Dong, *China's Unequal Treaties: Narrating National History* (Lexington Books, 2005)이나 Karl Gerth, *China Made: Consumer Culture and the Creation of the Nation* (Cambridge, Mass.: Harvard University Press, 2003) 등이 있으며 모두 운동으로서의 국권회수를 부각시키고 있다. 또한, 1940년대를 시야에 넣고 있는 조약개정사에 대한 연구로는 왕젠랑(王建朗),『중국의 불평등조약 폐기의 역사적 과정(中國廢除不平等條約的歷程)』(江西人民出版社, 2000)이 중화인민공화국 초기도 시야에 넣고 있어서 유용하다.

중국이 근대국가로서 국제사회에서 자신의 지위를 인식해가는 모습은 Zhang Yongjin, *China in the International System, 1918~20: The Middle Kingdom at the Periphery* (London: Macmillan Press Ltd., 1991)나 Xu Guoqi, *China and the Great War: China's Pursuit of a New*

National Identity and Internationalization (Cambridge University Press, 2005) 등의 영어 문헌들이 서술하고 있다. 또한, 국제연맹에서의 중국외교에 대해서는 탕치화(唐啓華), 『베이징 정부와 국제연맹, 1919~1928년(北京政府與國際聯盟, 1919~1928)』(東大圖書公司, 1998), 장리(張力), 『중국과 국제협력(國際合作在中國)』(中央研究院近代史研究所, 1999), 그리고 니시무라 시게오(西村成雄) 편저, 『중국외교와 국제연합의 성립(中國外交と國連の成立)』(法律文化社, 2004) 등이 베이징 정부, 난징 국민정부, 충칭 국민정부 각 시기 중국의 국제연맹 외교를 추적하고 있다.

이 밖에 장치슝(張啓雄), 『외몽골 주권귀속 교섭, 1911~1916년(外蒙主權歸屬交涉, 1911~1916)』(中央研究院近代史研究所, 1995)은 중화민국도 중화를 중심으로 한 세계질서 원리를 내용으로 하는 '전통'을 계승하고 있다는 가설에 입각하여 외몽골에 대한 교섭을 논하고 있다. 또한 가와시마 신(川島眞), 「근대 중국의 아시아관과 일본: '전통적' 대외관계와 관련하여(近代中國のアジア觀と日本:『傳統的』對外關係との關係で)」, 다카하라 아키오(高原明生) 외 엮음, 『월경(越境)』(慶應義塾大學出版會, 2008)은 근대 중국에서 과거의 책봉과 조공에 대한 평가가 변천되어온 흐름을 정리하고 있다.

기본자료집 등

근대 중국외교사에 대해서는 청나라 말기부터 민국시기에 이르기까지 이미 외교문서가 베이징, 난징, 타이베이 등에서 공개되고 있다. 이러한 목록은 타이완의 경우에는 인터넷을 통해 입수할 수 있고, 중국의 경우에는 당안출판사(檔案出版社)가 출간하고 있는 ≪지남(指南)≫에 수록되어 있다. 공간된 사료 가운데, 『주판이무시말(籌辦夷務始末)』, 『청계외교사료(淸季外交史料)』, 『민국외교문독(民國外交文牘)』 및 장팅푸(蔣廷黻) 엮음, 『근대 중국외교사자료집요(近代中國外交史資料輯要)』上·中(商務印書館, 1931/1934)과 같은 대표적인 편찬사료집이나 『외교부 공보(外交部公報)』, 『남방정부 광보(南方政府廣報)』 등의 자료도 복간본의 형태가 공간되어 있다. 이 밖에 『장제스 일기(蔣介石日記)』와 구웨이쥔(顧維鈞) 관련 자료 등의 개인문서도 이미 공간되어 연구의 가능성을 높여준다.

중화인민공화국의 외교 및 국제관계에 대한 일본어 문헌은, 특히 확보하기 쉽고 질적으로 높은 수준의 것이 안타깝지만 별로 많지 않다. 여기에서는 중국어와 영어 문헌을 함께 포함하여 소개해보겠다.

개설서 및 통사적인 서적

일본어 문헌으로는 여전히 오카베 다쓰미(岡部達味)의 다음과 같은 여러 문헌들을 우선 들어야 할 것이다. 오카베 다쓰미 엮음, 『중국외교: 정책결정의 구조(中國外交: 政策決定の構造)』(日本國際問題硏究所, 1983), 오카베 다쓰미 엮음, 『중국을 둘러싼 국제환경(中國をめぐる國際環境)』(岩波書店, 2001), 오카베 다쓰미, 『중국의 대외전략(中國の對外戰略)』(東京大學出版會, 2002). 특히 『중국을 둘러싼 국제환경』은 10명에 가까운 연구자들이 분담하여 집필한 것인데, 전체적으로 조화가 잘 이루어졌고 간략하면서도 질적으로 높은 연구성과로 평가된다. 도크 바넷(A. Doak

Barnett) 지음, 이즈미 하지메(伊豆見元)·다나카 아키히코(田中明彦) 옮김, 『현대 중국의 외교: 정책결정의 구조와 과정(現代中國の外交: 政策決定の構造とプロセス)』(教育社, 1986)²은 1980년대에 도크 바넷이 당시 총리였던 자오쯔양 등과 인터뷰를 통해 중국 최고지도부의 정책결정 상황을 분석한 귀중한 문헌이다. 아오야마 루미(青山瑠妙), 『현대 중국의 외교(現代中國の外交)』(慶應義塾大學出版會, 2007)는 처음으로 중국외교의 집행과 관료제를 다룬 연구 성과물이다.³

아래의 두 글은 모두 소논문이지만, 중국외교의 특성을 대체적으로 파악하는 데에 매우 유용하다. 오카베 다쓰미(岡部達味), 「국제사회 속의 중국(國際社會の中の中國)」, ≪外交フォーラム≫(臨時增刊, 1997年), 모리 가즈코(毛里和子), 「중국은 '평화적 부상'으로 향하는가: 핵심어로 읽는 중국외교(中國は「平和的崛起」に向かうのか: キーワードで讀む中國外交)」, ≪外交フォーラム≫(2008年 5月).

중국어 문헌으로는 아래의 것을 들 수 있다. 한녠룽(韓念龍) 엮음, 『당대 중국외교(當代中國外交)』(中國社會科學院出版社, 1990), 페이젠장(裵堅章) 엮음, 『중화인민공화국 외교사(中華人民共和國外交史)』 제1권

---

2 이 책의 원서는 A. Doak Barnett, *The Making of Foreign Policy in China: Structure and Process* (The Johns Hopkins Foreign Policy Institute, School of Advanced International Studies, 1985)이다. _옮긴이 주
3 가장 최근의 연구로는 소에야 요시히데(添谷芳秀) 엮음, 『현대 중국외교의 60년: 변화와 지속(現代中國外交の六十年: 變化と持續)』(慶應義塾大學出版會, 2011)을 참고하기 바란다. _옮긴이 주

(1949~1956), 왕타이핑(王太平) 엮음, 『중화인민공화국 외교사』 第2卷 (1957~1969), 왕타이핑 엮음, 『중화인민공화국 외교사』 第3卷(1970~ 1978)(世界知識出版社, 1994~1999), 리바오쥔(李寶俊), 『당대 중국외교 개론(當代中國外交槪論)』(中國人民大學出版社, 1999), 취싱(曲星), 『중국외교 50년(中國外交50年)』(江蘇人民出版社, 2000), 셰이셴(謝益顯) 엮음, 『중국 당대 외교사, 1949~2001년(中國當代外交史, 1949~2001)』(中國靑年出版社, 2006).[4] 이 가운데 취싱의 저작은 축약적이지만 공식적인 역사 기록에 입각해 있는 부분도 있으며 가장 흥미롭다. 또한 왕지쓰(王緝思)의 「국제관계이론과 중국외교 연구(國際關係理論與中國外交硏究)」, ≪中國社會科學季刊≫ 第1卷(香港: 1993年 2月)은 중국인 연구자의 중국외교에 대한 지식을 살펴보는 데에 가장 좋은 질적으로 뛰어난 논문이다.

영어 문헌으로는 시대 순으로 다음과 같은 것을 들 수 있다. 미국의 현대 중국연구와 관련된 대표적인 성과물들이다. Thomas W. Robinson and David Shambaugh, eds., *Chinese Foreign Policy: Theory and Practice* (Oxford: Clarendon Press, 1994), Andrew J. Nathan and Robert S. Ross, *The Great Wall and the Empty Fortress: China's Search for Security* (W. W. Norton & Company Ltd., 1997), Samuel S. Kim, ed., *China and the World: Chinese Foreign Policy Faces the New Millennium*, 4th edition (Westview Press, 1998), Elizabeth Economy and

---

4 최근 이 책은 2009년까지 반영되어 다음과 같이 새롭게 출간되었다. 셰이셴(謝益顯) 엮음, 『중국 당대 외교사, 1949~2009년(中國當代外交史, 1949~2009)』(中國靑年出版社, 2009). _ 옮긴이 주

Michel Oksenberg, eds., *China Joins the World: Progress and Prospects* (Council on Foreign Relations Press, 1999), David M. Lampton, ed., *The Making of Chinese Foreign and Security Policy in the Era of Reform* (Stanford University Press, 2001), Alastair Iain Johnston and Robert S. Ross, eds., *New Directions in the Study of China's Foreign Policy* (Stanford University Press, 2006). 이 중에서 필자는 중국의 국제사회에 대한 참가와 관련하여, 핵 비확산 레짐에 대한 참여를 사례로 삼아 계량적인 방법으로 분석한 존스톤(Alastair I. Johnston)에 공감한다.

미·중관계

60년 동안 중국의 가장 중요한 외교 상대국은 미국이었으며, 이와 관련된 문헌들은 많다. 이리에 아키라(入江昭), 『미·중관계: 그 역사적 전개(米中關係: その歷史的展開)』(サイマル出版會, 1971), Robert S. Ross, *Negotiating Cooperation: The United States and China, 1969-1989* (Stanford University Press, 1995), Ezra F. Vogel, Yuan Ming and Tanaka Akihiko, eds., *The Golden Age of the U.S.-China-Japan Triangle, 1972~1989* (Harvard University Press, 2002) 등이 대표적이다.[5] 일본의 연구서적으로는 다카기 세이치로(高木誠一郎) 엮음, 『미·중관계: 탈냉전 시기의 구조와 전개(米中關係: 冷戰後の構造と展開)』(日本國際問題研究所,

---

5 이 밖에 Warren I. Cohen, *America's Response to China: A History of Sino-American Relations,* Fourth Edition(New York: Columbia University Press, 2000)도 유용한 자료이다. ＿옮긴이 주

2007)를 참고할 수 있다. 한편, 중국에는 중·미관계에 대한 연구자들이 많지만, 평론은 있어도 잘 정리된 분석적인 연구서는 많지 않다. 다음으로, 중·미 양국 간의 공동연구 성과물이다. 이는 장창빈(姜長斌)·뤄쓰(羅思) 엮음, 『1955~1971년의 중·미관계(1955~1971年的中美關係)』(世界知識出版社, 1998)를 들 수 있다. 또한, 닉슨과 키신저의 외교를 탄핵했던 다음의 책은 매우 흥미롭다. 집필자는 당시 ≪로스앤젤레스 타임스(Los Angeles Times)≫의 기자였다. 제임스 만(James Mann) 지음, 스즈키 치카라(鈴木主稅) 옮김, 『미·중 격류(米中奔流)』(共同通信社, 1999)[6]가 바로 그것이다. 또한, 미·중 접근의 과정과 결과에 대해서는 아래의 자료와 해설이 유용하다. 모리 가즈코(毛里和子)·모리 고자부로(毛里興三郞) 엮음, 『닉슨 방중 기밀회담록(ニクソン訪中機密會談錄)』(名古屋大學出版會, 2001), 모리 가즈코·마스다 히로시(增田弘) 감역, 『저우언라이-키신저 기밀회담록(周恩來·キッシンジャー機密會談錄)』(岩波書店, 2004).

일·중관계

일본어 문헌으로는 다나카 아키히코(田中明彦), 『일·중관계, 1945~1990년(日中關係 1945~1990)』(東京大學出版會, 1992), 알렌 화이팅(Allen S. Whiting) 지음, 오카베 다쓰미(岡部達味) 옮김, 『중국인의 일본관(中國人の日本觀)』(岩波書店, 1993),[7] 소에야 요시히데(添谷芳秀), 『일본외교와

---

6   이 책의 원서는 James Mann, *About Face: A History of America's Curious Relatoinship with China, from Nixon to Clinton* (Alfred A. Knopf, 1998)이다.
   _ 옮긴이 주

중국, 1945~1972년(日本外交と中國 1945~1972)』(慶應通信, 1995), 모리 가즈코(毛里和子), 『일·중관계: 전후에서 새로운 시대를 향하여(日中關係: 戰後から新時代へ)』(岩波書店, 2004), 오카베 다쓰미(岡部達味), 『일·중관계의 과거와 미래: 오해를 초월하여(日中關係の過去と將來: 誤解を超えて)』(岩波書店, 2006) 등에 잘 정리되어 있고 정확한 지식을 제공하고 있다.[8] 중국어 문헌으로는 진시더(金熙德), 『중·일관계: 국교회복 30주년 성찰(中日關係: 復交30周年的思考)』(世界知識出版社, 2002)은 공식적인 견해를, 그리고 마리청(馬立誠) 지음, 스기야마 히로유키(杉山祐之) 옮김, 『'반일'로부터의 탈피('反日'からの脫却)』(中央公論新社, 2003) 등은 '새로운 관점'을 제공하고 있다. 영어 문헌으로 정리가 잘 되어 있는 것이 적지 않은데, 그중에서 영국인이 집필한 균형감이 있는 연구서로서 다음의 서적을 소개한다. Caroline Ross, *Sino-Japanese Relations: Facing the Past, Looking to the Future?* (RoutledgeCurzon, 2005).

중국은 외교문서를 거의 공개하고 있지 않으며 그 정책과정도 알기 어렵다. 그 가운데 다음과 같은 회고록이 유용하다. 장샹산(張香山) 지음, 스즈키 히데시(鈴木英司) 옮김, 『중·일관계의 편견과 검증(日中關係の管見と見證)』(三和書籍, 2002), 류더유(劉德有) 지음, 왕야단(王雅丹) 옮

---

7 이 책의 원서는 Allen S. Whiting, *China Eyes Japan* (Berkeley, CA: University of California Press, 1989)이다. _ 옮긴이 주

8 가장 최근의 일·중관계에 대한 연구로는 다카하라 아키오(高原明生)·핫토리 류지(服部龍二) 엮음, 『일·중관계사, 1972~2012(日中關係史, 1972~2012)』 제1권 (政治)(東京大學出版會, 2012)을 참고하기 바란다. _ 옮긴이 주

김, 『흘러가는 시간: 중·일관계 비사 50년(時は流れて: 日中關係秘史50年)』上·下(藤原書店, 2002), 우쉐원(吳學文), 『비바람 속에서 걸친 어두운 그림자: 내가 겪은 중·일관계(風雨陰晴: 我所經歷的中日關係)』(世界知識出版社, 2002). 또한 중·일관계에 관련된 일본인이 집필한 회고록으로는 다가와 마코토(田川誠), 『일·중교섭 비록, 다가와 일기: 14년간의 증언(日中交涉秘錄 田川日記: 14年の證言)』(每日新聞社, 1973), 후루이 요시미(古井喜實), 『일·중관계 18년: 한 정치가의 경력과 전망(日中18年: 政治家の軌跡と展望)』(牧野出版, 1978) 등이 귀중하다.

또한, 양국 관계에 대한 자료집으로서 일본 외무성 아시아국 중국과 감수(監修), 『일·중관계 기본자료집 1945~1997(日中關係基本資料集 1945~1997)』(霞山會, 1998), 이시이 아키라(石井明) 외 엮음, 『기록과 고증: 일·중국교정상화·일-중평화우호조약 체결교섭(記錄と考證: 日中國交正常化·日中平和友好條約締結交涉)』(岩波書店, 2003), 텐환(田桓) 엮음, 『전후 중·일관계 문헌집(戰後中日關係文獻集)』全2冊(中國社會科學出版社, 1997) 등이 있다.

중·소관계 및 중·러관계

보리소프(Oleg Borisov)·콜로스코프(Boris Koloskov) 지음, 다키자와 이치로(瀧澤一郎) 옮김, 『소련과 중국: 우호와 적대의 관계사(ソ連と中國: 友好と敵對の關係史)』上·下(サイマル出版會, 1979)는 중·소 양국이 대립하던 시기에 집필된 소련의 관점에서 본 중·소관계사에 대한 기록[9]이며, 모리 가즈코(毛里和子), 『중국과 소련(中國とソ連)』(岩波新書, 1989)은

1950년대부터 1980년대까지의 중·소관계에 대해 무엇보다 통사적으로 다룬 문헌이다. 아래의 두 책은 외교사와 관련된 학술서이다. 이시이 아키라(石井明), 『중·소관계사의 연구, 1945~1950년(中ソ關係史の硏究 1945~1950)』(東京大學出版會, 1990), 가시마 아키오(香島明雄), 『중·소외교사 연구, 1937~1945년(中ソ外交史硏究 1937~1945)』(世界思想社, 1990).

한편, 중국에서는 화동사범대학(華東師範大學) 냉전사연구센터를 중심으로 중·소관계사 연구가 왕성하게 전개되고 있다. 최근의 대표적인 성과만을 아래에 소개한다. 리단후이(李丹慧) 엮음,『중국과 인도차이나 전쟁(中國與印度支那戰爭)』(天地圖書有限公司, 2000), 선즈화(沈志華),『마오쩌둥, 스탈린과 한국전쟁(毛澤東, 斯大林與朝鮮戰爭)』(廣東人民出版社, 2004), 양쿠이쑹(楊奎松),『마오쩌둥과 모스크바의 얽혀 있는 원한(毛澤東與莫斯科的恩恩怨怨)』(江西人民出版社, 2005), 선즈화(沈志華)·리단후이(李丹慧),『전후 중·소관계의 몇 가지 문제에 대한 연구: 양국의 당안문헌에 입각하여(戰後中蘇關係若干問題硏究: 來自中俄雙方的檔案文獻)』(人民出版社, 2006), 선즈화(沈志華) 엮음, 『중·소관계사 대강, 1917~1991년(中蘇關係史綱 1917~1991)』(新華出版社, 2007).[10]

---

9 중화인민공화국의 성립 시기에 즈음한 중·소관계에 대한 최근 자료로는 다음을 참고하기 바란다. 레도프스키(А. М. Ледовский), 미로비츠카야(Р. А. Мировицкая), 먀스니코프(В. С. Мясников) 엮음, 『20세기 러시아-중국 관계: 문서와 자료(Русско-Китайские отношения в XX веке: документы и материалы)』제1권(1946~1948), 제2권(1949~1950)(Москва: Памятники ист. мысли, 2005, 러시아어판). _ 옮긴이 주
10 중·러관계의 역사적 흐름에 대한 중국 내부의 서술을 살펴보려면, 양창(楊闖)·

또한 아래의 두 책은 중국외교를 규정했던 두 개의 전쟁이 벌어지던 시기에 마오쩌둥이 결단을 내리는 과정을 분석하고 있다. 주젠룽(朱建榮), 『마오쩌둥의 한국전쟁(毛澤東の朝鮮戰爭)』(岩波書店, 1991), 주젠룽(朱建榮), 『마오쩌둥의 베트남 전쟁(毛澤東のベトナム戰爭)』(東京大學出版會, 2001).

기본자료집

중국외교에 특화되어 있는 기본문헌은 없다. 또한 중국이 정부나 당과 관련된 문서나 외교문서를 공개하는 일은 대단히 드물다. 따라서 일본어로 편찬된 다음과 같은 기본 문헌집을 참고할 필요가 있다. 일본국제문제연구소 중국부회(日本國際問題硏究所中國部會) 엮음, 『신중국 자료집성(新中國資料集成)』全5卷(日本國際問題硏究所, 1963~1975), 일본국제문제연구소 중국부회(日本國際問題硏究所中國部會) 엮음, 『중국 대약진정책의 전개: 자료와 해설(中國大躍進政策の展開: 資料と解說)』(日本國際問題硏究所, 1973~1974), 오다 가쓰히로(太田勝洪) 외 엮음, 『중국공산당 최신자료집(中國共産黨最新資料集)』上·下(勁草書房, 1978~1986)(1978~1984년 동안의 중요한 자료가 수록되어 있음), 고바야시 코지(小林弘二) 엮음, 『중국의 세계인식과 개발전략 관계자료집(中國の世界認識と開發戰略關係資料集)』(アジア經濟硏究所, 1989).

가오페이(高飛)·펑위쥔(馮玉軍), 『중·러관계 100년(百年中俄關係)』(世界知識出版社, 2006)을 참고하기 바란다. ㅡ 옮긴이 주

중국에서 간행된 것들 중에 아래의 서적들이 중요하다. 중공중앙문헌연구실(中共中央文獻硏究室) 엮음,『건국 이래 중요문헌 선편(建國以來重要文獻選編)』第1册(1949)~第20册(1965)(中央文獻出版社, 1992~1998), 중공중앙문헌연구실(中共中央文獻硏究室) 엮음,『건국 이래 마오쩌둥 문고(建國以來毛澤東文稿)』第1册~第13册(中央文獻出版社, 1987~1998), 중공중앙문헌연구실(中共中央文獻硏究室) 엮음,『건국 이래 저우언라이 문고(建國以來周恩來文稿)』第1册~第3策(未完)(中央文獻出版社, 2008), 중공중앙문헌연구실(中共中央文獻硏究室) 엮음,『건국 이래 류사오치 문고(建國以來劉少奇文稿)』第1册~第7册(未完)(中央文獻出版社, 2005~2008). 이와 함께 중국 최고지도자의 저작집, 전기, 연보(年譜) 및 회고록 등은 중요한 자료들이다.[11]

---

11 중화인민공화국 외교부 엮음,『마오쩌둥 외교 문선(毛澤東外交文選)』(中央文獻出版社, 1994), 중화인민공화국 외교부 엮음,『저우언라이 외교 문선(周恩來外交文選)』(中央文獻出版社, 1994), 중화인민공화국 외교부 외교사연구실(外交史硏究室) 엮음,『저우언라이 외교활동 대사기, 1949~1975년(周恩來外交活動大事記, 1949~1975)』(世界知識出版社, 1993), 예쯔청(葉自成),『신중국 외교사상, 마오쩌둥에서 덩샤오핑까지: 마오쩌둥, 저우언라이, 덩샤오핑 외교사상 비교연구(新中國外交思想 從毛澤東到鄧小平: 毛澤東, 周恩來, 鄧小平外交思想比較硏究』(北京大學出版社, 2001) 등도 매우 유용한 자료이다. ㅡ옮긴이 주

지은이 후기

　　2002년 봄에 인도 남부의 케랄라(Kerala)를 달리던 한 차량 안에서, 이 책의 공동 저자가 된 두 사람은 중국근대사 연구와 현대 중국연구 사이의 대화가 대단히 희박하다는 것을 화제로 삼아 이야기를 나누었다. 모리 가즈코(毛里和子)는 동양사연구실에서 1920년대 국민당과 저장(浙江) 재벌의 관계에 관한 졸업논문을 집필하던 시기부터 연구생활을 시작했고, 그 이후 현대 중국 정치외교와 관련된 연구를 수행해왔다. 가와시마 신(川島眞)도 마찬가지로 동양사연구실에서 석사과정 및 박사과정을 거쳐, 법학부 정치학강좌를 담당하면서부터 현대 중국에 대한 강의를 시작했다. 개인적으로는 모두 1949년을 뛰어넘었지만, 연구 분야에서는 교섭이 전혀 없다고까지 말할 수는 없어도 같은 중국을 대상으로 하면서도 어느 정도 분열된 상태에 있었던 것이다.

　　인도에서 귀국한 이후, 모리는 와세다대학에서 동료들과 '중국외교(사)연구회'를 발족시켰고, 가와시마도 이에 동참하여 근대 외교사 연구와 현대 중국외교 연구 사이의 대화를 시작했다. 현재도 이와 관련된 활동은 계속되고 있다. 그렇지만 이 책을 읽게 되면 알 수 있는 바와 같이, 역사학의 기법에 기반하고 외교문서에 토대를 두고자 하는 근대 외교사 연구와 사회과학으로서의 정치학 연구나 국제관계론을 배경으로 하는 현대외교 연구 사이의 단층은 그렇게 쉽게 메워질 수 있는 것이 아니다.

또한, 외교나 국제관계를 고려할 경우 1949년 중화인민공화국의 성립이 커다란 의미를 갖고 있는 것도 이와 같은 단층면을 더욱 부각시킨다.

이 책을 집필하기 위해서 몇 차례에 걸쳐 회합을 갖고, 서술의 양식을 조정했다. 문제 설정과 그것에 대한 해답, 장(章)별 핵심어의 설정, 편년체의 서술 등을 결정했다. 집필은 모리가 선행하여, 먼저 초고 원고를 완성시켰다. 가와시마는 모리의 원고를 모방하면서 근대사 부분을 집필했다.

이 총서(叢書)의 기조는 현대 중국의 문제를 역사적으로 파악한다는 점에 있다. 이것은 현재로부터 과거를 비추는 것과 동시에, 과거로부터 현재 그리고 미래를 비추어보는 측면도 함께 갖고 있다. 이와 같은 점에 입각하여, 이 책에서는 1949년을 초월하고자 하는 일관성과 함께 변모의 측면도 아울러 묘사하고자 했다. 그렇지만 외교나 국제관계의 영역에서 정치문화적 의미상의 '중국적 특색'의 존재를 무리하게 일관되고 과도하게 주장하는 것은 될 수 있으면 최대한 억제하고자 주의를 기울였다.

또한 '저자 서문'은 가와시마가, '저자 후기'는 모리가 중심이 되어 집필했다. 아울러 1949년 이전의 부분(제1장~제6장)을 가와시마가, 그 이후(제7장~제10장) 부분의 집필은 모리가 각각 담당했다.

마지막으로, 이 책을 기획하고 진행하는 과정에서 인내심과 따뜻함으로 이끌어주셨던 바바 기미히코(馬場公彦) 씨에게 진심어린 감사의 말씀을 전해드리고자 한다.

2009년 11월

가와시마 신·모리 가즈코

옮긴이 후기

2010년 겨울에 일본 나고야를 방문했을 때 아이치 현(愛知縣) 현립도서관을 방문할 기회가 있었다. 그 당시 이 책을 우연히 발견하고 잠시 일독을 했다. 이와나미쇼텐(岩波書店)에서 발간되고 있는 전체 12권으로 구성된 총서 시리즈 가운데 제12권인 이 책은 그 내용, 관점, 범위, 수준, 그리고 분석에서 매우 독보적인 것이었다.

우선 첫째, 이 책은 청조(淸朝) 말기에서 현재에 이르는 약 150년간의 중국외교사를 근대, 현대, 당대의 통시적 관점과 '글로벌 강대국'으로의 변용과정에 대한 입체적인 검토를 통해 체계적으로 다루고 있는 역작이다.

둘째, 일본의 중국 정치외교 및 동아시아 국제정치 연구를 이끌고 계신 대표적인 석학(碩學) 모리 가즈코 교수와 근현대 중국외교사의 전문가이신 가와시마 신 교수가 협력하여 '중국외교사 연구'에 대해 학문적 총정리를 한 대표적인 서적이다.

특히 모리 가즈코 교수는 현재 일본 와세다대학 명예교수로 재직 중인데, 개인적으로 2008년 3월경 일본 교토(京都)에서 연락이 닿아 도쿄의 와세다대학 연구실로 찾아가 직접 뵙고 약 1시간 동안 인터뷰를 하면서 많은 이야기를 나누었던 적이 있다. 당시 진행된 환담 가운데 "전략적인 차원의 연구를 제외하면 중국연구에 대해 일본이 세계 최고"라며 자신감에 가득 찬 목소리로 말씀하셨던 모습이 떠오른다.

온화한 기품과 후학을 아끼는 마음이 가득한 모리 가즈코 교수는 중국 정치외교와 아시아 정치외교를 비교정치와 국제정치의 시각에서 논하는 일본의 대표적인 중국외교 연구자이다. 또한 최근 학술적 공로를 인정받아 중국정부로부터 상을 받았고, 문화적 공로를 인정받아 일본정부로부터도 상을 받았을 정도로 학술적 기여는 물론 일본과 중국(및 동아시아)의 학문적 발전과 문화적 교류에 많은 기여를 해오셨다.

셋째, 이 책은 청조 말기, 중화민국, 중화인민공화국 등의 다양한 '중국'과 '중국외교'의 모습을 '이무(夷務), 양무(洋務), 외무(外務) 및 외교(外交)'로의 발전과정을 통해 유기적으로 살펴볼 수 있게 함으로써, 평면적이며 단절적인 중국외교 연구에서 벗어나 유기적이며 융합적인 관점에서 연구를 할 수 있는 새로운 지평을 제공해준다.

특히, 마지막 부분에 정리되어 있는 기본 안내서를 살펴보면 국내외의 중국외교 연구 흐름뿐만 아니라, 시기별 중국외교 연구의 주요 내용을 일목요연하게 이해할 수 있다. 따라서 후속 연구자들에게 매우 유용한 연구 지침서가 될 수 있을 것이다.

넷째, 중국국민당과 중국공산당의 상호배타적인 언설체계 속에서 의도적으로 은폐되거나 과장되기 쉬운 '중국외교 담론'의 불균형 구조를 제3자의 입장에 서 있는 일본 연구자의 시각을 통해서 객관적으로 살펴볼 수 있다는 점은 이 책의 핵심적인 장점들 가운데 하나이다.

특히 중국외교를 연구하는 데에서 중국의 '동양적 시각'과 미국의 '서양적 관점'을 상호 장단점을 이해하며 비판적으로 독해하는 데에 유용한 역할을 할 수 있을 것이다. 또한 이 책을 통해 중국외교의 역사뿐만 아니라 중국을 매개로 한 일본외교의 역사와 관점도 거꾸로 살펴볼 수 있다는 점에서 매우 유익한 자료로서의 가치를 갖고 있다고 할 수 있다.

마지막으로 다섯째, 이 책을 통해 한국과 일본의 중국외교 연구 흐름을 상호 비교해볼 수 있다는 측면에서, 향후 연구의 개선과 발전을 위한 타산지석(他山之石)의 역할을 충분히 할 수 있다.

어려운 여건 속에서도 이 책이 세상에 나올 수 있도록 물심양면으로 지원해주신 도서출판 한울의 김종수 사장님을 비롯한 모든 분들에게 진심으로 감사의 말씀을 전하고 싶다. 아울러 세계외교사 일반과 중국외교사 연구를 위한 기본자세를 큰 가르침과 실천으로 보여주고 계시고, 분주하신 가운데 이 책을 위해 「추천의 글」을 집필해주신 두 분의 은사님들께도 감사의 말씀을 드리고 싶다.

무엇보다 이 책을 한국에 소개할 수 있게 된 직접적인 계기는 일본 나고야에 계신 다카하시 고로(高橋五郞) 국제중국학연구센터 소장님의 따뜻한 보살핌과 한결같은 격려 덕분이었다. 이 지면을 통해 다시 한 차례 사의를 표하고 싶다.

마지막으로, 일반 독자의 입장에서 바쁜 일정 가운데 번역 초고의 내용을 읽고 유용한 조언을 해주었던 김보석(서울대 법학전문대학원), 옥창준(서울대 외교학 전공 석사과정), 이동건(서울대 정치외교학부, 서울대 한반도문제연구회 회장) 세 후배들에게도 고마움을 전한다.

2012년 10월 27일
일본 도쿄에서
이용빈

지은이 소개

가와시마 신(川島眞)

도쿄대학 대학원 총합문화연구과 국제사회과학 전공 조교수. 동아시아 국제정치사 전공. 주요 저서로 『중국 근대외교의 형성』, 『동아시아 국제정치사』(편저), 『1945년의 역사인식: 종전을 둘러싼 일·중대화의 시도』(편저) 등이 있다.

모리 가즈코(毛里和子)

와세다대학 명예교수, 와세다대학 정치경제학술원 교수 역임. 현대중국론·동아시아 국제관계론 전공. 주요 저서로 『현대 중국의 구조변동』(전8권 대표 편집자), 『주변으로부터의 중국』, 『일·중 관계: 전후에서 새로운 시대로』, 『동아시아 공동체의 구축』(전4권 대표 편집자) 등이 있다. 2010년 후쿠오카 아시아문화상, 국제중국학 연구상 수상. 2011년 일본 문화공로자 선정.

옮긴이 소개

이용빈

중국 베이징대 국제정치학과 대학원 수학. 서울대 외교학과 대학원 수료. 서울대 국제문제연구소 간사, 국회 정무위원회 수습연구원, 인도 방위문제연구소(IDSA) 객원연구원 역임. 이스라엘 히브리대 및 일본 게이오대 초청방문. 홍콩국제문제연구소 연구원, 한림대만연구소(HITS) 및 현대중국연구소 객원연구원. 역서로 『시진핑』(2011), 『중국의 당과 국가』(2012), 『현대 중국정치』(근간, 2013) 등이 있다.

한울아카데미 1513
총서 중국연구의 쟁점 3
중국외교 150년사: 글로벌 중국으로의 도정

ⓒ 이용빈, 2012

지은이 | 가와시마 신·모리 가즈코
옮긴이 | 이용빈
펴낸이 | 김종수
펴낸곳 | 도서출판 한울

편집책임 | 김현대

초판 1쇄 인쇄 | 2012년 12월 20일
초판 1쇄 발행 | 2012년 12월 28일

주소 | 413-756 경기도 파주시 파주출판도시 광인사길 153 한울시소빌딩 3층
전화 | 031-955-0655
팩스 | 031-955-0656
홈페이지 | www.hanulbooks.co.kr
등록번호 | 제406-2003-000051호

Printed in Korea.
ISBN 978-89-460-5513-1 93340

* 책값은 겉표지에 표시되어 있습니다.